ANGELA ELIS
Betrüger Republik Deutschland

W0196623

ANGELA ELIS

Betrüger Republik Deutschland

Streifzug durch eine
verlogene Gesellschaft

Piper München Zürich

Mehr über unsere Autoren und Bücher:
www.piper.de

MIX
Papier aus verantwor-
tungsvollen Quellen
FSC® C014889

ISBN 978-3-492-05520-8
© Piper Verlag GmbH, München 2012
Satz: seitenweise, Tübingen
Druck und Bindung: Pustet, Regensburg
Printed in Germany

Für Lilly-Elise, Leonardo-Elias und Timo

Damit sie dem zynischen Reiter
und seinem schäbigen Gefolge
etwas entgegensetzen können.

Inhalt

Am Anfang:
Das Vorwort – was sonst

Irgendwie ist der Wurm drin. Der Wurm in unserem Leben. Egal, wen ich treffe – ob Single, Familienmensch oder Rentnerpaar. Egal, ob angestellt oder selbstständig – man ist zwar nicht gänzlich unzufrieden, aber, bei Gott, auch nicht zufrieden. Der Druck wächst, und mit ihm die Angst. Eine diffuse Angst, die wirkt wie ein schleichendes Gift.

Meine Freundin, die Therapeutin, sagt: Ob nun 30, 50 oder 70 Jahre, die Leute heulen sich hinter verschlossenen Türen die Augen aus. Aber niemand in ihrem Umfeld würde ihr inneres Unglück erahnen. Nur heimlich und verschämt erzählen sie von ihrem Kummer. Das allumfassende Gefühl ist: Das Leben fühlt sich irgendwie falsch an. Etwas stimmt nicht mehr. Und Sehnsucht keimt auf, dieses Etwas radikal zu verändern. Aber wie? Und was genau soll da eigentlich verändert werden?

Die Suche nach Antworten war der Anstoß für dieses Buch. Es geht darum, diesem Missverhältnis, letztlich diesem Betrug an uns selbst auf die Spur zu kommen. Was hat solch eine Unwucht in unser Leben gebracht? Und wenn man den Blick erweitert, geht es auch um die Unwucht in unserer Gesellschaft, in Europa und in der Welt – überall herrscht mehr Krisenmodus als Ausgewogenheit.

Dabei ist die Ausgangslage gar nicht so schlecht: Den meisten, die nach dem Zweiten Weltkrieg geboren wurden, geht es besser als jeder Generation zuvor. Doch Wohlstand allein bedeutet offenbar noch kein Glück. Der Lebensstandard und die Ersparnisse sind im Schnitt gesehen in Europa immer noch hoch – vor allem im Vergleich zu den Elendsquartieren dieser Welt –, aber gleichzeitig wachsen die Schuldenberge ins Unfassbare und mit ihnen die Abstiegsgefahr. Und gerade so, als müsste das alles übertüncht und zugeplappert werden, bieten sich im Fernsehen oder Internet, auf der Straße oder im Berufsleben Tausende Möglichkeiten der Ablenkung an. Nur, welche sollen wir wählen, um nicht den »Big Bang« zu verpassen? Und warum um Himmels willen befriedigt uns das Gewählte oder Gekaufte nicht, sondern führt klammheimlich dazu, dass wir noch hungriger werden, noch mehr begehren?

Die Betreiber der Konsummaschinen, die im Hintergrund unaufhörlich rattern und rattern, haben auch kein Interesse daran, dass wir jemals gesättigt sind oder keine Wünsche mehr haben, denn das hieße, ihnen ginge der Treibstoff aus. Was haben wir ihnen und ihren verlockenden Angeboten entgegenzusetzen? Mit den vielfältigen Alternativen zur individuellen Lebensgestaltung könnte unser Selbst in nie gekannte Verwirklichungshöhen emporgetrieben werden; allein unsere Zwiespältigkeit kommt uns in die Quere – das bange Gefühl, möglicherweise das Eigentliche zu versäumen. Zweifel wiederum kosten Zeit und zahlen sich selten aus.

So stehen wir da und sind die, denen das große Geschenk der Freiheit in die Wiege gelegt wurde. Ein Geschenk, von dem es heißt, wir müssten froh darüber sein. Und dennoch stehen wir und können nicht genießen, weil uns ein passendes Auffangnetz fehlt, ein Ausmaß an Existenzabsicherung und Integriertsein, das die Würde des Einzelnen bewahrt und ein gesundes Im-Risiko-Da-Sein ermöglicht. Noch immer gilt: Lebhafte Ausprobierkultur oder Zukunftsträumerei muss man sich leisten können oder wollen.

Nein, es ist nicht alles im Eimer, und vor allem kann uns niemand vorwerfen, dass wir nicht versuchen würden, uns einigermaßen intelligent durchzuschlagen. Auch kommt billiges Herumjammern gar nicht gut an, nicht mal bei uns selber. Aber ist dieses Durchschlagen noch eine Perspektive für morgen oder gar übermorgen? Werden wir dann noch mithalten können?

Am Vorabend zum Tag der Arbeit meldete das Bundesarbeitsministerium, dass die Zahl der Fehltage aufgrund psychischer Erkrankungen in den Jahren von 2001 bis 2010 um fast 20 Millionen angestiegen ist, oder anders ausgedrückt: von 6,6 auf 13,1 Prozent. Psychische Erkrankungen sind zudem der häufigste Grund für eine Frühverrentung. Ließen sich im Jahr 2004 von 1000 Versicherten 4,6 mit der Diagnose »Burn-out« krankschreiben, waren es 2010 schon 63,2 Versicherte. Deshalb ermahnte Arbeitsministerin von der Leyen die Arbeitgeber wenig später, sie mögen ihren Mitarbeitern genug Ruhezeiten zur Erholung lassen und sie nicht über die Maßen mit E-Mails oder Handykontakten nerven. In der Überforderung erkannte der französische Soziologe Alain Ehrenberg die Signatur unserer Epoche und bezeichnete die Depression, unter der in Deutschland mehr als vier Millionen Menschen leiden sollen, als »die Krankheit par excellence des demokratischen Menschen«.[1] Beachtlich ist aber auch die Anzahl der Bundesbürger, die Alkohol »in gesundheitlich riskantem Ausmaß« trinken. Laut Drogenbericht vom Mai 2012 sind es 9,5 Millionen, die sich damit selbst zerstören.[2]

Die freiheitliche Demokratie – eine Überforderung, ein Krankmacher? Dann doch lieber eine moderate Diktatur, die uns vorschreibt, was wir zu tun und zu lassen haben? Ein Zentralkomitee, das konsequent durchgreift und rigide den Staat und seine Wirtschaft lenkt, so in etwa wie in China? Ganz sicher nicht. Nur, was ist das für ein Wurm, der uns langsam, aber sicher von innen auffrisst? Der ganz unscheinbar an unserer Substanz herumnagt und die Reserven zerstört? Was ist das Fremde und Falsche?

Ist es die Ökonomie? Der alles und jeden verwertende

Kapitalismus, der von uns verlangt, dass wir funktionieren wie Maschinen, die nur neu aufgetankt werden müssen? Oder ist es das neoliberale System, das nach erfolgreicher Deregulierung den Menschen schlichtweg auf seinen Vermarktungswert reduziert? Im Zweifelsfall wird er als unattraktiver Kostenfaktor aussortiert.

Ist es das auszehrende Gebot der Effizienz um jeden Preis? Oder wollen wir einfach nur zu viel und vor allem mehr sein, als wir sind? Schlüpfen in zu viele Rollen, bis die Show explodiert – so wie bei zu Guttenberg, der sich omnipotent präsentierte, nicht nur als charismatischer Vorzeigepolitiker in Wirtschaftsfragen, sondern auch noch als Rambo am Hindukusch? Ganz nebenbei schien er trotz Amts- und Familienpflichten sogar zum »Summa-cum-laude-Doktor« ermächtigt zu sein, und als wäre dies alles noch nicht genug, eroberte er locker und leicht die Bühnen des Boulevards als glamouröser Polit-Star, zusammen mit seiner Vorzeigefrau Stephanie, die neben ihm ikonenhaft erstrahlte. Alles galant. Alles glänzend. Bis die Fassade zu bröckeln begann.

Mit solchen Wirkmechanismen kokettierte auch Silvana Koch-Mehrin, die große Blonde der FDP. Sie präsentierte sich gern als sexy Frau, durchaus auch mal mit kugelrundem Babybauch auf Wahlplakaten. Auch sie war nicht nur bestens versorgte und hofierte Politikerin, sondern darüber hinaus mit akademischen Würden ausgestattet, deren Basis allerdings, ähnlich wie bei zu Guttenberg, das Kopieren der geistigen Leistungen anderer war. Es ist eine besondere Pointe, dass ausgerechnet der Hochstapler Gert Postel, der sich mit falschen Titeln vom Briefträger zum Oberarzt hochgeschwindelt hatte, Silvana Koch-Mehrin per E-Mail ermunterte, sie möge weiterkämpfen und sich nicht unterkriegen lassen. Worauf die dankbare Antwort folgte: »In stürmischen Zeiten tut eine solch freundliche Nachricht wirklich gut. Ich habe mich sehr darüber gefreut!«[3]

In diesen Geschichten wird deutlich: Fassadenpersönlichkeiten haben Hochkonjunktur. Was nicht zuletzt auch der Fall von Exbundespräsident Christian Wulff demonstriert, der ganz der nette Schwiegersohntyp und Mann des Volkes sein wollte – wohlerzogen und brav –, bis durch das Auffliegen von gesponserten Luxusurlauben, Partys und Upgrades offenbar wurde, dass er doch etwas gleicher als die anderen war.

Schaut man sich derartige Metamorphosen nicht nur bei den Politikern an, sondern auch in den Medien, in der Ernährungs- und Gesundheitsbranche oder in Bezug auf den Finanzmarkt, dann ist die Analyse klar: Wahrheit wird systematisch abgeschafft. Es regiert das Prinzip von Vertuschung und Verblendung. Neben Täuschen und Tricksen geht es ums Faken, Wulffen und Guttenbergen. Uns umgibt eine Kultur des Lügens und Betrügens, die mit der verspielten Camouflage eines Maskenballs nicht mehr viel gemein hat.

Aber wer die Wahrheit verdrängt, kann nicht mehr frei aufspielen. Der engt sich ein, blockiert sich und landet in einer Welt des Misstrauens. Büßt Geborgenheit und Beziehungen ein und wird ein Kalter Krieger im Dschungel all derer, die ein Leben auf Kosten anderer führen, solange die schwindenden Vorräte reichen.

Und die Spirale dreht sich weiter: Noch stehen wir zwar auf dem Boden der Tatsachen. Noch leben wir in der Kohlenstoffwelt. Aber mehr und mehr umgibt uns die virtuelle Welt mit ihren aberwitzigen Möglichkeiten, die die Dimensionen der Scheinexistenz vervielfachen. »Generation Update« ist inzwischen erwachsen geworden. Sie befindet sich im ständigen Aktualisierungs- und Kontrollmodus. Es ist ein Dasein im »Livetickertakt«, eine merkwürdige Gleichzeitigkeit von Leben im echten Leben und dem lebensechten Abbild im Netz. Doch wird es uns besser gehen, wenn unsere digitalen Doppelgänger ganz und gar markttauglich geworden sind, oder stiften sie nur weitere Identitätsverwirrung? Bekommen wir nicht gerade durch sie und ihre Kompetenzen das Gefühl vermittelt, unser eigenes Ich genüge nicht mehr?

Noch ist die Verschmelzung von Mensch und Maschine nicht komplett. Noch gibt es zwei Gehirne: das weiche, biochemische Hirn im Kopf des Menschen und den gigantischen digitalen Wissens- und Datenspeicher, neuerdings auch schon ausgelagert in den Wolken, damit wir von überallher Zugang erhalten können.

Aber was geschieht in dieser medialen Wunderwelt mit unseren persönlichen Daten und Online-Beziehungen, wenn Klicks zu Cash werden sollen? Und – ebenso wichtig – was passiert mit unserer Persönlichkeit, wenn uns die Selbstbestimmtheit mehr und mehr abhandenkommt und uns die Algorithmen vorschreiben, was gut für uns ist?

Und sollten am Ende alle Natur-, Finanz- und Internetressourcen ausgenutzt sein: Sind wir dann etwa klüger und stärker verwurzelt in unserem Leben oder implodieren wir vor lauter Dummheit und Fremdbestimmtheit?

Um all das soll es in diesem Buch gehen. Dabei werden weniger einzelne Betrüger an den Pranger gestellt, wie man aufgrund des Titels *Betrüger Republik Deutschland* vermuten könnte, vielmehr sollen die Strukturen – das System dahinter – beleuchtet werden, die in diversen gesellschaftlichen Bereichen Lug und Trug ermöglichen. Allem voran steht die Überlegung: Was passiert gerade? Und was entwickelt sich daraus? Die Antworten liegen in der Regel nicht griffbereit auf der Straße. Doch wer wissen will, was uns bevorsteht, sollte sich diesen Ermittlungen stellen und probieren, die Prozesse, die um uns herum in Gange sind, von ihrem möglichen Ende her zu erfassen. Lediglich im Hier und Jetzt zu leben, bloß gegenwartsorientiert zu sein macht kurzsichtig oder sogar blind für die Zukunft. Wie könnte die Welt im Jahr 2050 aussehen? Ist ein Rückblick in die Zukunft möglich?

Ja, ist er. Auf zum nächsten Kapitel.

Einmal in die Zukunft und zurück: Fassadenpersönlichkeiten erobern mit hohlen Angeboten den Markt

Seit einiger Zeit fand er jeden Morgen, wenn er mit seiner Hündin das Wohn-Ei verließ, abgeschaltete Mensch-Maschinen vor seiner Tür. Diese Mischwesen, die man zu Beginn des 21. Jahrhunderts androide Humanoiden genannt hatte oder Avatare.

Wie viele heute?, hämmert es auch jetzt wieder in seinem Kopf, kurz bevor er auf die Straße tritt, und ohne dass er sich dagegen wehren kann. Sein inneres Schaudern würgt er hinunter, das hat er in seinem Leben oft genug geübt, und was sonst bleibt ihm übrig? Komischerweise aber tänzelt heute auch seine Hündin ungewöhnlich unruhig an seinen Beinen entlang und stößt dabei merkwürdige Laute aus, die kein Bellen sind, aber auch kein Jaulen. Er kann es nicht einordnen. Noch nicht.

Er erinnert sich. Vor ein paar Wochen noch waren es gerade mal ein oder zwei von diesen Mensch-Maschine-Wesen, die leblos auf den Fußwegen lagen. Schaulustige versammelten sich und versperrten den Durchgang. Vorgestern dann waren es bereits zwölf. Und jetzt? Es ist nicht leicht, ihre Zahl zu erfassen. Gekrümmt und ineinander verkeilt bilden sie erratische Skulpturen. Sehen aus wie ein Denkmal der Entkräftung. Er muss mehrfach ansetzen, um sie zu zählen. Immer wieder von vorn anfangen, weil er so aufgeregt ist und sich ständig verhaspelt. Schließlich kommt er auf 23. Nervös fingert er nach einer Zigarette, und seine Hündin schaut ihn an, als ob sie ein Kommando erwarte.

Aber er hat nichts zu sagen. Er will auch gar nicht sprechen. Er sucht nach einer Erklärung. Warum um Himmels willen lösen sich diese Super-Geschöpfe des 21. Jahrhunderts vom nährenden Netzzugang? »Letzter Wille!«, steht auf dem Display oder: »Endlich!« Und die finale Meldung der Kontrollanzeige lautet: »Chip zerstört!« Einige wenige, es müssen Perfektionisten gewesen sein, haben sicherheitshalber noch ihre Ortungsfunktionen gelöscht und die Ladebuchsen verstopft.

Hunde würden nie auf suizidale Gedanken kommen, geht es ihm durch den Kopf. Hunde bleiben Hunde und träumen nicht von einem besseren Leben. Sie sind anders als wir, die vom Machbarkeitswahn getriebenen Zweibeiner.

Als technische Super-Revolution wurde es gefeiert, ja, als höchster Meilenstein der Evolution, dass die Menschen mit ihren immer klüger werdenden Minicomputern verschmolzen. Es war der – sogar von den Universumsbewohnern auf der Weltraumstation – vielfach bejubelte Jahrtausendmoment, in dem Technologie und Biologie, Datenverarbeitung und menschliche DNA ineinander aufgingen. Jeder glaubte, die Schöpfung sei nunmehr vollkommen, sei nicht mehr nur Sein an sich, sondern Dasein hieß jetzt, die unzähligen Möglichkeiten der technikbasierten Selbst-Steigerung zu nutzen und sich in beliebig viele Zusammenhänge hineinzuinszenieren. Nach Jahrzehnten der Entwicklung und Erprobung waren Mensch und Maschine nicht mehr voneinander zu trennen. Gemeinsam erreichten sie ein neues Stadium der Geschäftigkeit.

Dabei hatte alles ganz harmlos angefangen. Mit diesen intelligenten Fahrzeugen, bei denen man irgendwann nur nicht mehr sagen konnte, wer das Steuer beherrschte. Der Mensch? Die Software? Das System? Und gleich danach kamen die leblosen Assistenten. Diese androiden Freunde für die Jackentasche, die alles auf Knopfdruck wussten und alsbald anfingen, die Planung zu übernehmen. Der Prozess war schleichend, fand eher beiläufig statt, aber letzten Endes bestimmten die digitalen Freunde das Denken.

Erneut gibt seine Hündin einen merkwürdigen Laut von sich. Was will sie? Hat sie etwa eine Erklärung? Egal, er muss nachdenken, sich noch einmal die Zeit vergegenwärtigen, als plötzlich nahezu alles vernetzt war. Ununterbrochen wurden Daten gesammelt und ausgewertet. Prozesse optimiert. Auf einmal hing jeder drin in diesem Spinnennetz, das mit seinen unzähligen Funktionen die Befriedigung aller Bedürfnisse auf kürzestem Wege versprach. Alles ohne Mühe. Man brauchte keine Straßen mehr zu kennen, nicht mehr mit Geld zu bezahlen, sich nichts mehr zu merken.

In Wirklichkeit aber steckte dahinter ein Massenüberwachungs- und Lenkungssystem, und der Mensch – oder das, was von ihm übrig war – wurde darin zur Marionette. Zur Beute. Ein Gulliver an tausend Stricken, gezogen von dem Versprechen, dass alles möglich ist und wunderbar. Nicht nur zwischen Produkten konnte man wählen, sondern auch zwischen Erscheinungsformen und Gefühlslagen. Anfangs war das sensationell. Gierig griffen die meisten nach diesen Optionen, die alle bisherigen Alltagswirklichkeiten übertrafen. Schnell wurden sie dabei der schnöden Realität des bloßen Seins überdrüssig. Anziehend wurde der glamouröse Schein. Ein Knopfdruck reichte, und alles veränderte sich.

Es war wie bei König Midas, der das Unmögliche ersehnt und sich gewünscht hatte, dass alles, was er berührte, zu Gold werden möge. Sein Wunsch wurde ihm gewährt, und tatsächlich, alles, was Midas anfasste, wurde zu Gold: der Stein vom Boden, den er aufhob. Der Zweig am Baum, den er berührte. Der König strahlte. Doch das böse Erwachen kam mit dem Hunger. Er griff nach Brot und Becher, aber kaum erfasst, wurden auch sie zu Gold, und der König drohte jämmerlich zu sterben.

Auch das System aus immer aufgepepperten Maschinenwesen hat sich offenbar zu hoch gestapelt und scheint zu kollabieren. Authentisches Leben – wo ist es noch zu finden? Bei seiner

Hündin und ihren tierischen Freunden? Er muss schmunzeln. Die Mensch-Maschinen jedenfalls waren zu Sklaven der ewig lockenden Angebote geworden. Und nun fragten sie bang: Was ist noch echt? Wer ist wer? Was soll ich wollen?

Unbehagen breitete sich aus und mit ihm das Misstrauen. Bald konnte keiner mehr zwischen realem Sein und virtuellem Schein unterscheiden. Überall optimierte Menschen mit aufpolierter Performance. Computergesteuert. Und aus der vormaligen Realitätsermüdung erwuchs eine nie gekannte Sehnsucht nach Wahrhaftigkeit. Verzweifelt suchten die Menschen nach Substanz. Aber was auch immer sie berührten, zerfiel zu Staub: zum Staub der Illusionen. Keine einzige Kontrollbehörde war in der Lage, die Sache zu beherrschen. Das System hatte sich verselbstständigt. Und das eigene Urteilsvermögen, jahrzehntelang systematisch unterwandert, half nicht mehr. Orientierungslos navigierten die Mensch-Maschinen durch eine überlaute Werbewelt. Keiner vermochte es, sich deren Aufdrängungspenetranz zu entziehen. Als letzte Hoffnung blieb das Kappen der Netzwerkverbindung.

Mitten in diese Gedanken drängt sich das Gebell seiner Hündin. Kurz und laut. Intuitiv weiß er, das bedeutet: »Hunger!« So viel war sicher.

Nein, so weit sind wir noch nicht. Dennoch: Willkommen auf dem Weg dorthin! Willkommen in der Jetztzeit des mobilen Internets und der »Social Media« – in einer Gesellschaft voller wohlklingender, aber meist hohler Angebote. Willkommen im Land der gekonnten, aber meist leeren Gesten. Willkommen also in unserer wunderbar erträglichen Welt des Scheins, in der Fassadenpersönlichkeiten und »falsche Selbste« den Markt erobern, Wortkünstler den Ton angeben und Posen zum Ersatz für Politik werden. In einer Welt, in der das Wollen mehr zählt als das Können und der Erfolg mehr als die Leistung. Wer sich am geschicktesten in Szene setzt, hat die besten Karten.[1]

Schon heutzutage leben wir mehr und mehr in digitalen Empfangsräumen und werden so informationsattackiert und hysterisiert, dass nicht nur die Gelegenheiten zum Innehalten und Begreifen fehlen, sondern auch der Mut zur eigenen Authentizität. Durch das permanente Bedrängtwerden sind unsere Energien bereits für Banales verbraucht. Selbstbestimmt auszuwählen, was tatsächlich gut, sinnvoll und nützlich ist: Wer schafft das noch?

Dazu bräuchte es Ruhe und unverzweckte Zeit. Wirklich freie Momente, ohne den reflexartigen Verlegenheitsgriff zum Smartphone, das uns zur tückischen Alltagsstütze geworden ist. Tückisch, weil es uns unter der Hand zu Abhängigen macht, die immer in Alarmbereitschaft oder im Dienst sind. In Wahrheit sind wir Getriebene, denen pausenlos über E-Mails, Anrufe, Touchscreen-Anzeigen oder aus Lautsprechern erklärt wird, was wir aufzunehmen, zu empfinden oder zu konsumieren haben. Wahrhaftigkeit und Aufrichtigkeit haben in dieser hemmungslos manipulierten Konsumwelt keinen prominenten Platz mehr. Sie werden systematisch ins Abseits verdrängt. Stattdessen greifen wolkige Versprechen und aufregende Inszenierungen um sich.

Das Risiko, beim groß aufgesetzten Spiel mit dem attraktiven Blendwerk erwischt und enttarnt zu werden, ist zwar hoch. Jeden Tag aufs Neue lauert eine schlagzeilenhungrige Meute auf frische Beute, und mit Gnade ist nicht zu rechnen. Denken wir an Exumweltminister Norbert Röttgen, an Exbundespräsident Christian Wulff oder den Exbundesminister Karl-Theodor zu Guttenberg, deren Causae zeigen: Wer entblößt wird, wird entsorgt. Das heißt aber beileibe nicht, dass wir keine Inszenierungen mehr wünschen. Im Gegenteil: Wir wollen nur, dass sie noch besser, noch täuschend echter sind. Deshalb läuft das Fließband weiter und liefert tagtäglich neue Ware für unsere Wunsch- und Erwartungswelt, in der Ehrlichkeit und Realitätsprinzip wie Spielverderber daherkommen. Es sei denn, sie bereiten den Boden für einen Skandal. Nur dann werden sie noch honoriert.

Auch unsere Empörung über einen Lügner oder Hochstapler, der zu Fall gebracht wird, ist zumeist aufgesetzt. Eher ein Signal für die anderen. Ein Entenschnattern, das verkünden soll: Je heftiger unser Entsetzen ist, desto weiter sind wir selbst vorgeblich von solch einem Verhalten entfernt. Es ist ein Ätsche-Bätsch-Gehabe, das Kindern in nichts nachsteht, die sich die Augen zuhalten und dann meinen, dass sie nicht zu sehen sind.

Tatsache ist: Wir wollen vieles gar nicht mehr so genau wissen. Wir lassen uns lieber verführen oder abspeisen und geben die Fäden in fremde Hände. Die Bedingung ist lediglich: Uns muss etwas geboten werden! Die Show muss gut sein. Zweitrangig, was dahintersteckt. So hat eine Wahrhaftigkeitsermüdung um sich gegriffen. Wir sind so überfordert und ausgebrannt von unserem durchökonomisierten Leben, dass die Frage nach Substanz und Relevanz einfach eine Frage zu viel ist. Später, bitte! Oder ein anderes Mal, gerne. So bleibt die Wahrheit auf der Strecke, stört nur noch.

Ehrlichkeit wirkt wie ein Spielverderber
Dennoch ist es aufschlussreich zu fragen: Was sind das für Nahrungsmittel, die nicht nur schmecken und sättigen sollen, sondern die uns mit ihren Werbebotschaften suggerieren, dass sie uns schön, schlau und schlank machen und dazu auch noch gesund und vital. Dabei wird davon abgelenkt, dass es sich in vielen Fällen um Chemiecocktails handelt. Um »Functional Food«, das in Laboren kreiert wurde mit einer Auswahl an über 300 Zusatzstoffen und über 6000 Aromen, die für tolle Farben, weiche Konsistenzen und verführerische Geschmacksvarianten sorgen. Aber niemand kann Auskunft darüber geben, was deren komplexes Zusammenspiel in unserem Körper bewirkt.

Das Flunkern geht mit Unternehmen weiter, die uns hoch und heilig beste Servicequalität versprechen, dann aber unsere Kundenbeschwerde unwirsch abarbeiten. Oder unverbindlich abwiegeln, nach dem Motto: Vielen Dank für Ihre Mitteilung! Darüber hinaus passiert nichts. Womit uns die Aufforderung zum Feedback schlichtweg nur Lebenszeit gestohlen hat. Die entscheidende Frage dabei ist: Kann hochwertiger Kundenservice überhaupt glücken, wenn die zentralen Komponenten – von der Telefonzentrale bis zum Beschwerdemanagement – aus Kostengründen ausgelagert worden sind? Und was ist das für ein Zaubertrick, der aus »immer billiger« angeblich »immer besser« machen kann?

Weiter geht das große Schummeln mit den Finanzjongleuren, die mit goldenen Worten Geldanlagen verkaufen, auf deren Niedergang sie im Anschluss an das Geschäft wetten, um gleich doppelt Profit zu machen. Die businesshaft tun, ansonsten aber mit – im wahrsten Sinne des Wortes – *unglaublichen* Seifenblasenprodukten rund um den Erdball zocken, bis die Blase platzt. Die Letzten in der Kette haben Pech gehabt. Selbst schuld! Gier frisst die Gierigen.

Lächelnd vorgetragene Lügen, galantes Betrügen und cleveres Tricksen sind heute nicht mehr die Fehlorientierungen einzelner Hochstapler, sondern etabliertes Verhalten in nahezu allen gesellschaftlichen Bereichen. Das Vorgaukeln – das bei genauer Prüfung zwar keinen Bestand hätte, aber wer kriegt das noch mit? – hat Systemcharakter angenommen. Wir sind längst darauf konditioniert, nicht mehr viel mitzubekommen.

Wahrheit wird mehr und mehr lächerlich gemacht. Nicht immer so niedlich wie bei Michelle Hunziker, die im Sommer 2011 über ihren Leibwächter, der wegen Nazitattoos in die Schlagzeilen gekommen war, erklärte, dieser junge, athletische Mann könne doch keiner Fliege etwas zuleide tun. Aha. Fragt da noch jemand, wie der besagte Bodyguard seine Schöne dann überhaupt beschützen kann? Oder lassen wir uns lieber von einem blonden, wohlgeformten Star die Welt verklären und unter der Hand für dumm verkaufen? Offenbar ja. Und das Fernsehen, das den Fokus auf Sichtbares lenkt, weiß es auszunutzen, dass wir hübschen Menschen unbewusst mehr Vertrauen schenken und sie automatisch für kompetenter halten.[2]

Neben so nett daherkommenden Lügen auf langen Beinen wird die Wahrheit manchmal auch rabiater um ihr Anrecht betrogen. Wenn Karl-Theodor zu Guttenberg immer wieder behauptet, bei über 1000 Plagiatsstellen nicht absichtlich gehandelt zu haben, scheint das so ein Fall von hartnäckiger Realitätsverweigerung zu sein. Da hilft auch ein für Millionen Leser fett gedruckter *Bild*-Zeitungstitel wie: »Macht keinen guten Mann kaputt. Scheiß auf den Doktor!« am Ende nicht mehr.[3] Und ebenso wenig hilfreich ist es, wenn sich dieses Blatt nur ein paar Monate später in der »Causa Wulff« plötzlich zum Gralshüter der Wahrhaftigkeit aufbläht und als leuchtendes Beispiel für aufgeklärten Journalismus dastehen möchte. Was die ehemalige Bundestagsabgeordnete der Grünen, Antje Vollmer, im Zuge der Verleihung des renommierten Henri-Nannen-Preises an die *Bild*-Zeitung als »Pseudo-Journalismus« attackierte, als eine pseudomoralische Aufrüstung in unmoralischen Zeiten. Ebenso beklagte sie den nicht mehr vorhandenen Abstand zwischen seriöser Berichterstattung und dem Kampagnenstil des Boulevards. Es herrsche oberflächliches Jagdfieber und »populistisches Aufrühren von niederen Instinkten«.[4] Erneut wird Wahrheit systematisch abgeschafft.

Vertrauen bricht weg – grundlegende Werte verfallen

Die große Vertrauenskrise hat zwar gerade erst begonnen. Doch wie in der *Unendlichen Geschichte* von Michael Ende bricht tagtäglich neues Terrain weg. Nicht das Land »Phantásien« ist diesmal bedroht, sondern unser reales, menschliches Leben auf dem Boden der Tatsachen. Grundlegende Werte verfallen, und ganze Staaten entpuppen sich als Potemkinsche Dörfer, als Pleitekandidaten, die in sich zusammenkrachen. Und die Rettungspakete, die geschnürt werden und deren Wirksamkeit die Politiker beteuern, um die Öffentlichkeit still zu halten, erweisen sich schon am Tag danach als Tropfen auf den heißen Stein, als Milliardenguss in ein Fass ohne Boden – was in Wirklichkeit keine Rettung bewirkt. Halb Europa liegt auf der Intensivstation, befallen von einer multibakteriellen Infektion, und die Antibiotika wirken nicht mehr. Ratlos stehen die auserkorenen Chefheiler vor dem Patientenbett. Den Angehörigen jedoch erzählen sie weiterhin von eindrucksvollen Therapien und verkünden verbissen Heilungschancen. Derweil wächst eine ganze Generation von jungen, gut ausgebildeten Menschen heran, die bei bis zu 50 Prozent Arbeitslosigkeit wie in Spanien oder Griechenland keine Chance bekommen.

Rund 85 Prozent der Deutschen sagten Ende 2011, sie hätten das Vertrauen in die Politik völlig verloren.[5] Es darf spekuliert werden, wer die restlichen 15 Prozent sind. Vielleicht unsere Abgeordneten und Staatsdiener, die noch Zutrauen haben in das Versorgungssystem, das sie selbst gestalten und das sie so auskömmlich versorgt, wie es sich ein Normalbürger niemals erarbeiten kann? Die auf Kosten des Steuerzahlers sogar staatlich subventionierte Urlaube in schönster Lage auf Sylt verbringen, und das in Zeiten knapper Kassen, in denen Sozialleistungen oder Kulturförderungen rigoros gestrichen werden?[6]

Ist also der relevanteste politische Kampf der Generation Babyboomer tatsächlich am Ende der Kampf um die eigenen Pfründe, wie es der *FAZ*-Herausgeber Frank Schirrmacher ernüchtert in einem Debattenbeitrag schrieb?[7] Zu diesen Pfründen gehört auch die Rente, von der der ehemalige Arbeitsminister Norbert Blüm seit 1986 regelmäßig und entgegen allen demografischen Entwicklungen behauptet, dass sie sicher sei. Da reibt man sich die Augen und fragt sich irritiert, ob das daran liegt, dass er persönlich – wie so viele Staatsbeamte – eine üppige Altersversorgung bezieht.

Aber schon in absehbarer Zeit wird es der nachwachsenden Generation schlichtweg unmöglich sein, für alle Rentner und Pensionäre und alle anderen sozialen Kosten aufzukommen. Und wenn dann die hohe Staatsverschuldung zusammen mit der Euro-Krise tatsächlich zu einer gravierenden Inflation führt, welche die Ersparnisse rasant entwertet – wie wird der Kampf um die Pfründe enden? Oder wenn die private Vorsorge fürs Alter mit Versicherungen und Kapitalanlagen aufgrund der Finanzmarktkrisen nicht mehr das leisten kann, was sie einst versprochen hat?

Die verantwortlichen Politiker scheinen bei all diesen Problemen die Bewältigungskompetenz verloren zu haben. Doch was hat es für Auswirkungen auf unsere Zukunft, wenn »die Sprache der Politiker, die uns vertreten sollten, gar nicht mehr in der Lage ist, die Wirklichkeit zu erfassen«? Wenn sie nur noch »ein Blasebalg« ist, um zu beschönigen, zu verdecken und etwas vorzutäuschen?[8] Und wie finden wir den Weg zurück aus der Sackgasse, wenn wir als Bürger in den letzten Jahren daran gescheitert sind, diejenigen Volksvertreter zu wählen, die tatsächlich *unsere* Interessen umsetzen? Wenn wir demoralisiert worden sind, weil das Gemeinwesen allzu oft zur Ausplünderung freigegeben wurde? Ausgenutzt zum Zwecke der Selbstbedienung oder Besitzstandswahrung. Oder freigegeben, um das System aus privater Gewinnmaximierung bei gleichzeitiger Sozialisierung der Verluste weiter zu optimieren?

Die Kernkompetenzen der Zukunft:
Täuschen und Tricksen, Lügen und Betrügen

Gewinne privatisieren, Verluste sozialisieren – dieses Muster zeigte sich im Zuge der Finanzkrisen, es zeigt sich bei der Euro-Krise und es wird sichtbar, wenn die Verträge führender Wirtschaftsbosse plötzlich transparent werden, die ausgezahlt werden, auch wenn die geleistete Arbeit miserabel war. Die Profiteure ziehen es vor, zu genießen und zu schweigen. Täuschen und Tricksen gehören längst zu den Überlebensstrategien in einer immer ruchloser werdenden Kapitalverwertungswelt, die zudem immer unüberschaubarer und komplexer wird.

Krisenzeiten waren von jeher ein fruchtbarer Nährboden für Hochstapler und ihre Scheinwirklichkeiten. Ist das Leben karg und trist, feiert der Wille zum schönen Schein wilde Feste, und wir werden zu Koabhängigen, weil wir unsere Wünsche und Sehnsüchte nur allzu gern bedienen lassen. Dann hören wir auf zu zweifeln oder nach dem Preis und den Konsequenzen zu fragen und entwickeln eine Vorliebe für Persönlichkeiten oder Produkte, die – im wahrsten Sinne des Wortes – eine *blendende* Performance abliefern.

Je mehr sich die Symptome für eine Krise häufen, desto skeptischer sollten wir eigentlich sein, was uns da so alles vorgeschwafelt wird, um über die tatsächlichen Probleme nicht reden zu müssen. Aber interessiert uns die Wahrheit noch? Oder sind unsere Kapazitäten schon für Empörung und Hysterie verbraucht? Vielleicht haben wir längst keine Lust mehr, selbst zu denken, so wie es der Schriftsteller Aldous Huxley 1932 in seiner Antiutopie *Schöne neue Welt* beschrieb. In der war das kritische Denken nicht verboten, aber die mit Wohlfühldrogen versorgten Bewohner hatten kein Interesse mehr daran. Auch wir amüsieren uns offenbar lieber zu Tode, wie es – Huxley folgend – der Soziologe Neil Postman 1985 prognostizierte. Er zielte seinerzeit auf das Medium Fernsehen, das im Vergleich zu heute geradezu harmlos wirkt mit seinen Tutti-Frutti-Amüsierpotenzialen. Inzwischen haben sich die Ablenkungs- und Wohlfühlangebote um ein Vielfaches potenziert, und wir scheinen tatsächlich in den Huxley-Szenarien angekommen zu sein.

Auch wenn sich in unserem Alltag nur wenige als echte Betrüger-Protagonisten hervortun – es ist wenig tröstlich, wenn die meisten beim inzwischen etablierten Gesellschaftsspiel »Wohl dem, der lügt!« klammheimlich mitmachen und sich ihrer Verführbarkeit hingeben. So fehlen weithin Rückkopplungsprozesse, die Veränderungen auslösen könnten. Wenn wir uns die Bandbreite des gesellschaftlichen Schummelns und Beschönigens anschauen, von den Medien über die Politik bis hin zur Lebensmittel-, Gesundheits- oder Finanzbranche, dann verwundert es in der Tat, dass massiver Protest bislang weitestgehend ausgeblieben ist. Ja, dass wir nicht einmal den Ansatz einer persönlichen Alarmbereitschaft entwickelt haben. Begnügen wir uns inzwischen damit, dass die Medien die Aufregungsfunktion übernommen haben und wir die Sensationsberichte kommentieren dürfen mit »Gefällt mir!« oder »Gefällt mir nicht!«? Nahezu rund um die Uhr laden inzwischen Medien und Internetforen zu Kommentaren ein. Meist interessiert dabei gar nicht unsere Meinung; vielmehr geht es darum, das trügerische Gefühl zu vermitteln, dabei zu sein. Es geht darum, Bindung herzustellen und die Zugriffszahlen auf die Webseiten zu erhöhen.

Der Blender als gesellschaftlich etablierter Gewinner

Vieles spricht dafür, dass sich unsere Beurteilungskriterien verschoben haben. Dass jemand, der es schafft, uns erfolgreich etwas vorzumachen, in unseren mittlerweile verblendeten Augen kein Betrügertyp mehr ist, sondern als Gewinner zu gelten hat, dem wir, bewusst oder unbewusst, Respekt zollen. Carsten Maschmeyer und sein erstaunlicher Aufstieg scheinen dafür ein Beleg zu sein. Mit offenbar fragwürdigen Drückermethoden hat er seine Millionen gemacht und im Jahr 2009 noch einen Doktortitel von der Universität Hildesheim verliehen bekommen, obwohl er sein Studium einst abbrach und auch späterhin keinerlei wissenschaftliche Leistungen erbrachte. Der akademische Titel wurde ihm zuerkannt als Anerkennung dafür, dass Maschmeyer einen Teil seines Vermögens für die Universität gespendet hat, was ihm – so ganz nebenbei – die Steuer gemindert haben dürfte. Die Laudatio anlässlich der Verleihung hielt übrigens Christian Wulff, damals noch Ministerpräsident in Niedersachsen. Die Prinzipien von Wahrhaftigkeit und Angemessenheit werden gern beiseitegeschoben, wenn man sich Hand in Hand auf der Basis von Gegenleistungen durchmogeln kann.

Es bedurfte eines zähen Kampfes zwischen Wissenschaft und Politik, um zu klären, dass leichtfertiges Kopieren à la Guttenberg & Co. die akademische Welt nicht korrumpieren darf. Schnödes Geld hat es da offensichtlich leichter, kaum einer hat sich aufgeregt über den »Dr. h. c.« von Maschmeyer. Und überhaupt zeichnen seine Auftritte in der Welt der Mächtigen und Schönen ein veritables Sittengemälde von Politik und Gesellschaft am Beginn des 21. Jahrhunderts. Sein autobiografisches Ratgeberbuch *Selfmade – erfolg reich leben,* das in der Manier von »Jeder kann es schaffen« geschrieben ist, liefert den Rest. Darin redet er freimütig über Rezepte und Kniffe, wie man andere manipulieren und für seine Ziele einspannen kann. Spricht über menschliche Kontakte, die er kühl als Kapital betrachtet, das in irgendeiner Form Gewinn abwerfen muss (ganz ähnlich funktioniert übrigens das Geschäftsmodell von Facebook). Man meint, ein angewidertes Abwenden von solch einem Mann wäre angebracht, doch das Buch war über Wochen ein Bestseller. Und so stellt sich die Frage, wer so einen blendenden Typen zum Freund, Weggefährten oder als Vorbild haben möchte, bei dem es gilt, mit dem eigenen Dasein Rendite zu erwirtschaften. Und man fragt sich ganz nebenbei, wie sein höchstpersönlicher Schwur vor dem Traualtar für Veronica lauten könnte. Etwa: Ich vermarkte dich, in guten wie in schlechten Tagen, auf dass es mir von Nutzen sei?

Sich der Wahrheit stellen, weil es um den Verlust einer harten Währung geht

Wo also ansetzen, wenn wir uns dem Thema Lügen und Betrügen stellen möchten? Wenn wir wissen wollen, wie das gegenwärtig mit der Wahrheitsliebe ist. Wenn wir Klarheit suchen: Wann sind wir Täter und wann Opfer? Und was, wenn wir dann auch noch entdecken, dass es mehrere Wahrheiten gibt, abhängig davon, aus welcher Perspektive wir eine Sache betrachten oder vor welchem Lebenshintergrund? Wie sich einigen auf einen Nenner der Wahrhaftigkeit, der nicht zu groß, aber auch nicht zu klein ist? Und warum überhaupt?

Es geht um den Verlust oder das Bewahren einer harten Währung. Der einzigen Währung, mit der sich der Wert der Wahrheit gegenüber der Lüge ausdrücken lässt, der Wert der Realität gegenüber der Inszenierung, der Wert des Seins gegenüber dem bloßen Schein. Diese einzige Währung, mit der man den Wert der Wahrhaftigkeit erfassen kann, ist Vertrauen. Das Bindeglied jeder Beziehung und die Grundvoraussetzung für gesellschaftliches Zusammenleben. Erst Vertrauen ermöglicht langfristiges Miteinander und Geborgenheit.

Wenn wir versuchen, uns der Wahrheit zu stellen, geht es aber nicht nur darum, was wir tun oder getan haben. Es geht auch darum, was wir unterlassen. Denn schon wer nicht mehr wissen will, was ist, öffnet der Lüge das Tor. Und wer nicht mehr wissen will, ob etwas überhaupt stimmen kann, macht Platz für die Verlogenheit.

Doch wenn die Wahrheit abgeschafft wird, wird die Währung weich. Dann braucht es plötzlich Millionen Worte, um verlorenes Vertrauen zurückzugewinnen. Und am Tag danach sind es schon Billionen. Und wenn die nicht mehr reichen, bröckelt nicht nur die Fassade – dann bricht das Fundament weg. Letztlich ist es genau der Prozess, der über neun Wochen bei Exbundespräsident Christian Wulff zu beobachten war: Mit vielen Erklärungen und Interpretationen versuchte er vergeblich, Vertrauen zurückzugewinnen, das im Zuge des peinlichen und nicht abreißenden Sich-öffentlich-rechtfertigen-Müssens längst verloren war. Es war kein großer Skandal, der ihn zu Fall brachte, sondern die Summe aus den vielen mehr oder weniger kleinen Affärchen, die insgesamt eine nicht mehr tragbare Schmarotzerhaltung offenbarten.

Wer nun vorgibt, ein derartiges Verhalten zu verabscheuen und integer leben zu wollen, hat die Anerkennung sofort auf seiner Seite. Das sollte nicht darüber hinwegtäuschen, wie herausfordernd ein solcher Weg werden kann und wie groß im Alltag die Gefahren des Scheiterns sind. Angemessenes Verhalten ist kein Selbstläufer. Erfahrungsgemäß nehmen die meisten lieber mit, was sie können. Das gilt für den Vorstandsvorsitzenden eines großen DAX-Konzerns, dessen Gehalt, Boni und Pensionsansprüche sämtliche Grenzen des gemeinhin Üblichen sprengen, bis hin zu dem Teil der Hartz-IV-Empfänger, der ausnutzt, was geboten wird, ohne selbst einen Eigenanteil für die Gesellschaft leisten zu wollen. Was beide verbindet, den Schmarotzer oben und den unten, ist das Wirtschaften in die eigene Tasche auf Kosten anderer. Auf Kosten derer, die solche Zuwendungen erarbeiten müssen. Selbstsucht rangiert vor Gemeinwohl.

Doch pauschale Urteile helfen kaum weiter. In Wirklichkeit ist der Prozess der Wahrheitsfindung zumeist ein mühsames Geschäft, und dafür bleibt in unserem gehetzten Alltag wenig Zeit. Längst hat sich deshalb das Bedürfnis nach unmittelbar abzurufenden Bewertungen eingestellt, die uns übers Internet auch permanent serviert werden. Vermeintliche Kompetenzinstanzen oder die Intelligenz des Schwarms, die in der Gefahr steht, in einen Herdentrieb abzugleiten, werden uns schon die richtige Richtung weisen. So können sich verlogene Strukturen nahezu unbemerkt in unserem Alltag einnisten.

Bevor diese Strukturen in den nächsten Kapiteln anhand verschiedener gesellschaftlicher Bereiche von den Medien bis zur Finanzwelt aufgezeigt werden sollen, ist es zunächst an der Zeit, das Verhältnis zwischen Mensch und Lüge etwas grundsätzlicher zu betrachten.

Täuschungsexperten und Meister der Verstellung: Lügen ist menschlich und manchmal tierisch gut

Solange es Menschen gibt, gibt es die Lüge. Diese Fähigkeit scheint uns seit Urzeiten in den Genen zu sitzen. Wobei das Wort »Fähigkeit« ganz bewusst gewählt wurde, um sich von voreiligen Negativbewertungen der Lüge abzugrenzen. Die Lüge lediglich als menschlichen Makel zu klassifizieren oder als Sünde zu attackieren ist wohlfeil und geht an der komplexen Realität vorbei. »Lügen oder nicht Lügen« ist bei Weitem nicht nur eine moralische Frage, denn das Lügen wurzelt tief in unserer Entwicklungsgeschichte und muss uns beim Kampf ums Überleben vielfach geholfen haben, für die Gattung Mensch also nützlich gewesen sein.

Selbst im Tierreich gibt es exzellente Täuschungsexperten, wahrhafte Meister der Mimikry. So zum Beispiel die Gottesanbeterin. Sie gehört zwar zu den Insekten, dennoch gelingt es ihr, wie ein Blatt oder Geäst auszusehen. Eine perfekte Tarnung. Wollte man ihr dafür einen moralischen Vorwurf machen? Oder sollte man von einem Anglerfisch Buße verlangen, weil er seine Umgebung perfide täuscht, um Beute zu machen? Weil er seine Opfer mithilfe einer am Maul angewachsenen Rute anlockt, an der eine Wurmattrappe hängt, die er als Köder hin und her schwenkt? Oder was haben wir von einigen Vogelarten zu halten, die offenbar die Schauspielkunst beherrschen? Wollen sie einen Feind von ihrem Nest mit dem Nachwuchs weglocken, täuschen sie eine Verletzung vor, ein Hinkebein, das die Aufmerksamkeit des Angreifers auf sie lenken soll.[1] Auch Raben sind für ihre Verstellungskünste und intelligenten Ränkespiele bekannt. Futterneidischen Beobachtern verderben sie den Appetit, indem sie etwas aufpicken und anschließend wie tot umfallen. Das Schauspiel suggeriert, die Beute sei giftig, schließlich soll kein Fremder von ihrem Jagdrevier profitieren.

Doch insbesondere unsere Vorfahren, die Affen, sind geschickt darin zu flunkern, wenn sie einen Vorteil erlangen wollen, der ihnen eigentlich laut Rangordnung nicht zusteht. Nur auf diesem Weg schafft es ein Affenmann aus der zweiten Hierarchiestufe, den Chef der Horde gnädig zu stimmen, indem er ihn so lange mit Lausen »korrumpiert«, bis auch er eine Chance auf Fortpflanzung bekommt. Auch Affenweibchen können raffiniert tricksende Strategen sein. Fröhlich grinsend und Unschuld vortäuschend schaut schon mal eine Affendame hinter einem Stein hervor in Richtung Boss, während der männliche Rivale – vom Weibchenrücken verdeckt und somit für den Anführer unsichtbar – mit ihr Nachkommen produziert. Selbst bei Affenkindern wurde beobachtet, dass sie ein Talent dafür haben, andere übers Ohr zu hauen. Haben sie zum Beispiel registriert, wie ein erwachsenes Tier unter Mühen eine leckere Wurzel aus dem Erdreich gegraben hat, kreischen sie plötzlich laut auf, um so eine Attacke eines Feindes vorzutäuschen. Im Moment der Flucht ergreifen sie dann gezielt den Leckerbissen für sich.[2]

Bereits die Primaten haben also die Fähigkeit, anderen – zum Teil äußerst listenreich – etwas vorzugaukeln. Doch erst mit der »Krone der Schöpfung«, mit uns Menschen, hat das Lügen seinen Höhepunkt erreicht. Denn Affen können nur mit Sachen oder Situationen tricksen, die für sie sichtbar sind. Wir Menschen dagegen können auf der Basis von Hirngespinsten Unwahrheiten erfinden oder inszenieren. Abstraktes Denken und Sprache ermöglichen es uns, komplexe Lügengebäude zu bauen. Und nur wir Menschen sind in der Lage, nicht nur anderen, sondern auch uns selbst etwas vorzumachen, indem wir die Wahrheit verdrängen oder abspalten. Selbst unsere Erinnerungen verändern wir ständig und passen sie der jeweiligen Situation im Leben an. Aus dem simplen Bluff, wie wir ihn bereits bei den Tieren vorfinden, wurde im Laufe der Evolution bei uns Menschen ein hoch komplizierter mentaler Vorgang.[3]

Die Lüge muss uns im Prozess der Menschwerdung hilfreich gewesen sein und ist es wohl noch heute. Nicht nur, weil sie uns (wie bei den Affen) dazu dient, unsere Gene möglichst oft weitergeben zu können. Auch deshalb, weil sie uns vielfältige Vorteile verschafft oder uns in die Lage versetzt, zumindest auf kurze Sicht Konflikte zu vermeiden.[4] Wer jedenfalls behauptet, ohne Lüge leben zu können, ist allen Untersuchungen zufolge ein Lügner, der sich gerade selbst entlarvt, vermutlich eher unfreiwillig. Zumindest aber unterliegt eine Person, die vorgibt, niemals zu lügen, einer Selbsttäuschung. Versuchen wir also gar nicht erst krampfhaft, gänzlich lügenfrei leben zu wollen. Es könnte ein unmenschlicher Akt werden, dem unsere Spezies nicht gewachsen ist.

Ebenso problematisch – bei aller Liebe zur Philosophie und Erkenntnistheorie – ist die Annahme, dass die Wahrheit gar nicht existiere, dass sie nur die »Erfindung eines Lügners« sei.[5] Wiewohl es für die Wahrheitsfindung an sich wesentlich ist, sich die Grenzen des Erkenntnisvermögens bewusst zu machen. Es wird in der Regel nicht gelingen, mit leichter Hand ewig gültige Antworten zu erfassen. Insofern bietet es sich an, der Realität ins Auge zu schauen und hinzunehmen, was nicht zu ändern ist – egal ob es um unsere Veranlagung zur Lüge geht oder um die schwierige Suche nach der Wahrheit.

Bemerkenswert ist, dass schon Kleinstkinder im Alter von nur wenigen Monaten betrügerisches Verhalten erkennen können und daraus Konsequenzen ziehen. Erwachsene, die

Babys in einem ersten Test getäuscht hatten, wurden bei einem erneuten Versuch meist ignoriert.[6] Und ein etwa vierjähriges Kind entdeckt gerade durch das Erproben von Lügen seine eigene Persönlichkeit. Plötzlich bemerkt es, dass die Eltern oder andere Bezugspersonen ihm doch nicht in den Kopf schauen und Gedanken lesen können. Lügen erkennen und selber lügen sind demzufolge wesentliche Schritte bei der Entwicklung des Ichs. Sie zeigen, dass ein Kind gelernt hat, den Standpunkt des anderen einzunehmen und einzuschätzen, wie das Gegenüber tickt. Kinder schwindeln zunächst eher spielerisch, um ihre Wirkung auf andere auszutesten. Später dann lügen sie auch aus Angst vor Strafe. »Ich war das nicht!« ist eine typische Reaktion, um möglichst nicht als Dieb oder Zerstörer entlarvt zu werden. Manch einer pflegt dieses Potenzial zur Ausrede ein Leben lang.

Im Laufe des Erwachsenwerdens perfektioniert sich die Kunst der Berechnung – die Kunst, sich mit gezielten Übertreibungen oder Unwahrheiten in einem besseren Licht erscheinen zu lassen. Ob Schüler in der Schule oder Teilnehmer am Vorstellungsgespräch: Selbstverständlich wird geflunkert und aufgebauscht – das gehört irgendwie zum Bewerbungsritual –, und wer sich nicht gut verkaufen kann, braucht sich keine Hoffnungen auf eine Anstellung zu machen.

Im Übrigen gilt das Herausputzen und Beschönigen ja auch für die Gegenseite. Auch ein Arbeitgeber stellt sich gern optimal dar und verschweigt im Einstellungsgespräch, dass der Hauptabteilungsleiter und künftige Chef ein cholerischer Charakter ist, der zu verletzenden Wutausbrüchen neigt, oder dass unbezahlte Überstunden selbstverständlich sind, was das Gehalt im Vergleich zur Arbeitsleistung ruck, zuck minimiert. Der Begründer der Psychoanalyse, Sigmund Freud, über dessen Therapiemethoden man geteilter Meinung sein kann, hat großartige Abhandlungen über die verborgenen Motivlagen des Menschen geschrieben und dabei etliche Scheinheiligkeiten entlarvt. Er erkannte: Gerade das Gebot »Du sollst nicht lügen!« macht uns sicher, dass wir von einer unendlich langen Generationenreihe von Lügnern abstammen.

Allzu leichtfertig fordern wir dennoch oft die Wahrheit ein. Auch dann, wenn wir sie eigentlich gar nicht wissen wollen. Stellen wir uns nur vor, morgen käme die ganze Wahrheit über die weltweite Finanzlage auf den Tisch und man würde uns mit klaren Worten mitteilen, dass dieses Geldsystem, das an keine produktive Wertschöpfung gekoppelt ist, kollabiere. Panik würde ausbrechen. Hilflosigkeit. Da ist es schon besser, nur die halbe Wahrheit zu erfahren und nicht so genau Bescheid zu wissen, weil wir ansonsten unser Ausgeliefertsein, unsere Ohnmacht bewusst erleben müssten. Oder nehmen wir ein Beispiel aus dem Alltag. Der Partner oder die Partnerin fragt: Bin ich noch attraktiv für dich? Ein Klassiker, bei dem die Wahrheit ganz schnell zum Liebestöter wird. Ein einziges offenes Wort kann die Stimmung erfolgreich verderben. Deshalb neigen wir, wenn es um Lüge oder Wahrheit geht, zu einem ambivalenten Verhalten.

Wir schwanken zwischen Lüge und Wahrheit

Zum einen will keiner belogen werden, zum anderen gefällt uns die Wahrheit auch nicht zwangsläufig. Sie kann unerfreulich und unangenehm sein. Dennoch wird die Wahrheit von uns fälschlicherweise allzu oft mit dem Guten und Schönen verbunden. Wir sind Wahrheitsromantiker und übersehen gern, dass sie auch hässlich und schmerzhaft sein kann. Sie kann zu einer tiefen emotionalen Erschütterung führen und auf Dauer belasten. Schon in einer Volksweisheit heißt es: »Wer die Wahrheit hören will, sollte sich vorher fragen, ob er sie auch ertragen kann.« Und David Nyberg, Philosoph und Erziehungswissenschaftler an der University of New York, warnt sogar davor, Wahrheit moralisch überzubewerten: »Ohne Täuschung und Irreführung wäre unser komplexes Beziehungsleben völlig undenkbar.«[7]

Der Begründer der Mentiologie, der Lehre von der Lüge, Peter Stiegnitz, hat die Gründe fürs Lügen erforscht: »Rund 41 Prozent aller Lügen geschehen, um sich Ärger zu ersparen, 14 Prozent, um sich das Leben zu erleichtern, acht Prozent – davon sind die meisten Frauen – lügen, um geliebt zu werden. Nur sechs Prozent lügen aus reiner Faulheit, und ganze 31 Prozent geben an, keinen Grund zu haben. Die lügen einfach grundlos.«[8] Frauen, so der Forscher, seien auch in puncto Lügen das starke Geschlecht; sie stünden mehr zur Wirklichkeit.

Die Lizenz zum Tricksen

Es könnte also darum gehen, mit so wenig Lügen wie möglich auszukommen, das Ausmaß der Täuschungen in Grenzen zu halten und sie am besten nur da einzusetzen, wo sie sozial dienlich, also nützlich statt schädlich sind. Was nichts anderes bedeutet, als mit der Lüge verantwortlich umzugehen. Wobei die Übernahme von Verantwortung – da sollte man sich und anderen nichts vormachen – meist nicht nach Trüffeln schmeckt und wie Champagner prickelt, sondern eher den Charme von Schwarzbrot mit Kräutertee hat.

Und es ist noch verzwickter. Denn manchmal kann es sogar gute Gründe für eine Lüge geben – obwohl der Philosoph Immanuel Kant, der wie kaum ein anderer unser moralisches Denken und Verhalten seit der Aufklärung geprägt hat, auf einem kategorischen Nein zur Lüge beharrte, egal, welche konkrete Situation auch immer zur Lüge herausfordern würde, und selbst dann, wenn man damit hypothetisch ein Menschenleben retten könnte. Kant befürchtete, dass die Werthaltigkeit der Wahrhaftigkeit (systematisch) ausgehöhlt würde, wenn man erst einmal das Lügen aufgrund höherer Motive zugestehen würde.

Doch Lügen können wohlmeinend sein, verzeihlich und sogar sachdienlich. Sie sind ein Schmiermittel unserer Gesellschaft. Entscheidend ist das Motiv. In den Bereich der kulturell akzeptierten Lügen gehören Notlügen oder Scherzlügen, Lügen aus Liebe oder Lügen, weil der Sommer so luftig und leicht macht. Wer jedoch lediglich versucht, sein Fehlverhalten mit dem Argument zu kaschieren, er habe aus Not oder Verantwortung gelogen, macht sich angreifbar. Und weil wir gerade beim Aufzählen sind: Lügen sind natürlich auch ein oft erprobtes Kampfmittel der Propaganda. Im Krieg stirbt die Wahrheit zuerst.

Manche Lügenforscher sagen, wir lügen im Schnitt alle acht Minuten.[9] Andere kommen auf 200 Mal am Tag[10], was rein rechnerisch ziemlich dasselbe ist. Manche behaupten, Männer tun es häufiger und vor allem deshalb, um Eindruck zu schinden. Andere wiederum meinen, Frauen lügen nicht nur weniger, sondern vor allem auch aus edleren Beweggründen. Sie lügen, um dem Gegenüber ein gutes Gefühl zu verschaffen.[11] Außerdem sollen Frauen geschickter lügen als Männer und weitaus intelligenter reagieren, wenn sie dabei erwischt werden. Interessanterweise lügen sowohl Frauen als auch Männer gewaltig beim sexuellen Höhepunkt. Ein Viertel der Befragten gab an, im Bett schon einmal so getan zu haben als ob. Wobei sich gezeigt hat, dass die »Meister der Täuschung« keinesfalls Anfänger waren, sondern in der Sexualität meist erfahrener als der Rest. Rund 86 Prozent dieser Männer hatten laut Studie beim Geschlechtsverkehr schon einen Orgasmus vorgetäuscht und 82 Prozent der Frauen. Die Gründe allerdings waren erneut grundverschieden: Die Herren blufften, wenn sie einen für sie peinlichen Akt beenden wollten. Die Damen gaben an, sie hätten falsch gespielt, um den Partner nicht zu verletzen.[12]

Schließlich heißt es, Akademiker würden öfter zur Lüge greifen als schlechter Ausgebildete, weil sie weitaus souveräner in deren Handhabung sind. Exakte Belege jedoch gibt es für all diese Thesen meist nicht. Einig scheinen sich die Lügenforscher lediglich darüber zu sein, dass Lügen vor allem

Chefsache ist, denn Machtgefühle erleichtern das Schwindeln ungemein. »Wir sitzen alle in einem Boot!« ist so eine beliebte und scheinheilige Phrase, die sich locker dreschen lässt, wenn man das Ruder in der Hand hat und den Kurs bestimmt und im Krisenfall entscheidet, wer über Bord geworfen wird.

Robert Feldman, Professor für Psychologie an der University of Massachusetts, beschäftigt sich seit Jahrzehnten mit der Psychologie des Lügens. Furore machte er mit dem Forschungsergebnis, dass Menschen, die sich kennenlernen, in den ersten zehn Minuten durchschnittlich dreimal lügen, meist unbewusst. Die Bilanz seiner Arbeit: Ehrlichkeit macht unbeliebt, und Flunkerer sind besonders erfolgreich, denn sie sind sozial geschickter. Weil sie erkennen, was eine Situation erfordert, lügen sie häufiger. Und genau das macht sie sympathisch, denn sie sind sensibel dafür, was ihr Gegenüber hören möchte.

Nicht zuletzt hängt das Lügen aber auch von der kulturellen Prägung ab, ist erlerntes Verhalten. In Asien hat man ein anderes Verhältnis zur Wahrheit, als wir in Europa es haben. Das Gesicht zu wahren und andere nicht in Verlegenheit zu bringen ist hier zentral. Deshalb gehört es zum guten Umgangston, nur Wohlwollendes zu sagen.

Doch wie oft und wie gelungen auch immer gelogen wird: Es sind unsere geistigen und vor allem kommunikativen Fähigkeiten, die uns zur vielfältigen Lüge befähigen und uns von den Tieren unterscheiden. Was wiederum den äußerst ausgebufften französischen Staatsmann Charles-Maurice de Talleyrand (1754–1838), Diplomat während und nach der Französischen Revolution und ein Opportunist vor dem Herrn, zu dem schönen Bonmot brachte: »Die Sprache ist dem Menschen gegeben, um seine Gedanken zu verbergen.«

Es ist eine uralte menschliche Hoffnung, den Lügner überführen zu können

Schon die Geschichte von Adam und Eva, den ersten Menschen in der biblischen Schöpfungsgeschichte, erzählt davon, was es bedeutet, vom Baum der Erkenntnis zu essen, obwohl es verboten ist. Von diesem Moment an waren die beiden in der Lage, sich mehr als die Wahrheit ausmalen zu können. Jetzt konnten sie schummeln und tricksen, und Unglück kommt über sie. Adam behauptet, von Eva verführt worden zu sein, und so geht es mit dem »Prototyp Mensch« weiter. Letztlich sind die Konsequenzen für beide hart: Wenig später müssen sie das Paradies verlassen, mit der Unschuld ist es seitdem vorbei. So zeigt diese Erzählung uns gleichnishaft, wie die Urmenschen lernten zu lügen und zu betrügen, weil sie sich einen Vorteil verschaffen wollten oder mehr, als für sie vorgesehen war. Bemerkenswert an dieser Geschichte vom Anfang des Lebens ist auch: Die Lüge hat kurze Beine. Gleich nachdem Adam und Eva bei der Übeltat ertappt worden sind, folgen Überführung und Strafe.

Die Schöpfungsgeschichte beschreibt damit eine uralte Hoffnung der Menschheit, dass man Lügen schnell erkennen und unmittelbar bestrafen kann. Vielleicht lieben und erzählen wir aus diesem Grund auch so gern die Geschichte von Pinocchio, aufgeschrieben 1883 von Carlo Collodi, weil darin die gute Fee erklärt, es gäbe nur zwei Arten von Lügen: die mit den kurzen Beinen und die mit den langen Nasen. So eine Nase, wie sie dem frechen Pinocchio sofort wächst, wenn er sich nicht an die Wahrheit hält.

Die Vorstellung, einen Lügner durch sichtbare Zeichen entlarven zu können, hat die Menschheit jedenfalls immer beschäftigt. Ob nun Tüftler oder Wissenschaftler – sie hören nicht auf, Maschinen oder Apparate zu kreieren, mit denen ein Lügner möglichst eindeutig überführt werden kann.

Das Neueste sind sogenannte Lügenkameras, welche die

Mimik bei Verhören festhalten, um danach die Aufnahmen Bild für Bild nach auffälligen Gesichtsmuskelaussagen auszuwerten. Das Erfassen der Mikromimik ist in den letzten Jahren ein eigenes Forschungsfeld geworden. 10 000 Gesichtsausdrücke sind inzwischen erfasst, 3000 davon lesbar. Allerdings sind solche minimalen Körpersignale durch bloßes Beobachten des anderen kaum zu entdecken. Man bemerkt sie in der Regel erst, wenn die Aufnahmen in Super-Zeitlupe angeschaut werden. Dann können die Forscher oder Geheimdienstspezialisten plötzlich widersprüchliche Signale wahrnehmen – dass der Kopf beispielsweise »Ja« sagt, die Schulter aber gleichzeitig eher ein »Nein« ausdrückt. Dass ein scheinbar entspanntes Lächeln für den Bruchteil einer Sekunde von einem Ausdruck der Wut unterbrochen wird.[13] Doch geklärt ist damit zunächst nur, dass das Gehirn beim Lügen offenbar nach Ausweichmanövern verlangt, sei es mit einem Miniausdruck im Gesicht wie einem leichten Zucken der Lippen, sei es durch eine verrutschte Geste oder mittels eines verräterischen Händereibens. Alles Weitere – wieso, weshalb, warum – bleibt Spekulation oder Interpretation, so lange, bis der Befragte von sich aus die Wahrheit sagt.

Lügendetektoren und -sensoren studieren dagegen nicht die menschliche Mimik oder den Gesichtsausdruck, sondern messen Hautwiderstand, Durchblutung und Körpertemperatur oder überprüfen die Ausschüttung von Stresshormonen, um anhand der Messergebnisse Aussagen zu treffen. Das bislang aufwendigste Verfahren ist das Erkennen von Lügen mithilfe von Blicken ins menschliche Gehirn. Welcher Bereich dort reagiert oder welche Teile des Gehirns in eine Reaktion involviert sind, soll Auskunft über Ziele und Absichten geben, die ein Mensch verfolgt – egal, was er verbal behauptet. Wenn eine Wahrheit unterdrückt werden soll, dann wird im Hirn der Bereich aktiv, der für Hemmung zuständig ist. Wird dagegen ein Tatort erkannt, obwohl der Befragte darauf besteht, nie dort gewesen zu sein, leuchtet im Gehirn der Bereich für Wiedererkennung auf.

Das alles ist faszinierende Technik, doch bei ihrer Anwendung zur Wahrheitsfindung gibt es ein gravierendes Problem: Ein Profilügner kann seine Körpersprache nahezu perfekt beherrschen und entsprechend regulieren, während ausgerechnet ein Unschuldiger vor lauter Aufregung angebliche Lügensignale aussenden kann. Schlichtweg aus Nervosität weicht er dem Blick in die Augen aus, was interessanterweise weltweit als Lügensignal Nummer eins gewertet wird, oder errötet schamhaft, stottert und zittert oder fängt an zu schwitzen. Bewiesen ist damit aber lediglich eins: dass jemand aufgeregt ist und nicht »cool« bleiben kann. Viel mehr belegen die ganzen Lügenüberführungsinstrumente und -geräte bei genauer Betrachtung bis heute und vermutlich auch in Zukunft nicht.

Mit großem Hallo springen an dieser Stelle gern Aussagepsychologen ein und verweisen darauf, dass das gesprochene Wort bei der Wahrheitsfindung viel zuverlässiger sei als alle Körpersignale. Sprache sei verräterisch. Schnell herauszufiltern sind in der Regel Floskeln und Phrasen. Auch wenn jemand nur unpersönlich von etwas berichten kann – wie bei der Formulierung »Die Firma hat...« oder »man sollte« –, macht er sich verdächtig. Ebenso wie jemand, der eher schematisch als plastisch über einen Vorfall Auskunft gibt. Denn für einen Lügner sei es schwierig, einen erfundenen Tathergang mit vielen Details zu beschreiben oder gar in umgekehrter Reihenfolge dazustellen. Hier, so die Aussageexperten, setze bei Lügnern eine erkennbare Einsilbigkeit oder Sprachlosigkeit ein. Aussagepsychologen meinen auch, dass Lügner generell lieber Geschichten erzählen als Fragen beantworten.

Doch bei allem Engagement – mehr als eine subjektive Einschätzung von Glaubwürdigkeit oder ein Urteil über eine gewisse Plausibilität der Schilderung ergibt sich auch bei dieser Herangehensweise nicht. Psychische Probleme oder ein

Schockzustand können genauso gut die Ursache dafür sein, warum jemand nur bruchstückhaft oder gar nicht von etwas berichten kann. Viele Fehlurteile vor Gericht, bei denen Unschuldige nur aufgrund von (Zeugen-)Aussagen oder Indizien verurteilt wurden, belegen das.

All diese Methoden und Verfahren, ob nun Videoaufzeichnungen, Messdaten, Hirnmuster oder Gesprächsprotokolle, haben Schwächen. Maximal lassen sich Tendenzen oder prozentuale Lügenquoten errechnen. Als Beweismittel sind sie damit fragwürdig bis ungeeignet. Anders ausgedrückt: Eine universelle »Weltformel der Lüge« wurde bis heute nicht entdeckt und kann demzufolge zur Überführung eines Täters nicht angewendet werden. Da, wo klare Fakten oder objektive Beweismittel fehlen, bleiben nur Mutmaßungen und Wahrscheinlichkeiten, die kritisch zu hinterfragen sind durch vernünftige Zweifel oder Lebenserfahrung.

Alle bisherigen Studien und Methoden ergeben, dass nur etwa jede zweite Lüge entlarvt werden kann. Das ergibt – selbst bei den gewieftesten Verhörspezialisten – eine ernüchternde Trefferquote von circa 50 Prozent, was letztlich bedeutet, dass man auch raten oder eine Münze werfen könnte. Nur würde man sich dann dem Vorwurf von Willkür und Zufall aussetzen. Demgegenüber macht sich ein wissenschaftlich fundiertes (Fehl-)Urteil in der Darstellung (nach außen) wesentlich besser. Und kaum etwas ist beim Geschäft zwischen Lüge und Wahrheit wesentlicher als die Kompetenzdarstellungskompetenz, wie wir später noch sehen werden.

Was bedeutet das alles für uns und unseren Alltag?

Die Tatsache, dass wir alle Lügner sind und niemand den zweifelsfreien Zugang zur allgültigen Wahrheit hat, könnte uns entlasten. Entlasten von überzogenen Erwartungen an andere und auch an unsere eigene Ehrlichkeit. Entlasten von einem falschen moralischen Stress, wie er oft in Kirchen oder

Religionsgemeinschaften ausgeübt wird. Zugleich könnten uns diese Erkenntnisse aber auch beunruhigen, da wir realistischerweise immer damit rechnen müssen, belogen zu werden. Wir sind also herausgefordert abzuwägen und unser Gehirn – egal ob intuitiv oder analytisch – nicht auszuschalten, sondern wachsam zu sein.

Doch in einer Welt, die zunehmend süchtiger wird nach Aufregung und Empörung, stört die nüchterne und zumeist komplexe Wirklichkeit, verschwimmen die Grenzen zwischen Sein und Schein. Wer will noch etwas von der Realität wissen, wenn die gekonnte Inszenierung eine so schöne, eine so glaubhafte – ja, eine so *wahre* Lüge ist? Egal ob in den Medien, in der Politik, in der Wirtschaft oder im alltäglichen Zusammensein.

Das ist unser Anteil am Lügengeschäft, unsere »Koabhängigkeit«, denn manchmal wollen wir belogen werden oder haben es nicht anders verdient, wenn wir allzu leichtgläubig sind oder uns die Mühe ersparen, selbst nachzudenken. Gehen wir also ehrlich mit der Lüge und unserer durchaus vorhandenen Sehnsucht nach ihr um.

Was gut klingt, glaube ich: Mediale Schlachtfeste oder schnöde Wirklichkeit?

Wir leben in einer Mediengesellschaft »Web DANACH.0«. In einem einzigen, am Körper tragbaren Gerät kommen alle kommunikativen Bedürfnisse zusammen: Telefonie und Internet sowie Print, Hörfunk und Fernsehen. Wir müssen nur noch den Wunschannahme-Bildschirm bedienen, schon spuckt das Superding unzählige Medienprodukte aus, und die Anbieter gieren nach unserer Aufmerksamkeit. Längst wird dabei nicht mehr nur die Wirklichkeit abgebildet, sondern es locken täuschend echt inszenierte Realitäten. Weil das wahre Leben nicht mehr aufregend genug ist, wird es als »Scripted Reality« aufgemotzt, serviert und zugemutet. Mit Erregungseffekten und Infohäppchen wird Programm gemacht. Der Zuschauer bleibt dabei »over-newsed but under-informed« zurück und lässt sich dennoch wieder darauf ein, weil das Medium bereits ein Teil der Botschaft und das Konsumverhalten Gewohnheit geworden ist.

Es ist gerade erst reichlich 100 Jahre her, da hat sich unsere Gesellschaft grundlegend gewandelt. Aus Agrarländern wurden Industriestaaten, aus Bauern Fabrikarbeiter. Motoren und Maschinen bestimmten auf einmal den Takt. Die Elektrifizierung half, die Nacht zum Tag zu machen und die Ausbeute im Produktionsprozess zu steigern. Städte und Metropolen avancierten zum Anziehungspunkt für große Massen und entwickelten sich rasant. Psychische Phänomene wie Entwurzelung und Entfremdung, Nervosität und Versagensangst werden seitdem diagnostiziert. Dennoch geht es den meisten Menschen Generation für Generation besser als jemals zuvor, und das selbst nach zwei Weltkriegen, die im Geist der Übertrumpfung ausgetragen wurden, im Wahn des »schneller, höher und weiter« – worauf unfassbare Zerstörung und Vernichtungsexzesse folgten.

Geht es uns tatsächlich besser? Ja, zumindest dann, wenn man »das bessere Leben« – ähnlich wie beim Bruttoinlandsprodukt – nicht am Glücksindex misst, sondern an Kriterien wie Wirtschaftskraft, Eigentum und Vermögen, Daseins- und Gesundheitsvorsorge. Kaum einer muss in Europa noch hungern. Bis auf wenige Ausnahmen haben wir mehr Wohnraum zur Verfügung als unsere Vorfahren und wir sind mobiler. Der unvergessliche Humorist Loriot antwortete auf die Frage, wie die Küche seiner Kindheit aussah, noch mit Ofen und Kochkiste. Und dann erzählte er von dem Mann, der mit einem großen Eisblock im Tragegestell die vielen Treppen im Haus hinaufgestiegen kam, und wie dieser Eisblock in einem Schrank verschwand, um die Lebensmittel frisch zu halten. Erst in den Wirtschaftswunderjahren wurde der Eisschrank zum elektrischen Kühlschrank und zur Massenware. Uns wiederum werden heute in Küchenzentren oder übers Internet hochmoderne Hightecheinrichtungen angeboten, mit deren Bedienung selbst die Verkäufer ihre Probleme haben. Ganz zu schweigen von mitdenkenden Kühlschränken, die Verfallsdaten melden und die neue Bestellung an den Händler weiterleiten. »Nie wieder fehlt etwas«, flöten uns die Anbieter ins Ohr, jedenfalls nichts von dem, was wir üblicherweise auf Vorrat haben. Offen bleibt, wer außer uns noch Zugriff auf diese Daten hat. Etwa der Arbeitgeber oder die Krankenkasse, die sich anschauen können, wie wir uns ernähren?

Je nachdem, wer noch am Geschäftsmodell beteiligt ist, wird uns der »intelligente Kühlschrankkopf« vermutlich auch diverse Einkaufs- und Menüvorschläge unterbreiten. Wobei das Selberkochen in den letzten 100 Jahren eher aus der Mode gekommen ist. Nur in einem Drittel aller deutschen Haushalte wird noch regelmäßig gekocht. Doch während der Hightechherd kalt bleibt, läuft der Fernseher heiß, in dem Kochshows in Hülle und Fülle präsentiert werden. Man kann sogar sagen: Je mehr das Kochen aus dem Alltag verschwindet, je öfter sich ein Großteil der Bevölkerung von Junkfood ernährt, desto ausgeprägter ist »die televisionäre Koch-Manie«.[1]

Damit des Widersinns nicht genug. Uns gehören auch durchschnittlich 20 000 Gegenstände, obwohl wir die wenigsten davon benutzen oder brauchen. Erst wenn ein Umzug ansteht, fallen sie auf. Genauso überflüssig wie die vielen Utensilien in unseren Regalen, Schränken, Kellern oder Abstellkammern ist auch unser Kaufverhalten in puncto Bekleidung. Auch da stimmen die Dimensionen längst nicht mehr mit unseren realen Daseinsnotwendigkeiten überein. Statistiker haben errechnet, dass kaum einer die vielen Klamotten, die pro Saison erworben werden, jemals auftragen kann. Aber darum geht es beim Einkauf offensichtlich auch nicht, so die Diagnose der Verhaltensforscher. Nicht der Erwerb von notwendiger Kleidung ist das Motiv, sondern die damit verbundene Illusion, das trügerische Gefühl, dadurch wie neu, zumindest ganz anders ausgestattet zu sein. Derzeit steht eine derartige Verdummung sogar offensiv auf einem Werbeplakat, auf dem es heißt: »Das ist kein Kleid, das ist nur mein neues Ich!«

Und warum erzähle ich das?

Weil wir nicht zuletzt durch die Medien (vom Überfluss) Verführte und Verblendete sind, denen die Urteilsfähigkeit und das Maßhalten abhandenkommen, was zu einer irrwitzigen Perpetuum-mobile-Denke führt, als sei unbegrenztes Wachstum mit begrenzten Ressourcen möglich, genauso wie unaufhörlicher Konsum auf Basis von Krediten. Ständig stehen wir vor der Herausforderung, unser Sein mit den grandiosen Offerten aus der wunderbaren Welt des Scheins zusammenzubringen. Und mit all diesen Optionen, die uns in rasantem Tempo über die Medien erreichen, geht es uns – in gewisser Hinsicht – besser als allen Generationen zuvor, komischerweise aber steigt parallel dazu die Zahl der psychischen Erkrankungen ebenso rasant an wie das Ausmaß der Unzufriedenheit.

Rein äußerlich betrachtet, wirkt das Alltagsleben der Vormoderne in der Wendezeit vom 19. zum 20. Jahrhundert verglichen damit beschaulich, gesittet und strukturiert: Nur ein paar Künstler oder Intellektuelle lebten den Aufbruch in die Moderne exaltiert aus. Die meisten anderen sind eingebunden in eine der Kirchengemeinschaften, die das Leben ritualisieren. Ehe und Familie und auch Sonn- und Feiertage gelten noch als heilig, vor dem Essen wird gebetet, und die Kirchenfeste werden gefeiert, statt sie zu verschlafen.

Doch dann steigen durch die Motorisierung der Massen die Chancen, individuell unterwegs sein zu können, und die alten Strukturen lösen sich auf. Das Individuum wird mobil, erweitert seinen Horizont und verlässt Familie und Heimat. Alles beschleunigt sich. Bald bestimmen neue Kommunikations- und Informationsmöglichkeiten den Alltag. Mit Telegrafen, Telefonen und Rundfunkempfängern kündigt sich erneut ein gesellschaftlicher Wandel an.

In den Sechzigerjahren werden die ersten Fernseher in die Wohnstuben gestellt. Mit nur zwei Programmangeboten sind Familiengewohnheiten vor einem einzigen Bildschirm zügig abgestimmt und werden zum Ritual: 20 Uhr ist »Tagesschau«. Ab 1970 läuft sonntags der »Tatort«. Oder der Abend besteht aus »heute« und »heute journal«.

Interessanterweise wurde auch diese Entwicklung, wie so viele andere, anfangs unterschätzt und mit großen Irrtümern eingeläutet. So verkündete 1946 Darryl F. Zanuck, immerhin Chef der Filmgesellschaft 20th Century-Fox: »Der Fernseher wird sich auf dem Markt nicht durchsetzen. Die Menschen werden sehr bald müde sein, jeden Abend auf eine Sperrholzkiste zu starren.« Zur Ehrenrettung von Zanuck sei gesagt, dass er mit seiner Fehleinschätzung, was das Medienverhalten der Zuschauer angeht, nicht alleine stand. Vor ihm hatte sich schon Harry Warner, Chef von »Warner Brothers«, 1927 kräftig geirrt, als er annahm, der Stummfilm hätte Ewigkeitsqualitäten, denn, so der Filmboss: »Wer zum Teufel will denn Schauspieler sprechen hören?« Wir wissen heute, all diese Prophezeiungen wurden in kürzester Zeit ab absurdum geführt.

Doch bei aller Veränderung geht es im Vergleich zur Gegenwart in den Anfangsjahren des Fernsehens noch gemächlich zu. Gesellig rauchend und sich im Laufe der Sendung allmählich das Studio vollpaffend, sitzen da gediegene Herren bei einem Gläschen Wein zum »Internationalen Frühschoppen« am Sonntagmittag beieinander und veranstalten Sendungen, die man heute als unerträglich langatmig empfinden und nicht mehr aushalten würde. Umschalten oder in »x« alternativen Programmen hin und her zappen – damit kündigt sich in den Achtzigerjahren eine neue Epoche an.

Das Privatfernsehen erobert die Bildschirme

Von da an werden die Sendungen nach dem Motto *Erlaubt ist, was gefällt* auf maximale Einschaltquote getrimmt. Im Kampf um werbefinanzierte Sendeflächen tanzen und hüpfen auf einmal Tutti-Frutti-Nackedeis in eindeutigen Posen auf und ab. Wobei es mit den Quoten zumeist nach oben, mit dem Niveau jedoch stetig abwärts geht. Es ist eine Ironie der Geschichte, dass ausgerechnet die konservative CDU dem Privatfernsehen zum Start verholfen hat und Helmut Kohl nicht zuletzt dadurch die Wahl 1983 gewann, während sein SPD-Vorgänger Helmut Schmidt mit Blick auf die Glotze noch einen fernsehfreien Familienabend angeregt hatte und das Lesen von Büchern oder Betreiben von Hobbys als Alternative empfahl.

Aber was vor 30 Jahren Fernsehskeptiker und Medienwächter noch empören konnte, ist längst überboten von noch pornografischeren, noch abgeschmackteren und noch respektloseren Formaten. Eine ganze Generation ist inzwischen damit erwachsen geworden.

Die Zuschauerzahlen und daraus resultierende Werbeeinnahmen fest im Blick, gilt kein Tabu mehr als Grenze, die nicht doch irgendwie, irgendwo, irgendwann überschritten werden kann. Mit kleinen Dosierungen in Probiermanier fängt es an, bevor langsam auf volle Härte gedreht wird. Wer empfindet es da noch als zynisch, wenn »Dschungelcamp«-Moderatorin Sonja Zietlow allen Ernstes erklärt, dass dieses entwürdigende Gruppendrama vor laufender Kamera, bei dem es nur darum geht, Elend und Ekel vorzuführen, heilsame Effekte für die Gesundheit habe. Übergewichtige würden dabei schließlich drastisch an Gewicht verlieren.[2]

Das gebührenfinanzierte Fernsehen imitiert die Privaten

Der öffentlich-rechtliche Rundfunk, durch Gebühren finanziert, hätte sich hier souverän zurücklehnen und mit kreativer Kraft seinen Informations-, Kultur- und Bildungsauftrag (über)erfüllen können. Tatsächlich aber setzen sich die Verantwortlichen seit Jahrzehnten unter Druck, wollen als Konkurrenten um gute Einschaltquoten mithalten. Da werden Quotenhits von den Privaten abgekupfert oder Quoten einbringende Moderatoren für gigantische Gebührenzahlergelder eingekauft. Allzweckwaffe Günther Jauch, der offensichtlich eine optimale Projektionsfläche für alle möglichen Bürgerbedürfnisse bietet und den sich viele Zeitgenossen deshalb sogar als Bundespräsidenten vorstellen konnten, hat es inzwischen geschafft, sowohl im Schmuddelsender RTL zu moderieren als auch bei der ARD die prominenteste Talksendung am Sonntagabend. Dabei werden in dieser und ähnlichen Talk-*Shows* »politische Debatten« nur noch »simuliert«, konstatierte einer, der es beurteilen kann – Bundestagspräsident Norbert Lammert –, und ergänzte: »In Wahrheit benutzen sie Politik zu Unterhaltungszwecken.«[3] Und Thomas Gottschalk, der einst bei der ZDF-Lagerfeuersendung »Wetten, dass …« mit rund zehn Millionen Zuschauern verwöhnt war, sich allerdings auch schon bei den Privaten als nicht so erfolgreicher Talkmaster ausprobiert hatte, kostete jüngst bei der ARD nur noch Millionen – und zwar sowohl Euro als auch Zuschauer –, als er ein quälendes halbes Jahr lang wochentags Belangloses bequatschte. Am Ende half auch der kleine Etikettenschwindel nicht mehr, nämlich dass »Gottschalk live« gar nicht mehr live gesendet wurde, sondern auf Optimum zusammengeschnitten aus der Konserve kam. Eine Sendung aus der »Todeszone des Ersten«, kommentierte die *Frankfurter Rundschau* die Abschiedsrunde. Nun heißt es, Gottschalk sucht sein Gnadenbrot bei RTL und will an der Seite von Dieter Bohlen »glänzen«. Noch Fragen?

Jeder, der heute den Fernseher einschaltet und durch die Programme zappt, kann erleben: Schier Unfassbares spielt sich in diesem Medium ab. Brüllen und Pöbeln unter der Gürtellinie oder Mobbing im TV-Container reichen nicht mehr. Da müssen im »Dschungelcamp« widerwärtigste Proben bestanden werden, oder in der Familienshow »Das Supertalent« werden vor laufender Kamera die Hosen runtergelassen für ein einzigartiges Penis-Piano-Stück. Mehr und mehr konstituiert sich eine Kultur der medialen Geschmacklosigkeit und Idiotie, wobei Abstumpfungseffekte zu den in Kauf genommenen Risiken und Nebenwirkungen gehören.

Das Gehirn jedenfalls kann nur eine bestimmte Menge an Reizen verarbeiten und fährt, wenn es zu viel wird, die Aufnahmekapazität in einer Art Selbstschutz herunter. Reizüberflutungen wirken deshalb auf die grauen Zellen so ähnlich wie ein Rollstuhl für die Beine: die Muskeln erlahmen und verkümmern. Für Kinder und Jugendliche ist das besonders problematisch. Durch Fernsehen und Computer an eine permanente Befeuerung der neuronalen Netze gewöhnt, erleben sie den vergleichsweise reizarmen Unterricht in der Schule nur noch als langweilig. Sie schalten ab und bekommen kaum noch etwas mit. Kein Lehrer kann es schaffen, mit dem pausenlosen Blinken und Flackern im Alarmmodus der Medienwelt mitzuhalten. Außerdem nimmt die Konzentrationsfähigkeit permanent ab. Lag die Aufmerksamkeitsspanne vor zehn Jahren noch bei zwölf Minuten, beträgt sie derzeit nur noch fünf Sekunden. Danach verlangt das Gehirn nach Ablenkung.[4]

In den Anfangszeiten des gebührenfinanzierten Fernsehens waren es noch die Werte des Wahren, Guten und Schönen, die sogar im Unterhaltungssektor maßgebend waren. Heute werden diese nur noch als altväterlich verlacht. Statt modernen Kulturwerten oberste Priorität einzuräumen, wird mit offenem Zynismus im Nimbus scheinbarer postmoderner Desillusioniertheit blanker Schwachsinn an die Stelle von Werten gesetzt. Hohle Attraktionen, erzeugt mit Kaskaden atemlos aufeinanderfolgender Sensationen. Und wir Konsumenten sitzen davor, meinen, informiert zu werden oder uns entspannen zu können, und handeln uns ganz beiläufig völlig falsche Vorstellungen über das Leben in unserer Gesellschaft ein. Journalismus wäre zwar mehr als das Absondern von emotionalen Reizen, aber investigative Recherchen benötigen Geld, Grips und Zeit – »Empörung dagegen ist wohlfeil«.[5]

Inzwischen deklarieren das Erste und Zweite sogar ihre unendliche Palette an Kochshows allen Ernstes als Informationsprogramme. Und der leitende Programmdirektor der ARD, Volker Herres, teilte mit, dass ihn nichts mehr erschrecken würde als ein Lob der Feuilletons.[6] Was letztlich zeigt, dass es auch im gebührenfinanzierten Fernsehen nur noch um das Simulieren von Wissen und Wichtigkeit geht. Das Ziel ist, beim Zuschauer Gefühlswellen auszulösen und ihn damit an das Programm zu binden. Reflexion oder das Erklären von komplexen Zusammenhängen sind da nachrangig oder sogar störend. Dabei würde die Ausstrahlung von anspruchsvolleren Sendungen wie »Titel, Thesen, Temperamente« oder »Kulturzeit« auf dem bisherigen Sendeplatz von Thomas Gottschalk um 19:20 Uhr zwischen »heute« und »Tagesschau« sicher nicht weniger Zuschauer als die derzeit Gezählten vor die Bildschirme locken. In jedem Fall aber würde es weniger Gebührengelder kosten und zudem den Bildungsauftrag erfüllen. Doch was passiert? Die Boulevardsendung »Brisant« wird verlängert, die steht für: Unfälle, Sex and Crime, Promi-Klatsch und Tratsch.

Jetzt geht es nicht mehr um Wirklichkeit – es geht um Realität nach Drehbuch

Doch nicht nur das ist besorgniserregend und wird immer wieder mal kritisch vorgetragen, das ein oder andere Mal sogar von Aufsichtsgremien im Zaum gehalten. Beunruhigend ist vielmehr eine neue Tendenz: Die Tatsache, dass im Dokumentar- oder Reportagestil gezeigte Fernsehwirklichkeiten gar keine Entsprechung mehr in der Realität haben. Stattdessen spielen Fernsehteams mit vorher ausgewählten Protagonisten scheinbar authentischen Alltag. Authentizität wird in diesen produzierten Pseudo-Wirklichkeiten künstlich, dabei aber optisch nahezu perfekt, hergestellt. Gezielt wird in die Trickkiste gegriffen und auf Stilmittel gesetzt, die Live-Berichte auszeichnen: Die Kamerabilder sind verwackelt. Dem Kameramann wird auch mal die Tür vor der Nase zugeschlagen. Gesichter, Straßen oder Autokennzeichen werden unkenntlich gemacht und O-Töne mit einem Piepston unterbrochen, weil das angeblich »live« Dahergerotzte scheinbar doch zu vulgär ist. Zumindest kann man ja mal so tun als ob und Sittlichkeit vortäuschen. Oder die Erzählstimme aus dem Off teilt sensationsheischend mit, dass man ausnahmsweise bei diesem intimen Moment mit der Kamera dabei sein darf. Was dabei bewusst vertuscht wird: Nichts von alledem ist tatsächlich »live« – alles wurde vorher penibel von Drehbuchautoren ausgedacht.

Je nachdem, was quotenmäßig läuft, werden Elendsquartiere oder sexuell freizügige Beziehungsgemeinschaften in Szene gesetzt und die Sendungen mit Titeln wie »Familien im Brennpunkt«, »Betrugsfälle« oder »Verdachtsfälle« aufgemotzt. Soziale Abgründe werden zum Gegenstand von Unterhaltung. Und Menschen, um die sich im richtigen Leben das Jugend- oder Sozialamt kümmern muss, bearbeitet nun RTL. Das wahre Leben dagegen verschwindet zunehmend aus den Programmen, wird zusammengekürzt oder gar nicht erst aufgenommen, weil die scheinbar authentische, plausible Lüge viel aufregender ist.

»Scripted Reality« heißen solche Formate, also Realität nach Drehbuch, und genau das ist der springende Punkt, dass es hierbei nicht um Spielfilm, Theater oder Oper nach Regieanweisungen geht, um Inszenierungen also, bei denen der Zuschauer von Anfang an weiß, worauf er sich einlässt und dass es sich um Kunstformen handelt. Jetzt werden echt wirkende, tatsächlich aber gestellte Alltagsereignisse so lange dramaturgisch bearbeitet, bis sich nicht mehr zwischen Wahrheit und Fiktion unterscheiden lässt, die Lügen also wahr geworden sind. Dabei wird ordinärer Voyeurismus bedient mit dem angeblich in Echtzeit eingefangenen Blick durchs Schlüsselloch. Das ist der Lockvogel.

So werden Zuschauer herangezüchtet und süchtig gemacht nach Schmuddelkram und Trash, der so extrem im richtigen Leben wohl doch nicht zu finden ist oder zumindest keine Drehgenehmigung erhielte. Aber zählt das noch? Von fast 900 befragten Schülern glaubt immerhin die Hälfte, es würden in solchen Sendungen reale Fälle nachgespielt. 30 Prozent sind sogar davon überzeugt, dass das Drehteam die tatsächlichen Ereignisse vor Ort dokumentiert. Vor allem jüngere Kinder und Hauptschüler erkannten laut der Umfrage den fiktiven

Charakter nicht. Wer die Sendung häufiger ansieht, hält das Gezeigte sogar mit großer Wahrscheinlichkeit für »echt«.[7]

Damit verändern sich langsam, aber sicher die Sehgewohnheiten und der Geschmack. So als würde man dem täglichen Essen in feinen, aber ständig steigenden Mengen Fäkalien untermischen. Geschickt gewürzt, gut verpackt und wie selbstverständlich untergejubelt, schmecken auch Körperausscheidungen irgendwann gut. Frei nach Christoph Schlingensief: ein ausgesprochenes Fernsehmassaker, von dem man sagen kann, wir kamen als Zuschauer und gingen als Wurst.

Von den aktuellen Programmoptimierern wird die Frage, ob das Gezeigte nicht auch irgendetwas mit der Wirklichkeit zu tun haben müsse, für schlichtweg irrelevant erklärt. Da winken die Verantwortlichen des großen Privatsenders RTL, Vorreiter in der Sache, belustigt ab.[8] Den meisten Zuschauern sei das egal, meint Anke Schäferkordt, Chefin der Mediengruppe RTL Deutschland, im Interview mit der *Zeit*: »Sie fragen nur: Ist das eine Geschichte, die mich fesselt und unterhält?«[9] Auch Agenturchefin Imke Arntjen, deren Aufgabe es ist, potenzielle Statisten für »Scipted reality«-Formate auszuwählen, stellt fest: »Es geht nicht um Wahrheit, sondern wir haben es hier mit einer Industrie zu tun, in der einfach viel Geld verdient wird.« Und sie ergänzt: »Die Zuschauer sind wie Drogensüchtige, die nach einer immer stärkeren, immer härteren Dosis verlangen. Heute reicht die Realität nicht mehr.« Die einfache Geschichte hat ausgedient.[10]

Vergnügen und Gänsehaut, das sind die Kriterien, mit denen die Zuschauer vorm Bildschirm vom Umschalten abgehalten werden sollen. Ziel ist, dass sie möglichst auch über die Werbepausen hinweg bei der Stange bleiben. »Quotenbeschaffungskriminalität« nennt das der Journalist und TV-Produzent Friedrich Küppersbusch kurz und prägnant. Gier frisst Anstand – das gilt also nicht nur in der Finanzwelt, sondern ebenso in der Medienbranche, wenn es um die Gier nach Quoten und Werbeeinnahmen geht.

Der Doku-Soap-Produzent Georg Bussek, der mit seiner Firma unter anderem für den Kinderkanal »Die Mädchen-WG« produziert, fürchtet – weil so was von so was kommt –, dass »Scripted Reality« das Format Dokumentation letztlich zerstören wird, weil die Sehgewohnheiten des Publikums und die Erwartungen der Redaktionen in den Sendern dadurch konditioniert würden: »Wenn das die Krassheit ist, die nötig ist – dann kommt eine normale Dokumentation ziemlich bescheiden daher.« Und Steffen Kottkamp, Geschäftsführer des öffentlich-rechtlichen Kinderkanals KiKa, bezeichnet »Scripted Reality« als »höchst problematisch«, weil dabei insbesondere Kindern eine echte Realität vorgegaukelt wird. Die Wirklichkeit werde dadurch diskreditiert, echte Dokumentationen könnten mit solchen Sendungen kaum noch konkurrieren, weil sich die behauptete Realität im wahren Leben gar nicht finden lässt. Er hoffe allerdings, dass das Genre seinen Höhepunkt überschritten habe, weil die Inflation der Reize nicht unendlich gesteigert werden könne.[11]

Es mag sein, dass sich die Inflation der Reize tatsächlich nicht mehr steigern lässt, aber die Reizschwelle und Reizintensität, die könnten noch ausgebaut werden. Doch möchte man sich das wirklich vorstellen, wie die Skala der Brutalitäten weiter auf die Spitze getrieben wird? RTL gibt sich wie immer gelassen und verweist auf eine Forsa-Umfrage, wonach »nur« 18 Prozent aller über Vierzehnjährigen glauben, bei »Familien im Brennpunkt« und ähnlichen Sendungen würden Geschehnisse gezeigt, »die tatsächlich passieren«. Im Übrigen sagten über 60 Prozent, für sie spiele es keine Rolle, ob die Geschichten tatsächlich so passiert sind. Außerdem, so der Sender, seien die Eltern verantwortlich für das, was Kinder schauen, nicht die Programmanbieter.[12]

Wohlgemerkt, wir reden hier nicht von Fiction-, Action- oder Fantasyformaten, sondern von Sendungen, die in den Informationsbereich gehören. Lediglich zu zeigen, was ist – eine klassische journalistische Aufgabe –, reicht heutzutage nicht mehr. Was nicht passt, wird passend gemacht. Was nicht passiert, wird als Passiertes gezeigt. Und es wird suggeriert, dies sei der deutsche Alltag, was die Zuschauer als Einladung empfinden könnten, sich ebenfalls vulgär gehen zu lassen.

Es wird eine Collage aus Versatzstücken der Realität zusammengesetzt nach den gerade quotenträchtigen Strick- beziehungsweise publikumswirksamen Reizmustern. Man gibt vor, die Lebenswirklichkeit der Zuschauer abzubilden, serviert dabei aber eine überhöhte, zumeist emotionalisierte Pseudo-Wirklichkeit, die roh und primitiv ist. Das Ganze für Menschen, die lieber passiv fernsehen, als sich aktiv auf das Leben einzulassen, die also ganz sicher auch gar nicht überprüfen wollen oder können, ob sich so etwas ein paar Straßen weiter tatsächlich ereignet hat.

Natürlich gibt es wie immer und überall Ausnahmen, die diese Regel bestätigen. Und selbstverständlich gab es auch schon im alten Rom »Brot und Spiele«, und im Kolosseum saßen an die 50 000 sensationsgierige Zuschauer und goutierten blutige Gladiatorenkämpfe oder das Hetzen von wilden Tieren auf wehrlose Menschen. Aber soll das als Legitimationsargument gelten, nach dem Motto: Wenn es andere machen oder machten, muss es gut sein? Wir erinnern uns an den Spruch von den 1000 Fliegen, die nicht irren können, und wissen dennoch, körperliche Ausscheidungsprodukte schmecken nicht gut. Oder an ein Zitat von Jean Cocteau: »Man darf die Mehrheit nicht mit der Wahrheit verwechseln.«

Zudem könnte man meinen, dass wir nach über 2000 Jahren Kulturgeschichte in unserer Geistes- und Geschmacksentwicklung ein Stück weitergekommen sind. Und es gibt noch ein Argument, das den Vergleich karikiert. Die Besucher der Amphitheater wussten, dass das, was gezeigt wird, kein Alltag ist. Scripted-Reality-Formate aber erheben Brutalität und Rohheit in den Stand der Alltagsnormalität.

Wohin wird uns dieser Trend führen? Sterben live vor laufender Kamera? Oder sogar ein heimtückischer Mord? Hautnahes Dabeisein bei perversen Quälereien? Und möchte man das alles wirklich sehen? Die Frage ist nicht so absurd, wie sie auf den ersten Blick anmutet, denn die Antwort lautet: vermutlich ja. Im chinesischen Fernsehen wurde jüngst erneut eine Hemmschwelle beiseitegeräumt. Wenn Samstag für Samstag Interviews mit zum Tode Verurteilten ausgestrahlt wurden, schalteten bis zu 40 Millionen Zuschauer ein. Sie wollten es nicht verpassen, wenn Mörder kurz vor ihrer Hinrichtung noch einmal Rechenschaft ablegen sollten. Kein Beichtvater war zugegen, auch kein Therapeut – die letzte Bezugsperson wurde eine Journalistin, die von sich sagt, sie habe keine Sympathien für die Täter; sie sollen einen hohen Preis für ihre Taten bezahlen. Kandidaten gibt es genug. In China werden Tausende Menschen jährlich zum Tode verurteilt, wobei die genauen Zahlen ein Staatsgeheimnis sind. Laut der Menschenrechtsorganisation Amnesty International richtet die Volksrepublik mehr Häftlinge hin als alle anderen Länder der Welt zusammen.[13]

Ausgedachtes Elendsfernsehen wird auch nicht aus Versehen oder aus Verlegenheit gesendet, es geschieht mit Kalkül und Berechnung. Nichts muss mehr stimmen, es muss auch nicht wirklich wahr sein, es muss nur eine entsprechende Wirkung bei den Zuschauern erzeugen. Das ist der Maßstab: *Was wirkt, ist richtig,* selbst wenn dabei die letzten Tabus gebrochen werden. Genau so aber verwandelt sich Wahrheit, die nichts mehr gilt, in Schein-Wahrheit. Oder anders formuliert: Wo Wahrheit nichts mehr gilt, gilt der Schein als wahr. TV-Apparate sind damit keine Geräte mehr, die es ermöglichen, in die Ferne zu sehen und den Horizont zu erweitern, sondern Wirklichkeitsverschleierungsapparate, mit denen die Zuschauer bewusst getäuscht und manipuliert werden. Sie sollen »angefixt« und »total high« gemacht werden. Die Sender werden zum Dealer, der abhängig macht.[14]

Die Botschaft solcher Sendungen lässt sich mit wenigen Worten zusammenfassen: extreme Gefühle, ein Hin und Her zwischen Ausrasten, Zusammenbrechen, Beschimpfen und Verachten. Zum Basisgehabe gehören aggressiver Ton und kriegsähnliche Zustände, manchmal zwischendrin oder am Ende unterbrochen durch einen Moment der tränenreichen Versöhnung. Nie geht es um eine neugierige und ergebnisoffene Erkundung der Wirklichkeit, was die Grundlage für eine Reportage oder Dokumentation im bisherigen Sinn wäre, sondern formatierte Abläufe und stereotype Darsteller oder Talk-Gäste haben eine ganz bestimmte Funktion zu erfüllen. Die Folgen sind verzerrte Wirklichkeitswahrnehmungen, vorgeführte Respektlosigkeit und Bösartigkeit in Gefühlen und Sprache. Als Protagonist in der Sache kann sicher Dieter Bohlen mit seinen Abfälligkeiten bei »Deutschland sucht den Superstar« gelten. Inzwischen vervielfältigt in ähnlichen Casting- oder Showformaten, durch die Beschämung und Beleidigung über Jahre hinweg alltäglich versendet zur Gewohnheit und somit »normal« werden.

Neben der Distanz fehlt auch bei den Öffentlich-Rechtlichen die Relevanz

Die klassische Rolle der Medien in einem demokratisch verfassten Staat war es, die sogenannte vierte Gewalt zu sein, was hieße, unabhängig und kritisch zu beobachten und neben Legislative, Judikative und Exekutive kontrollierend zu wirken. Doch die Grenzen werden auch bei den gebührenfinanzierten Sendern weiter überschritten. Ein eindrucksvolles Beispiel aus dem Bereich des öffentlich-rechtlichen Fernsehens, wo ohne jede Not Wirklichkeit inszeniert wurde, war eines der Sommerinterviews des ZDF im Juli 2011 mit dem damaligen Bundespräsidenten Christian Wulff. Der macht gern Urlaub auf der Insel Norderney. Weil aber der Zeitpunkt des geplanten Interviews dann doch nicht mit dem Beginn seiner Familienferien zusammenfiel, ließ er sich für wenige Stunden und viel öffentliches Geld auf die Insel fliegen, um sein Urlaubsinterview zu simulieren. Was aber wäre so problematisch daran gewesen, dieses Gespräch im wunderschön gepflegten Garten von Schloss Bellevue zu führen? Oder am Berliner Wannsee, wenn denn die Wasserkulisse das gesprochene Wort aufwerten, vielleicht auch verwässern sollte? Warum der ganze Aufwand für mehrere Tausend Euro in angeblichen Sparflammen- und Gürtelengerschnallzeiten? Nur um dem Zuschauer wie auf einer Theaterbühne ein Urlaubsambiente als Kulisse vorzuführen, wo man doch meinen könnte, in diesen Sommerinterviews mit führenden Politikern des Landes gehe es vor allem um das politische Wort, um resümierende und einordnende Statements fernab des hektischen Alltagsgeschäfts?

Markant kommentierte das ganze Gehabe Harald Martenstein im *Tagesspiegel*: »Wird ein Interview dadurch, dass man die Wahrheit sagt, irgendwie unauthentischer? ... Sinkt die Akzeptanz des Fernsehpublikums, sinkt die Quote, leidet die intellektuelle Substanz, wenn man im Hintergrund einen Biergarten sieht statt eines Strandes?[15]

Dieses Faken hat das ZDF im Sommer 2011 mitgemacht. Vielleicht hätte man da schon ahnen können, dass Christian Wulff noch ganz andere Kulissenschiebereien draufhat, was sich nur wenige Monate später offenbaren sollte. Danach traf man sich nicht mehr zum munteren Plaudern, da ging es an den Journalisten-Scharfrichtertisch. Dazu später mehr.

Außer der Distanz zum Gezeigten fehlt inzwischen oft auch die Relevanz. Das Einzige, was geblieben ist: Medien prägen immer noch Meinung und Bewusstsein. Und genau darin liegt die Gefahr, aber auch die Verantwortung. Früher waren aufgemotzte Storys oder Super-Schlagzeilen, mit denen auch schon mal die Wirklichkeit zurechtgebogen wird,

Stil des Boulevards, insbesondere der *Bild*-Zeitung. Hauptsache, es kracht und die Zeitung geht runter wie eine »Vanilleschnitte«, die man auch am nächsten Tag wieder begehrt. Im Kampf um Popularität ist nahezu jedes Mittel recht. Kontrolliert ja kaum einer. Oder, wie es Robert Kuhne, Chef der *Bild*-Ost, beim Medienforum in Mittweida lapidar sagte: »Manchmal muss man von der Nachricht eben etwas abschneiden.«[16]

Erschreckenderweise verwirklicht sich so eine neue Art von Zensur unter dem Gesichtspunkt der »Quotenträchtigkeit«. Blicken wir an dieser Stelle nur einen kurzen Moment zurück auf die Zeit der Aufklärung vor 200 Jahren, so wird deutlich, wie sich unser Umgang mit der Wahrheitsliebe beim Medienkonsum verändert hat. Seinerzeit kämpften die revolutionär gestimmten Bürger gegen Zensur und für Pressefreiheit. Ihre Leselust war an die Wahrheitssuche gekoppelt. Man wollte aufgeklärt und zum Denken angeregt werden, sich nichts mehr vorschreiben lassen. Heute dagegen liefern die Medien einen »grauen Einheitsbrei«. Angelehnt an den Philosophen Adorno muss man konstatieren: Nicht mehr der intelligente Medienkonsument wird gefordert, sondern es wird lediglich immer mehr vom selben produziert. Die Medienindustrie erwirtschaftet ihre Gewinne durch die gezielte Verdummung des Publikums, ihre Opfer werden dazu erzogen, »in der Freizeit, die ihnen für geistigen Konsum zugemessen wird, Anstrengung zu vermeiden«, und die Konzentration »wird von Erinnerungsspuren des Blödsinns durchsetzt«. Das schrieb Adorno im Exil in den Vierzigerjahren als Replik auf die geschmacklose Musikverbreitung. Heute lässt es sich gleichermaßen für das Fernsehen feststellen.[17]

Alles wird im Stil von Katastrophen oder Top-Events hochgepuscht zu aufregenden Ereignissen. Statt Realität wiederzugeben, wird sie nach Quotengesichtspunkten oder Verkaufszahlen verzerrt. So verbreiten Medien Desinformation und vernachlässigen ihre Rolle als kritische Vermittlungsinstanz. Damit aber verlieren sie nicht zuletzt ihre Fähigkeit, »die Welt verstehbar zu machen«, bilanzierte Uwe Kamann, Geschäftsführer des Adolf-Grimme-Instituts Anfang 2012.[18] Ist es da tröstlich, dass das Fernsehen inzwischen ein Nebenbei-Medium geworden ist, ein Berieselungsapparat oder eine schlichte Bügelhilfe? Friedrich Engels schrieb einst über den »Anteil der Arbeit an der Menschwerdung des Affen«, heute könnte er über den Anteil der Medien an der »Affenwerdung des Menschen« schreiben.

Der Erste war Tom Kummer, der dafür noch geschlachtet wurde

Nahezu anachronistisch wirkt es heute, dass im Jahr 2000 der poppige Autor Tom Kummer noch dafür gegeißelt wurde, weil seine glamourösen Reportagen und Interviews zumeist getürkt waren. Gerade einmal zehn Jahren ist das her. Und weil es der kurzweilige Schreiber mit der Authentizität nicht so genau nahm, löste er einen der größten Medienskandale der Bundesrepublik aus.[19] Das verwundert heutzutage, wo doch die Frage nach der wahrhaftigen Grundlage einer Story, wie wir gesehen haben, mehr und mehr an Bedeutung verliert. Kummer jedoch wurde aus der Journalistengemeinde ausgeschlossen, weil er denkwürdige Begegnungen mit Stars wie der Hollywoodschauspielerin Sharon Stone frei erfunden hatte, die ihm angeblich einen Blick zwischen ihre Beine gewährt haben sollte. Oder weil er von einer Plauderei mit dem Boxer Mike Tyson berichtete, mit dem er ausgerechnet über Nietzsche parliert haben wollte. Ausgesprochen ungewöhnliche, gut zu lesende und meist witzige Texte mit Esprit, die von den verantwortlichen Redakteuren gern angenommen wurden. Von Redakteuren, die aufgrund von Sparmaßnahmen oder unter Renditegesichtspunkten inzwischen zumeist in Buchhalter- und Honorarverwaltermanier hinter ihren Schreibtischen klemmen.

Die Antworten, die Tom Kummer seinen Prominenten in den Mund legte, will er im Zufallsverfahren ermittelt haben. Dafür warf er Bücher in die Luft, und die Seiten, auf denen sie landeten, wurden zur sprudelnden Quelle für seine Zitate. Sie lieferten die Aussagen, die Kummer dann in seine Texte einarbeitete. Eine kindliche, durchaus originelle Idee, die aber mit klassischem Journalismus und entsprechender Berichterstattung natürlich nichts zu tun hat. Deshalb wurde Tom Kummer gefeuert, sofern man das für einen freien Autor so sagen kann, vor allem aber medial geschlachtet. Sogar leitende Redakteure, von denen Kummer auch heute noch sagt, dass sie wussten, was sie geliefert bekamen, mussten ihre Posten verlassen. Doch mit nur einigen Jahren Abstand muss man – eine Portion Zynismus im Gepäck – wohl resümieren: Er war mit seiner neuartigen, möglicherweise in der Tat »avantgardistischen« Auffassung vom Umgang der Medien mit der Wirklichkeit wohl einfach nur *zu früh dran*. Zudem war er *im falschen Medium* unterwegs, und er hatte sich offenbar *die falschen Protagonisten* für seine Reportagen und Interviews gewählt – statt Promis hätte er das Prekariat wählen sollen.

Das soll nicht nur behauptet, sondern auch erklärt werden: *Er war zu früh dran*, denn alles, was er zu seiner Verteidigung vorbrachte, liest sich heute wie die Verlautbarungen von RTL, nur etwas philosophischer untermalt. Auch er verteidigte sich seinerzeit damit, dass es an der Zeit sei, die Realität nicht mehr so wichtig zu nehmen. Schließlich seien Begriffe wie Wirklichkeit und Wahrheit ein Mythos. Wahrheit sei immer konstruiert von Individuen, und jedes Kind wisse, auch Medien konstruierten Wirklichkeit. Die Lüge sei also überall. Viel spannender sei es deshalb, Realität neu zu definieren, mit der Lüge produktiv umzugehen. Sie als selbst inszenierte Aufmerksamkeitsfalle für den Konsumenten bewusst einzusetzen. Wirklichkeit muss dabei nur suggeriert werden, um eine neue »aufgepimpte Realität« zu erschaffen, die »poppen« kann. So wird der Autor zum Erfinder, zum Held seines Textes, der seine Phantasievorstellungen einbringt. Ziel müsse eine »Realitätssteigerung durch Entfesselung der Fiktion« sein, sogenannter Konzept-Journalismus. Gerade dadurch komme man von der bloßen, wenig anregenden Information zur spannenden Unterhaltung, könne faszinierende Fassaden erzeugen. Und genau so ließen sich täglich neue, prickelnde Wirklichkeiten kreieren. Klar, man würde damit letztlich den »rätselhaften Job des Journalisten ad absurdum führen«. Es sei aber lediglich eine Frage der Haltung, ob man dies als anregend oder aber als verbrecherisch empfinde.[20]

Ein netter Rechtfertigungsversuch, der allerdings den Haken hat, dass man dasselbe Argument auch für Hinrichtungsspektakel anwenden kann. Anregend oder verbrecherisch? Alles nur eine Frage der Einstellung oder Haltung, was sich nicht zuletzt auch zum Umgang des chinesischen Fernsehens mit den Todeskandidaten kommentieren ließe.

Doch welche Haltung zeigt sich hinter solchen Spektakeln? *»Erlaubt ist, was gefällt«, »Was wirkt, ist richtig«, »Was Quote bringt, wird gemacht«* – und wo bleibt die menschliche Haltung des Herzens, wenn denn schon der Verstand als zu anstrengend ausscheidet?

Für Kummer jedenfalls hatte sich der klassische Journalismus längst erschöpft. Alle würden mehr oder weniger nur Ähnliches machen, klagte er: Fakten, Objektivitätswahn und hohe Qualität, aber kein Überraschungsfaktor mehr. Ihm ging es deshalb darum, Grenzgänger-Journalismus zu betreiben, sogenannten Borderline-Journalismus. Und noch eine Begründung, die jetzt auch bei RTL auftaucht, lässt aufhorchen. Sein Fall, so Kummer, sei immer nur für die Branche relevant gewesen. Die Leser, die man einfach nur »mit dem Scheiß füttern muss, den sie wollen!«, habe das nie interessiert.[21] Das sagt er genauso locker, wie RTL-Chefin Anke Schäferkordt von ihren Zuschauern spricht. Die Zuschauer, die Medienkonsumenten, beschäftige die Frage nicht, ob Wahrheit oder Fiktion. Hauptsache Spaß! Nach dem Motto: *»Erlaubt ist, was fasziniert.«* Jeder nach seiner Façon. Jeder wie er kann, wenn er denn kann. Und das Letztere scheint für Tom Kummer das viel größere Problem zu sein: dass es zu wenige kreative und unkonventionelle Journalisten gibt. Eine Feststellung, mit der er nicht unrecht hat.

Täglich neue Wirklichkeiten kreieren, die Realität durch täuschend echte Inszenierungen steigern, die Fiktion entfesseln aus dem Genre der Unterhaltung und hineinlassen in den Bereich der (Pseudo-)Information: Mit diesem Konzept vom Journalismus würde Tom Kummer zu den Protagonisten der »Scripted Reality« bestens passen. Insofern war er wohl nicht nur zu früh, sondern auch *im falschen Medium unterwegs.* Denn die letzten nunmehr fast 30 Jahre zeigen: Es ist das Privatfernsehen, das offenbar zuerst die Beißhemmungen verliert. Ein Medium für die Massen, und wer die breite Masse bedienen will, muss offenbar mit derben Emotionen arbeiten, denn nur die bewegen die Masse. Bilder wiederum erzeugen Emotionen, manchmal mehr als bloße Worte. Und wenn etwas als Bild zu sehen ist, dann hat es für uns Realitätsanmutung, kann als Beweis gelten. Das Fernsehen lenkt den Blick auf die Bilder, auf das evident Sichtbare; und was sichtbar ist, muss es auch geben. Der Text ist hier nur unterstützendes Begleitmedium.

Präsentiert werden die Bilder und Beiträge dann vorwiegend von hübschen Menschen, weil die allein aufgrund ihrer äußeren Erscheinung kompetenter wirken als die hässlichen, so das Ergebnis diverser Untersuchungen. Wir schenken den Attraktiven nicht nur mehr Zuwendung, sondern – unbewusst – auch mehr Vertrauen, und solche Gesetzmäßigkeiten der Aufmerksamkeitsökonomie werden in der Kommunikations- und Werbebranche ausgelotet und sofort umgesetzt.

Neben dem falschen Medium hatte Tom Kummer auch *die falschen Protagonisten für seine entfesselten Reportagen und Interviews* gewählt. RTL traut sich mit seinen ausgedachten Wirklichkeiten, im Bereich des »Unterschichtenfernsehens« zu operieren, mit Elendsreportagen, die als Dokumentation von angeblich tatsächlich Passiertem getarnt sind. So wird Drehbuchrealität im Fernsehen als »echtes Leben« etabliert. Der Pöbel als Experimentierfeld. Eine gesellschaftliche Schicht, der man ohnehin alles Niveaulose zutraut und gern dabei zuschaut. Zur Promi-Welt gehört nur eine überschaubare Gruppe, die sich zudem in der Regel eher bedeckt hält – außer bei einigen öffentlichkeitswirksamen Auftritten zugunsten der Selbstvermarktung. Deshalb ist es schwieriger, bei Prominenten mit Pseudoreportagen oder Pseudorealitäten aufzuwarten. Sie lassen sich nicht so einfach von Statisten ersetzen. Außerdem haben sie im Konfliktfall die besseren Anwälte, um sich gegen ausgedachte Berichte zu wehren.

Bemerkenswert ist, dass Tom Kummer, Jahrgang 1964, der sich nach der Glitzerwelt von Hollywood und prominentem Glanz und Gloria verzehrte, selbst aus einem ärmlichen Elternhaus in der Schweiz stammt. In Bern wuchs er auf und wollte zunächst Tennisprofi werden. Er war gut, aber es reichte nicht für die Spitzenplätze, und so zog er sich aus dem Sport zurück, verließ das beschauliche Berner Land und entdeckte 1983 Westberlin und die Hausbesetzerszene in Kreuzberg. Zum Schreiben kam er zufällig, machte nie eine Ausbildung, absolvierte nie ein Studium oder eine Journalistenschule. Aber er leckt Blut, findet Gefallen an fiktiven Texten und schafft es schließlich, als Reporter aus Los Angeles engagiert zu werden. Es sind Qualitätsmedien, die seine Storys auf die Titelseiten heben: *SZ-Magazin, Stern, Zeit, Tempo* und *FAS*. Denn Tom Kummer kann sich einfühlen in die Wünsche seines Gegenübers und einnisten in die Köpfe der Chefredakteure. Er weiß, was die gerne hören und lesen wollen, findet in seinen Texten den besonderen Ton. Darin ähnelt er übrigens vielen Hochstaplern. Der Absturz scheint unvermeidlich.

Seine Versuche, in die Medienwelt zurückzukehren, sind bislang gescheitert. Er lebt zwar noch heute mit seiner Frau und zwei Söhnen in Los Angeles, soll aber inzwischen als Paddle-Tennistrainer sein Geld verdienen.

Schade eigentlich um sein Talent, das er zweifellos hat und mit dem er Menschen für sich einnehmen, umgarnen und verführen kann. Er ist – wie so viele Meister der Verblendung – ein Spezialist im Eindrucksmanagement, zudem intelligent, und er hat eine aufregende Sprache. Schnell kann er so – nicht nur mit seinen Geschichten, sondern auch mit seiner Person – eine schillernde Fassade erzeugen, die eine solche Faszination ausübt, dass man gar nicht mehr dahinterschauen möchte.[22]

Und noch etwas fällt auf, was uns bei anderen Protagonisten in anderen Bereichen der Gesellschaft wieder begegnen wird: Man weiß sie am Ende nicht genau einzuschätzen. Für den, der genauer hinsieht, strahlen sie – trotz des galanten Auftritts – eine gewisse Zwielichtigkeit aus. Einerseits sind es sympathische Nonkonformisten der Gesellschaft, die nicht selten den Finger in Wunden legen oder Ersehntes bedienen, andererseits sind es Wichtigtuer oder gar notorische Lügner. Doch sind tatsächlich nur sie es, die zu kritisieren sind? Oder nicht vielmehr auch wir, die wir nach solchen Typen verlangen? Wenn sie es ins Scheinwerferlicht und auf die Bühne geschafft haben, suchen wir ihre Nähe und ergötzen uns an ihnen. Zuerst an ihrem Aufstieg, später an ihrer Entzauberung. Es ist sehr simpel, sich mit einem wohltemperierten Maß an Entsetzen im Moment des Scheiterns von solchen hochstapelnden Figuren abzuwenden. Aber diese Haltung tut zugleich so, als ob sie sich der eigenen Verantwortung entledigen könnte. Es ist letztlich die Unmoral des Unterlassens. Des Unterlassens einer kritischen und eben auch selbstkritischen Auseinandersetzung im Vorhinein. Man meint, es reiche, andere als Täter zu stigmatisieren und selbst die Opferrolle einzunehmen. Vermeidet so, sich den eigenen Anteilen am (Täuschungs-)Spektakel zu stellen.

Es ist kein Einzelfall mehr, sondern der Beginn einer Entwicklung

Heute, zehn Jahre später, wissen wir: Tom Kummer war kein bedauerlicher Einzelfall, der für seine Unwahrhaftigkeit bestraft werden musste, sondern der Beginn einer Entwicklung im Mediengeschäft – weg von den Fakten, hin zur kreativen Leistung, bei der die Grenzen zwischen Fiktion und Wirklichkeit verschwimmen. Inzwischen ist es auch nicht mehr nur das Privatfernsehen, es ist nicht nur die *Bild*-Zeitung und es ist auch nicht nur der Boulevard, der dem Prinzip folgt: lieber Unterhaltung als Information, lieber Erregung als Aufklärung, und lieber permanente Krisenrhetorik, mit Superlativen ausgeschmückt, als erhellende Worte. Das ist die neue Medienzensur – nur noch Meldungen oder Geschichten mit Erregungspotenzial werden publiziert. Von den Bedürfnissen des Augenblicks getrieben, bildet sich eine eigene Medienrealität, die den komplexen Wirklichkeiten der Welt nicht mehr gerecht werden kann. Die Welt wird zu einem Stammtischkonstrukt, bei dem jeder via Twitter, Mail oder Blogkommentar seine Meinung blubbern darf oder sich phlegmatisch berieseln lässt.

Dabei wird mit Vorliebe die Lust am Elend anderer genossen, und Verlierer weiden sich am noch schlimmeren Schicksal von noch unglücklicheren Zeitgenossen. Akzeptierte Medien werden zu einer Schlagzeilen-Maschine, die als Antrieb ständig neue Effekte braucht. Es entsteht eine Kultur des medialen »Superpush«. Geistige Auseinandersetzung, Besinnung oder stille Momente haben kaum noch eine Chance. Erkenntnis wird so nicht gestiftet, Hirnlust und Kapiertrieb werden nicht geweckt. Und dabei bestünde gerade über die Medien die Chance, das soziale und kulturelle Potenzial einer breiten Öffentlichkeit zu heben. Doch es geht nicht um erkenntniszentriertes Erzählen, es geht um emotionale Stimulation.

Was ist überhaupt noch echt? Diese Frage stellte sich im Juni 2012 auch für Millionen Zuschauer der Fußball-EM, als offenbar wurde, dass der »Ballklau« von Bundestrainer Joachim Löw nicht – wie gezeigt – im Spiel stattgefunden hatte. Während der »Live«-Übertragung war ohne Kenntlichmachung Aufgezeichnetes und Aktuelles gemischt worden, sodass es insgesamt als »live« rüberkam. Erst durch die Debatte darüber zeigte sich, wie oft während der gesamten Übertragung zensiert worden war. Lustiges wurde gesendet, Lästiges – wie die politischen Proteste – wurde ausgemustert. So kann der Zuschauer selbst bei der Sportberichterstattung »nicht mehr zwischen realem oder inszeniertem Ereignis unterscheiden«[23].

Nur wer unseriös ist, kann sich in den Medien behaupten, bilanziert Kolumnist Harald Martenstein die Entwicklung: Die Menge an Beiträgen, die jeden Tag aufmerksamkeitsheischend publiziert wird, könne man auf seriöse Weise gar nicht hervorbringen.[24] In der Tat gibt es in der Geschwindigkeitsmaschine Medienwelt kaum noch Zeit und Budget, um zu recherchieren, nachzudenken und einzuordnen. Daher kann wirklich Wesentliches oder Schicksalhaftes auch gar nicht mehr aufbereitet und dann diskutiert werden. Alles wird nur noch aufgeregt bequatscht.

Dazu kommt: Das ganze Modell des klassischen Journalismus verändert sich. Zum einen bezahlen Sender und Verlage die meist freien – oder gerade freigesetzten – Autoren so schlecht, dass sie sich auch im PR-Bereich ihre Auftraggeber suchen müssen. So werden sie gezwungenermaßen zu Zwitterwesen zwischen Journalismus und Werbung, zwischen unabhängiger und abhängig dienender Berichterstattung. Zum anderen wird die bisherige strikte Unterscheidung zwischen

Redaktion und Werbung, zwischen Bericht und Anzeigen-kampagne mehr und mehr verwässert, wobei laut deutschem Presserecht die Trennung von redaktionellem Inhalt und Werbung theoretisch immer noch Gültigkeit hat. Doch inzwischen wird die Verflechtung teilweise ganz offen und unverfroren betrieben, zum Beispiel mittels kaum noch gekennzeichneter »Sonderbeilagen« oder »Advertorials«. Bei denen können zahlungskräftige Werbekunden ihre Inhalte nahezu ununterscheidbar im Layout und Stil, im »Look and Feel« der Zeitungen oder Sendungen präsentieren, ohne dass der Anzeigencharakter noch erkennbar wäre. Das vertraute Image und die Glaubwürdigkeit der etablierten Print- oder Online-Medien, Sender oder Sendungen werden dabei gezielt für das eigene Renommee ausgenutzt. Es sind zwar Werbeanzeigen, aber sie erwecken den Anschein, redaktionelle Beiträge zu sein. Eine chamäleonartige Schleichwerbung wird praktiziert.

Der andere Weg ist: Die Unternehmen betätigen sich gleich selbst über Webseiten, Filme oder Blogs als Medienmacher, stellen fertige Beiträge zur Verfügung, betreiben Nachrichtenportale oder gründen Sendeplattformen. Auch daraus entstehen Probleme mit der Unabhängigkeit von Berichterstattung und Glaubwürdigkeit.

Letztlich zeigt sich im Bereich der Medien damit das, was auch noch für weitere Bereiche von der Wirtschaft bis zur virtuellen Welt später analysiert werden wird: Das Niederreißen von sinnvollen Grenzen führt statt zur maßvollen Selbstbegrenzung zur Zügellosigkeit, die verunsichert und Werte zerstört. Doch bevor es darum geht, widmen wir uns der Politik, die heutzutage eng mit den Medien verwoben ist, und wir widmen uns den Politikern, die ihre Schaukämpfe inzwischen fast ausschließlich unter dem Gesichtspunkt der Kamera- und Medientauglichkeit austragen. Deshalb ist nicht nur die Berichterstattung im Niedergang begriffen, »unreflektiert und inkompetent« und durch Lobbyisten instrumentalisiert[25] – auch die Politiker nehmen solche Qualitäten an.

Lügen für die Wahrheit
sind wie Bomben für den Frieden:
Posen-Politiker in verteilten Rollen

Auch die Politik gerät in unserer Mediengesellschaft zur Inszenierung. Der Auftritt muss stimmen, die Aura und die Atmosphäre. Politiker verwandeln sich so in oberste Staatsschauspieler und betreiben Personality-Shows statt Sachpolitik. Was Beifall bringt, ist richtig. Wirkung muss erzielt werden, egal ob in Wirklichkeit tatsächlich etwas (Gutes) bewirkt wird. »Yes we can!« – klingt zwar gut, aber wenn die Erfolge ausbleiben und die Mühen der Ebenen zu bewältigen sind, hat dieser Slogan nur noch eine fragile Bindungswirkung. Der Schritt vom blendenden Redner zum redenden Blender ist nicht weit.

Brüderle bei Ehrlichkeit ertappt – was für eine Schlagzeile, wenn man sich fragt, wie verlogen die Politik in Deutschland ist, und lesen muss, dass sogar Bundestagspräsident Norbert Lammert den »besorgniserregenden Vertrauensverlust der politischen Klasse« beklagt. SPD-Parteichef Sigmar Gabriel nutzte die Gunst der Stunde und kommentierte die Ehrlichkeit von Rainer Brüderle mit diesen Worten: »Früher mussten Politiker Angst davor haben, wenn sie beim Lügen erwischt wurden. Heute, wenn sie bei der Wahrheit ertappt werden.«[1]

Was war passiert im März 2011, als diese Schlagzeile entstand, die später zur Schlagzeile des Jahres gekürt wurde?[2]

FDP-Mann Brüderle, seinerzeit Wirtschaftsminister, hatte auf einer Sitzung des Bundesverbandes der Industrie vor ausgewählten Spitzenmanagern recht offenherzig über die wahren Motive der plötzlichen Energiewende geplaudert. Über diesen verblüffenden Kurswechsel – weg von den Atomkraftwerken hin zu den erneuerbaren Energien – staunten in diesen Tagen auch etliche Bürger; schließlich hatte genau diese schwarz-gelbe Regierung den bereits vereinbarten Atomausstieg erst kurz zuvor und trotz heftiger Gegenwehr rückgängig gemacht. Aber mit Blick auf die Bilder des katastrophalen Atomunfalls in Japan nahmen die meisten diesen Entschluss dankbar hin und beschwerten sich nicht. Nur die vier Energieriesen rebellierten, weil sie mit jedem Kernkraftwerk, bei dem die Investitionskosten abgeschrieben sind, Tag für Tag eine Million Gewinn einfahren. Deshalb versuchte Brüderle, die Industrievertreter zu besänftigen, und erklärte die Sache mit den bevorstehenden Wahlen in Baden-Württemberg, wo es für die CDU-Landesregierung nach den Protesten der Wutbürger zum Stuttgarter Bahnhof gar nicht gut aussah. Im Protokoll der Sitzung wird er sinngemäß mit der Bemerkung zitiert, Entscheidungen unter Druck seien nicht immer rational.

Als die Sache an die Öffentlichkeit geriet, entwickelte sich ein Eklat. Der BDI sah sich veranlasst, von einer Protokollpanne zu sprechen, um Brüderle zu decken. Und Hauptgeschäftsführer Werner Schnappauf, der das Dokument unterschrieben hatte, wurde zum Bauernopfer und trat von seinem Posten zurück. Offiziell sollte die Wahrheit dann doch nicht bestätigt werden, auch wenn sie bereits durchgesickert war. Und wieder lästerte Gabriel: »Früher flog einer raus, wenn er das Protokoll gefälscht hat. Heute fliegt er schon, wenn er richtig mitgeschrieben hat.«[3] Und in der Tat wurde hier die Ehrlichkeit bestraft. Wenig später allerdings bekam diese Art von Politik, die vertuschen und den Bürger für dumm verkaufen will, die Quittung. Nach 58 Jahren CDU-Herrschaft in

Süddeutschland stimmten die Wähler für einen Regierungswechsel, und in Deutschland regiert seitdem der erste grüne Ministerpräsident.

Politische Lügen und lügende Politiker

Wenn man jedoch Politiker, so wie jüngst Thomas de Maizière, danach fragt, ob Lügen zum politischen Handwerk gehört, weisen sie dies weit von sich. Keinesfalls dürfe man lügen, maximal manches verschweigen, denn »nicht jedes Aussprechen aller Details führt zu einem guten Ergebnis«.[4] Doch der Blick in die Geschichte zeigt: Die Lüge ist Teil des politischen Geschäfts.

»Niemand hat die Absicht, eine Mauer zu errichten«, beteuerte DDR-Staatschef Walter Ulbricht 1961 und ließ nur wenige Wochen danach die Grenzanlagen bauen, die Ost und West von da an fast 30 Jahre lang trennten. Die Ideologie hinter dem menschenverachtenden DDR-System hatte einst Lenin mit dem Ausspruch auf den Punkt gebracht: »Die Lehre vom Kommunismus ist allmächtig, weil sie wahr ist.« Wobei er glatt Weltanschauung mit Wahrheit verwechselte. Wahr ist, dass auch SED-Chef Erich Honecker sämtliche Realitäten in seinem Land verdrängte, als er Anfang 1989 betonte: »Die Mauer steht in 100 Jahren noch!« – und wenig später ergänzte: »Den Sozialismus in seinem Lauf halten weder Ochs noch Esel auf!« Auch als Stasi-Chef Erich Mielke, der die brutale Verfolgung und Vernichtung von Andersdenkenden zu verantworten hatte, vor der ersten frei gewählten Volkskammer bekundete: »Ich liebe doch alle, alle Menschen!«, war das eine zynische Lüge.

Im Westen dagegen baute man aus Lügen vornehmlich wählerfreundliche Luftschlösser. Lange wollte man nicht wahrhaben, dass der in den Wirtschaftswunderjahren errichtete Sozialstaat nicht zukunftsfähig ist. Da hielt man sich lieber an Arbeitsminister Norbert Blüm und seine Zusage: »Eins ist sicher, die Rente!« Nach dem Motto: Aus Lügen, die wir glauben, werden Wahrheiten, mit denen wir leben.[5]

Theo Waigel wiederum soll den Abschied aus der aktiven Politik insofern genossen haben, als er froh war, jetzt nicht mehr so viel lügen zu müssen.[6] Und in Wahlkampfzeiten oder Parlamentsdebatten gehört der Vorwurf, der andere sei ein Lügner, ohnehin in den rhetorischen Werkzeugkasten. Nicht zuletzt Helmut Schmidt urteilte über sich, er habe »manchmal ganz schön die Show abgezogen«[7], und zu seinen unzähligen Weisheiten gehört auch die folgende: »Man darf das Volk nicht belügen, man muss ihm aber auch nicht alles sagen, was man weiß.« Was sich ganz gut mit der Haltung von de Maizière trifft und damit offenbar parteiübergreifender Konsens ist. Diese Einstellung spiegelt allerdings einen zweckorientierten Umgang mit der Wahrheit und ist ein Drahtseilakt, bei dem die Gefahr besteht, durch Halbwahrheiten oder Teilgeständnisse abzustürzen. Unangenehme Nachfragen können über Nacht zum Verlust der Glaubwürdigkeit führen. Wahrheit findet in solchen Fällen meist nur hinter den Kulissen statt. Womit wir wieder bei Rainer Brüderle angekommen wären, der ganz sicher nicht damit gerechnet hat, dass sein Auftritt im kleinen Kreis beim BDI öffentlich wird.

Performance ist aber heutzutage alles in der Politik, so die Analyse des Kommunikationsberaters Thomas Knipp. Bei einem Politiker gehe es fast nur noch um »Sympathie und Aussehen und weniger um Inhalte«.[8] Politiker müssen vor allem gefallen, wenn sie (Wahl-)Erfolg haben wollen, und insbesondere durch unsere Mediengesellschaft, die von Bildern und Indiskretionen lebt, wächst da der Druck. Fast überall und bei jeder Gelegenheit ist heute ein Aufnahmegerät dabei, und sei es das Fotohandy eines Laienreporters. Deshalb muss heute jeder mit der Allgegenwart der Medien rechnen, die zu einer neuen Sichtbarkeit führt und zu dem rund um die Uhr bestehenden Risiko, bei einer Ungeschicklichkeit ertappt zu werden, die dann auf Dauer im Netz abzurufen ist und das Image demoliert.[9]

Darüber hinaus müssen sich Politiker nahezu täglich mit Beliebtheitsskalen und Umfragewerten beurteilen lassen, sie leben permanent auf den Prüfstand. Wer hat bei solch einem medialen Hin und Her genügend innere Stärke, um sich nicht von seinem Kurs abbringen zu lassen? Und wer kann dabei noch in Ruhe seine Arbeit machen? Oder muss man befürchten, wer da in Ruhe seine Arbeit macht, findet in den Medien nicht statt und wird nie auf einen grünen Zweig kommen?

Wie man sich dagegen medial blendend inszeniert, das hat als einer der Ersten Gerhard Schröder seinen ansonsten eher noch bieder daherkommenden Parteifreunden nach seiner Wahl zum Bundeskanzler deutlich gemacht. Nachdem er es endlich hinter den Zaun der Macht geschafft hatte, an dem er einst nur gerüttelt hat, präsentierte er sich mit Champagnerkelch in der Hand, Brioni-Anzug und Cohiba-Zigarre und erkor das Showbusiness zum Teil der Politik, stellte sich auf Augenhöhe mit den Schönen und Reichen und ließ wissen, dass er als Politikerklärer nur *Bild* und »Glotze« brauche, und war auch noch stolz darauf.

Seitdem kommt kaum noch ein Politiker, der Aufmerksamkeit haben will, darum herum, seine Auftritte zu inszenieren. Spin-Doktoren und ganze Beraterstäbe werden damit beschäftigt, geeignete Szenarien für die Kameras zu arrangieren. Von der passenden Musik bis hin zur Bekleidung muss aus dem Politiker und seiner Botschaft ein gut verkäufliches Gesamtpaket werden – eine Marke. Und damit das Ganze nicht theoretisch-abstrakt, sondern gefühlig daherkommt, wird Politik personalisiert. Homestorys kommen in Mode. Wenn Joschka Fischer sich an den Rand der Magersucht joggt, laufen die Berichterstatter plötzlich mit. Und planscht Rudolf Scharping auf Mallorca verliebt mit seiner Gräfin im Pool, ist selbstverständlich ein Fotograf dabei. Das war zwar ein eher missratener Versuch, das Image aufzupolieren, aber im Zirkus und im Leben geht nun mal »mancher Schuss daneben«.

Zu all dem Medienrummel passt, dass sich Politiker inzwischen lieber vor der Kamera ansprechen lassen, wo wahlweise Besorgnis oder Betroffenheit geheuchelt wird, anstatt in der Bürgersprechstunde. Wer oft im Fernsehen zu sehen ist, gilt als prominent, was sich wiederum positiv auf die Beliebtheitsumfragen und somit auf die Wählergunst auswirkt. Deutlich riskanter wäre es da, schlicht und einfach die Wahrheit zu sagen. Vielmehr bietet es sich an, in gefällige und möglichst aalglatte Worte zu kleiden, was Parteifreunde oder Bürger hören wollen. Gestaltungsraum und Veränderungsmöglichkeiten gibt es in einer überschaubaren Legislaturperiode ohnehin kaum. Also gilt, in Sonntagsreden Politik zu simulieren und ansonsten umzusetzen, was die Großen aus Wirtschaft und Industrie anregen oder in die Vorlagen schreiben, egal ob es um die Vergabe von Milliardenbeträgen oder Konjunkturhilfen geht. Nur vordergründig ist die aktuelle Politik auf Wähler-Wohlfühl-Programme ausgerichtet, hintergründig auf die Macht und deren Erhalt.

So entstehen Glaubwürdigkeitsprobleme, und es verwundert kaum, dass nur noch 17 Prozent der Deutschen glauben, ihre Politiker seien »fähig und kompetent«. Nicht einmal ein Drittel geht davon aus, dass sie das Beste für unser Land wollen. Stattdessen gibt die Hälfte der Befragten an, dass Politiker gierig sind.[10] Folglich ist die Wahlbeteiligung meist niedrig, rangiert derzeit um die 60 Prozent. Fast jeder Zweite bleibt lieber zu Hause und wählt bei Castingshows aus anstatt die Vertreter des Volkes.

Erfrischend anders und sicher auch deshalb populär zeigt sich hier die Piratenpartei. Und es ließ aufhorchen, als Pirat Christopher Lauer nach zwei Auftritten in den Talkshows von Anne Will und Maybrit Illner feststellte, man verkomme dort zum Abziehbild, würde zum Teil einer Performance, die wenig mit der Realität zu tun habe. Selbst vermeintlich richtig auf Fragen zu antworten fühle sich dann falsch an, weil es gar nicht mehr darum gehe, Standpunkte auszutauschen.[11] Wie gut es allerdings den Piraten gelingen wird, den herkömmlichen Politikbetrieb nicht nur infrage zu stellen, sondern auch inhaltlich zu verändern, ist nicht entschieden. Wenn in einer Digitaldemokratie jeder niederschwellig mitreden kann, heißt das noch lange nicht, dass das Ergebnis hochwertig ist.[12] Aber es bringt Leben in die Bude und wirbelt Staub auf, was nach über 60 Jahren Bundesrepublik und über 20 Jahren wiedervereintes Deutschland ein gutes Zeichen ist.

Auf der Suche nach dem Obercharismatiker wird die Sprache reicher und das Amt beschädigt

Dass endlich ein Ruck durchs Land gehen muss, hatte Roman Herzog bereits Ende der Neunzigerjahre gemahnt und Ausschau gehalten nach einer charismatischen Elite, die das Land aus Resignation und Reformstau führen könnte. Wiederum zehn Jahre später kommentierte er resigniert: »Wenn ich mir das aktuelle Personal anschaue, weiß ich nicht, ob ich lachen oder weinen soll«, und fügte hinzu: »Aber es bräuchte politische Führung, echtes Charisma, um sie (die Bürger) zu mobilisieren.«

Diesen Ruf muss Karl-Theodor zu Guttenberg vernommen und auf sich bezogen haben. Er wurde ein Senkrechtstarter auf der Rakete seines eigenen Charismas. Ein Charisma, gestützt auf das Selbstbewusstsein einer neunhundertjährigen aristokratischen Familientradition – zumindest schien es lange so. Dass hinter dem dick aufgetragenen Ego ein verunsichertes Ich hocken könnte, sollte sich erst später zeigen. Zunächst wird für alle sichtbar: Kein anderer deutscher Politiker agiert so locker vom Hocker wie er, so geschmeidig und blendend. Guttenberg macht Eindruck als Perfekt-Poser und Ergreifende-Reden-Halter, als Hirn- und Herzbeweger und Menschenfänger. Neben seinem Doktortitel hat er es im

Laufe seines Aufstiegs auch noch zu anderen Titeln gebracht: Zum Nähe-Demonstrierer und Makellos-sein-Woller, zum Gelackt-Auftreter und Frontmann des Boulevards. Stets mit Grandezza produzierte er Bilder, die das Volk staunend goutierte, vor allem dann, als er sich auch noch als majestätisch daherkommendes Nimm-Zwei-Paar mit Adelsstammbaum und Schlosspatina präsentierte. Dabei scheint er immer auch ein wenig von sich selbst berauscht zu sein. Spaziert daher wie einer, der alles richtig macht. Bis der Absturz kommt. Seitdem ist unsere Sprache um zwei Verben reicher. Sie heißen »guttenbergen« und »googelbergen« – was bedeutet, dass man, statt mühsam zu studieren, auch einfach kopieren kann.

Einen noch größeren Ruck verursacht kurz darauf der zehnte Bundespräsident, als er mit Anfang 50 ins Schloss Bellevue ein- und keine zwei Jahre später wieder auszieht. Mit in den Amtssitz bringt er die jüngste First Lady aller Zeiten und seine Patchworkfamilie. Es hätte für deutsche Verhältnisse erstaunlich locker werden können mit diesem modernen Paar, mit der unglaublich frisch erscheinenden Ehefrau, die auch ihr Tattoo auf dem Oberarm nur mäßig verbarg, und dem an ihrer Seite etwas mehr als nur Biederkeit verheißenden Ehemann. Obwohl Christian Wulff in diesen Tagen der von Merkel Durchgeboxte und nur mit Mühe und Not ins Amt Gehievte war, keimte Hoffnung auf im Land und der Eindruck: Mit den beiden geht noch was! Diese Modernität und Jugendlichkeit wirkten vielversprechend. Umso entsetzter ist die Nation, als sich der erste Mann im Staat als »Häuptling vom Stamme Nimm« entpuppt.[13]

Das Wort »wulffen« ergänzt seitdem unsere Sprache. Ein Verb, das gleich drei verschiedene Bedeutungen hat. So steht es dafür, jemandem wütend auf die Mailbox zu quatschen und anzukündigen, dass der Rubikon überschritten ist. Es kann aber auch ausdrücken, nicht die ganze Wahrheit zu sagen, ohne dass dabei offensichtlich gelogen wird. Und »wulffen«

bedeutet nicht zuletzt, möglichst viel zu beanspruchen, ohne dafür zu bezahlen.

Da fragt man sich, ob es reiner Zufall ist, dass es im 19. Jahrhundert einen Staatsanwalt in Dresden gab, der Dr. Erich Wulffen hieß und sich ausgiebig mit Hochstaplern und ihrer Maskenfähigkeit beschäftigt hat. Er schrieb nicht nur Handbücher für Kriminalbeamte und ein kriminologisches Werk mit dem Titel *Strafgesetzbuch für das Deutsche Reich,* sondern vor allem publizierte er eine Reihe von Arbeiten über die Psychologie von Verbrechern und hier wieder insbesondere über die Meister der Verblendung. Fachlich »hoch ambitioniert« zog er sein Resümee: »Wenn sich jeder ohne Weiteres jedem als der offenbaren würde, der er in Wirklichkeit ist, so könnte er sich dadurch – mit seinen offenbarten Schwächen – leicht bloßstellen, er würde Schaden leiden, müsste sich Vorteile entgehen lassen, kurz, er würde im Leben schwer vorwärts kommen.« Für Wulffen war nach unzähligen Gesprächen mit Verurteilten klar: »Jeder Mensch ist latent kriminell … Ein Gesetz des Scheins regiert Leben und Welt.« Er hatte erkannt, dass Hochstapler nicht nur getrieben sind von der Sucht zu glänzen. Sie sind auch immer »ein Kind ihrer Zeit« und zeigen »die Menschheit in all ihren Masken und tausend Gestalten«.[14]

Sind Karl-Theodor zu Guttenberg und Christian Wulff also »Kinder unserer Zeit« und Stellvertreter für unsere Maskeraden, für unsere variablen Persönlichkeitsanteile, wie es die moderne Psychologie ausdrücken würde? Damit eröffnen sich interessante Perspektiven, und zugleich wird deutlich: Wenn konkrete Personen auf die Würde von Ämtern treffen, kann es zu heftigen Kollisionen kommen.

Ein peinlicher Pinocchio im Präsidialamt

Was er sich tatsächlich hat zuschulden kommen lassen, müssen die Staatsanwälte klären. Sie haben anhand der Rechtslage zu prüfen, ob irgendeine von den vielen, wohl derzeit geringfügig zu nennenden Fehlleistungen von Christian Wulff tatsächlich strafrechtliche Relevanz hat. Nach Abschluss der Prozedur wäre der Fall juristisch bewertet. Warum aber der Spitzenpolitiker Wulff so dermaßen zur tragischen Figur werden konnte, ist damit längst nicht beantwortet. Einst als biederer Moralapostel in Niedersachsen politisch gestartet, flog er auf dem Höhepunkt seiner Karriere mit Anfang 50 als Schnorrer auf und landete letztlich als Rechtfertigungskasper, ähnlich dem berühmten Tiger, dessen letzte Bestimmung fortan das Dasein eines Bettvorlegers ist.

Die Vita von Christian Wulff gibt einiges her, was man in diesem Zusammenhang zurate ziehen kann. Er selbst hat zwar kaum über seine Herkunft und Familie gesprochen, bekannt ist aber, dass sein Vater, ein studierter Jurist, ein Lebemann war, der keine Lust hatte, seinen Alltag mit Arbeit zu beschweren. Er liebte das gesellige Leben, spielte gern mit seinen Kumpels Karten und verkaufte, wenn er Geld brauchte, Stück für Stück von dem Land, das er einst geerbt hatte. Als Wulff zwei Jahre alt ist, geht die Ehe seiner Eltern auseinander. Ein Stiefvater kommt ins Haus, mit dem er sich nicht gut versteht, dazu noch Halbgeschwister. Mit 16 Jahren, der Stiefvater hatte die Familie wieder verlassen, fühlte sich Wulff neben dem Schul- und Abiturstress auch noch für die Pflege seiner Mutter zuständig, die schwer an Multipler Sklerose erkrankt war. Zudem musste er sich um seine jüngere Schwester kümmern – in einem Alter, in dem andere Jungs vor sich hin pubertieren und vorwiegend mit ihren Hormonschwankungen beschäftigt sind.

Auch die Mutter von Christian Wulff war nicht sehr lebenstauglich. Als Tochter eines reichen Fabrikanten war sie es gewohnt, verwöhnt zu werden. Dass sie sich auch in ihrem Erwachsenenleben vor allem uber Friseurbesuche und Einkäufe verwirklicht hat, verriet Wulff im Jahr 2010 im Zuge seiner Kandidatur zum Bundespräsidenten und ergänzte, dass man ihr dies aber nicht vorwerfen könne, da sie inzwischen sehr krank sei. Für Wulffs Verhältnisse war das ein überraschend tiefer Einblick in seine privaten Verhältnisse. Manche Journalisten lästerten jedoch, er habe seine Familiengeschichte als reine PR-Nummer instrumentalisiert, denn er rückte ausgerechnet in dem Moment damit heraus, als Joachim Gauck als sein Gegenkandidat aufgestellt wurde und es hieß, Gauck habe einen Lebenslauf, Wulff nur eine politische Laufbahn.

Studiert hatte Christian Wulff Rechtswissenschaften. Er arbeitete zwar auch als Anwalt, startete aber schon früh seine politische Karriere in der CDU. Immer wirkte er dabei bubenhaft brav, unbedingt nett, doch irgendwie auch langweilig. Das änderte sich, als seine erste Ehe mit einer früheren Kommilitonin in die Brüche ging und eine 15 Jahre jüngere, blonde und temperamentvolle Frau in sein Leben trat. Ein paar Sicherungen müssen da bei ihm durchgebrannt sein, wundern sich noch heute ihm nahestehende Freunde. Der seinerzeit über Vierzigjährige, damals Ministerpräsident, erlebte nicht nur seinen zweiten Frühling, er benahm sich auch so und wurde offensichtlich von dem Bedürfnis erfasst, imponieren zu wollen in der Welt der Reichen und Einflussreichen. Kostenlose Urlaube in prächtigen Villen, Upgrades in die obere Kategorie und nette Einladungen gehörten fortan zu seinem Programm. Ausgerechnet jener Christian Wulff, der eben noch öffentlich propagiert hatte, dass sich tadelloses Verhalten gehört, dass jeder Ansatz von Korrumpierbarkeit verhindert und allein schon der Anschein vermieden werden muss, und der ein ganzes Buch darüber schrieb, warum die Wahrheit besser ist, ausgerechnet der verlor die Bodenhaftung. Tauchte ein in die Welt des schönen Scheins, und man fragt sich, was sich da in diesem Mann Bahn gebrochen hat: Kamen auf einmal die Vergnügungsgene durch, die er von seinen Eltern geerbt haben könnte? Oder versuchte da einer in der Mitte des Lebens, nachdem sich zum beruflichen Aufstieg auch noch die große Liebe gesellt hatte, die Wunde der Armseligkeit seiner Kindheit mit Glamour und Luxus auszuheilen? Es ist zumindest auffällig, dass von Karl May bis hin zu Gert Postel auch bei vielen anderen Hochstaplern die Kindheit meist jämmerlich und eine Kränkung war.

Christian Wulff jedenfalls, der bis dahin kleinbürgerlich daherkommende Häuslebesitzer mit dem Gartenschlauch in der Hand, nimmt auf einmal mit, was er am Wegesrand seines Berufslebens geboten bekommt, und lässt sich von Kontakten verführen, die dazu dienen, seinen Status zu erhöhen. Verfängt sich in einem Beziehungsnetz von Mauscheleien und Gefälligkeiten und nimmt Vergünstigungen in Anspruch, die er nicht seiner Persönlichkeit, sondern seinem Amt und seiner Macht zu verdanken hat. Sie werden ihm dargeboten von vorgeblichen Freunden, die sich jetzt gern an seinen Saum heften, seine Nähe suchen und ihn zu Partys bitten, nicht weil sie ihn plötzlich so sympathisch finden, sondern weil sie sich davon Vorteile versprechen. Zeit und Wichtigkeit heißen die Münzen, mit denen Politiker in dieser Welt bezahlen. Luxusurlaube, Privatdarlehen und fröhliche Feste – es müssen die schönsten Jahre im Leben von Christian Wulff gewesen sein. Die Kehrseite: Genau durch diese Jahre machte er sich angreifbar.

Was aber sagt es über unser politisches System, wenn ausgerechnet so ein Typ und Charakter wie Christian Wulff zum Kandidaten für das höchste Staatsamt erhoben wird? Seine Parteifreunde müssen ihn doch gekannt und erlebt haben. Zumindest das nähere Umfeld muss gewusst haben, dass hier ein »Schnulli-Gate« mit »Wulli-Wulli«, so der Spitzname von Wulff, entstanden ist, bei dem man sich ganz unter Männern sogar die Glatzen küsst.[15]

Auf jeden Fall gibt es genügend Bilder, die belegen, wer noch so alles im Dunstkreis von Schnulli, Oberschnulli und Wulli die Zähne bleckte und auf bizarre Art erstrahlte. Oder gilt etwa auch hier das Krähenprinzip, nach dem man sich geflissentlich in Ruhe lässt und – unter sich – keine Augen aushackt?

Der Begriff der »spätrömischen Dekadenz«, den der Show-Politiker Guido Westerwelle – einst auf Schuhsohlen mit der Aufschrift »18 Prozent« unterwegs, im »Big-Brother«-Container sitzend und Guido-Mobil fahrend – völlig deplatziert mit Blick auf Hartz-IV-Empfänger in die Diskussion geworfen hat, hätte wohl besser auf die Gelage am Hof der Regierenden gepasst. Christian Wulff jedenfalls, der Realität und vermutlich sogar sich selbst entfremdet, muss in einem Akt der Selbstüberschätzung auf die Idee gekommen sein, dass ihm das alles zustehen würde. Muss die Bedeutung des Amtes mit seiner eigenen Wichtigkeit verwechselt haben. Wo das Schicksal solides Schuhwerk für ihn vorgesehen hatte, wollte er edle Stiefel tragen.

Bei dem, der es so nötig hatte, nach außen als makellos zu gelten, zeigt sich im Verlauf der Causa, dass er innen krumm und schief gewachsen ist. Der narzisstische Blender offenbart sein »Nicht ganz richtig, aber auch nicht ganz falsch«-Sein – möglicherweise ein Abbild des tiefsten Konflikts seit seiner Kindheit. Und mit genau dieser Haltung geht er alle Nachfragen der Medien an, die seit Ende 2011 auf ihn einstürzen. Er rechtfertigt sich mit Darstellungen, die »nie ganz falsch, aber auch nie ganz richtig« sind, und versucht zu vertuschen, zu verharmlosen und zu verdecken.[16] Doch im Umgang mit Journalisten ist die halbe Wahrheit die gefährlichste Lüge, weil sich Medienleute dann erst recht angestachelt fühlen und weiterrecherchieren.

Bevor es gleich um die Rolle der Medien gehen soll, noch ein letzter Gedanke zur Persönlichkeitsstruktur. Lügenforscher sagen, dass der Umgang mit der Wahrheit eine Frage der Kultur sei, in der man aufgewachsen ist. Auch die Haltung, ob man von anderen etwas annimmt oder nicht, wurzelt in der Erziehung und Sozialisation. Die einen Eltern vermitteln ihren Kindern, es sei ein Ausdruck von Unhöflichkeit, Geschenke abzulehnen. Andere wiederum prügeln ihrem Nachwuchs förmlich ein, bloß keine Zuwendungen anzunehmen, weil damit immer die Erwartung einer Gegenleistung verbunden ist. Jeder, der sich moralisch erhebt, sollte zumindest einen kurzen Gedanken auf solche kulturellen Prägungen verschwenden. Dabei geht es keinesfalls darum, den Mantel der Entschuldigung über Probleme zu decken. Nur: Wer sich voreilig über Einzelfälle echauffiert, läuft in seinem Übereifer Gefahr, die großen Verstrickungen gar nicht erst zu entdecken. Deshalb müsste als Grundprinzip gelten, solche Debatten mit menschlichem Augenmaß und Verantwortlichkeit zu führen, anstatt sich in Entgleisungen zu ergehen, wie es in der Causa Wulff vielfach der Fall war. Oder wie es der Satiriker und Sprachexperte Wiglaf Droste provokant formulierte: Wenn ein Autor »von den nicht nur hohen, sondern höchsten Ansprüchen« schreibt, denen ein Bundespräsident genügen müsse, ist das reine Halluzination. Bei der beschworenen Würde des Amtes sollte man nicht vergessen, dass »›würde‹ vor allem ein Konjunktiv ist«.[17]

Die Causa Wulff könnte auch Anlass sein, hinter die Fassaden zu schauen: Wer bereitet Politiker auf ihre Ämter und die moralischen Erwartungen vor, die damit verbunden sind? Welche Kriterien gelten bei der personellen Auswahl? Ist es ein Schachern und Gockeln, das dem auf einem Hühnerhof in nichts nachsteht? Wenn erstmals in der deutschen Geschichte das Bundespräsidialamt von Ermittlern durchsucht wird und zum ersten Mal in der deutschen Geschichte ein Bundespräsident zurücktritt, weil die Staatsanwaltschaft beantragt hat, seine Immunität aufzuheben, dann reicht es nicht, nur auf eine einzige Person mit dem Finger zu zeigen.

Empörungsmaterial oder Wahrheit?

Die neuneinhalb Wochen Berichterstattung bis zum Rücktritt von Christian Wulff sind – neben großartigen Enthüllungsleistungen – auch ein Aufmarsch medialer Gossen-Begabungen. Erneut bestätigt sich, was im vorhergehenden Kapitel über die Medien aufgezeigt wurde: Nicht die Information steht im Vordergrund, sondern die Verbreitung von Empörung. Was als Aufklärungsarbeit begann, ist im Verlauf der Geschichte zu einer Hetzjagd verkommen, bei der sich eine ungeheure Doppelmoral und Scheinheiligkeit offenbarten. Immer wieder wurden moralische Maßstäbe jenseits des eigenen Verhaltens der Meinungsmacher eingeklagt. Wenn in diesen 66 Tagen von einer überregional erscheinenden Zeitung die Frage gestellt wurde: »Das soll der Bundespräsident sein?« und eine öffentlich-rechtliche Talkshow nach der anderen Christian Wulff thematisierte, ohne dass auch nur der Hauch einer neuen Erkenntnis durch die Studios wehte, wenn es schlichtweg nur darum ging, mit dem Thema Quoten zu reißen, dann muss man zurückfragen: Und das soll Journalismus sein?

Nicht nur Christian Wulff war in diesen Wochen ein Getriebener, auch die Medien waren getrieben: Getrieben von der Gier, neue Skandale herbeizuführen. Es war ein einziger kleiner Moment, in dem das Staatsoberhaupt die Oberhand gewann: Als Wulff im Interview mit ARD und ZDF die Moderatorin zurückfragte, wie sie es denn mit den Übernachtungen bei Freunden halten würde, ob sie dann bezahlen würde. Erstaunlicherweise war die Antwort ein Ja. Doch in Zeiten, in denen die ganze Welt mein Freund sein will und jedes Hotel mein Zuhause, weiß man eh nicht mehr so genau, wo man die Grenzen des Privaten abstecken soll.

Der Bundespräsident jedenfalls landete auf der Medienanklagebank, und im Gerichtssaal Deutschland brach ein gnadenloser Tugendterror aus. Der oberste Richter *Bild*

schwenkte die Moralglocke, und eine Kohorte geltungs-
süchtiger Ankläger tauchte auf. Die Farce der Causa ist: Der
Rabattpräsident musste sich ausgerechnet von einem Berufs-
stand aburteilen lassen, bei dem drei von vier Beteiligten
(zwischen 75 und 90 Prozent) selbst äußerst eifrig Pressekon-
ditionen in Anspruch nehmen, die für nahezu jeden Bedarf
des Lebens gelten und bei Weitem nicht nur für Autos oder
Reisen. Es wurde Maß genommen von Vertretern einer Branche, die sich selbstverständlich gern zum Buffet oder sonst
noch was einladen lassen, wenn Firmen oder Partymacher,
Regierung oder Landesregierung feiern. War da noch was?
Oder wie ist es in diesen Fällen mit Interessensverquickung
und Vorteilsnahme?

Insbesondere die Hauptstadtjournalisten hätten viel früher
nach der Würde des Amtes und des Amtsträgers und merkwürdigen Auswüchsen der Einflussnahme fragen können.
Bei der Party im Penthouse am Pariser Platz im Juni 2010
zum Beispiel, als die Wahl von Wulff zum Bundespräsidenten in bester Lage als Gelage gefeiert wurde, oder beim jährlichen Sommerfest im Schloss Bellevue, das seit Jahrzehnten
von diversen Unternehmen verschiedenster Couleur gespon-
sert wird. Übrigens genauso wie der Bundespresseball oder
der Ball des Heeres oder die ein oder andere Konferenz, wo
immer wieder Politiker, Prominente und Medienleute sym-
biotisch zusammentreffen. Was genau ist die Aufgabe dabei:
recherchieren oder sich in der Fülle von tollen Gelegenheiten
sonnen?

Die Frage stellt sich auch deshalb, weil ja zumeist nicht
die berichtenden Journalisten zu Tisch geladen sind, die als
Fußvolk die Beiträge machen, sondern die Führungsschicht.
Wenn aber der Maßstab gelten soll, dass es nicht in Ordnung ist, Zuwendungen anzunehmen oder Vorteile in Bezug
auf das Amt, was heißt das in diesem Zusammenhang? Wie
sind Champagner und bester Wein, tolle Gala-Menüs oder
Einladungen zu Events und Bühnenshows an dieser Stelle

zu bewerten? Was bedeutet die Teilhabe an dem Wohlleben bei Empfängen und Festakten, wo die geladenen Gäste meist in edlen Luxus-Limousinen werbewirksam herumkutschiert werden? Was ist das alles? Repräsentationsbedürfnis? Schnittstelle zwischen Politik und Wirtschaft? Indirekte Kundenwerbung? Eine Notwendigkeit? Wo bitte bleibt hier die ganze Wahrheit? Gelten etwa Korruptionsklauseln nur dann, wenn man jemanden loswerden will? Und ist es keine Vorteilsnahme, wenn sich Parteien und Politiker oder öffentlich-rechtliche Institutionen und deren Vertreter für Feste oder Jubiläumsfeiern sponsern lassen?

Zeit, sich an die eigene Nase zu fassen. Denn wir erlebten »die heuchlerische Blähung eines Milieus, in dem Günstlinge, Profiteure ... und Schmarotzer ein einziges parasitäres Biotop bilden, in dem sich Journalisten, Wirtschaftsvertreter und Politiker dauernd in der Drehtür ihrer gemeinsamen Interessen treffen«.[18] Und diese Interessen dürften um das Thema Positions- und Machterhalt kreisen.

Organisationen wie etwa Transparency International Deutschland fordern seit Jahren ein Verbot von Sponsoring, insbesondere von Bundespräsidialamt, Bundesregierung und Landesregierungen. Zumindest durch den Fall Christian Wulff sind beide Berufsstände, Politiker und Journalisten, einmal mehr in Verruf geraten, als Nutznießer oder Schnorrer auf Kosten anderer. Und dabei ist das größte Kapital von beiden Unabhängigkeit und Glaubwürdigkeit. Vertrauen aber ist schwer zu erreichen und schnell zu zerstören. Während der Weg in die Unglaubwürdigkeit äußerst kurz ist, ist der aus der Unglaubwürdigkeit heraus ewig lang.[19] Oder anders ausgedrückt: Die Folgen im Katastrophenfall reichen weit und können irreversibel sein.

Dennoch, bei Christian Wulff muss man sich, außer um den Gemütszustand, keine Sorgen machen. Er hat seinen Ehrensold zugesprochen bekommen und kostet den Steuerzahler bei einer natürlichen Lebenserwartung in den kom menden Jahren vermutlich mehr als fünf Millionen Euro. Die Anregungen zu Beginn seiner Amtszeit, die üppige finanzielle Ausstattung zu reduzieren, sind nur noch Schnee von gestern. Jetzt erntet er – trotz seines Fehlverhaltens – Lorbeeren, von denen eine Angestellte, die unerlaubt sechs Maultaschen einsteckte, die sonst im Müll gelandet wären, nur träumen kann. Das ist ungerecht. Und wenn das Misstrauen gegen Politiker abnehmen soll, müssen solche Ungerechtigkeiten aufhören.

Christian Wulff aber zeigt bis heute kein Unrechtsbewusstsein. Er habe sich stets juristisch korrekt verhalten, betonte er noch einmal beim Rücktritt. In der Tat gibt es einen Unterschied zwischen juristischen und moralischen Kriterien. Dennoch wirkte Wulff bei seiner Rücktrittserklärung wie der Pressesprecher seiner selbst, übrigens ganz ähnlich wie Karl-Theodor zu Guttenberg wenige Monate zuvor. Weihevolle Worte werden in den Mund genommen, von Ansprüchen an das Amt und beeinträchtigten Wirkungsmöglichkeiten ist die Rede, ein wenig in dem Ton, als seien diese von außen beschädigt und eingeengt worden. Eine Entschuldigung aber ist von beiden nicht zu hören. Wie soll man sich auch entschuldigen, wenn man über sich selbst und seine Scheinexistenz gestolpert ist? Beide erklären am Ende lediglich, mit ihrem Rückzieher Schaden von Amt und Partei abwenden zu wollen, was ihnen bei aller Unehrenhaftigkeit im Verhalten am Ende wohl einen Touch Ehre einbringen soll.

Die eigene Aufblasbarkeit ist eine Gefahr, der nahezu jeder erliegen kann, wenn er nur die Gelegenheit dafür bekommt. Es hätte deshalb ein ganz besonderer Moment, ein Kairos, sein können, im Zuge der Rücktritte auch einmal öffentlich über menschliches Versagen und Scheitern zu sprechen. Aber so weit sind wir wohl noch nicht. The show must go on! Schade eigentlich. So herrscht die Scheinheiligkeit weiter.

Mehr Schein als Sein

»So viel Scheinheiligkeit und Verlogenheit war selten in Deutschland«, monierte im März 2011 keine Geringere als Bundeskanzlerin Angela Merkel für ihre Verhältnisse erstaunlich offen und direkt. Man staunt also und könnte sich freuen, hätte sie dieses Fazit nicht nur in Richtung Opposition gesprochen, und das just in dem Moment, als es um deren Kritik an der Redlichkeit des politischen Senkrechtstarters Karl-Theodor zu Guttenberg ging. Als Täuscher, Lügner und Betrüger war er beschimpft worden. Guttenberg, der frei nach Wilhelm Busch – »Setz dich an des Tisches Mitte, nimm zwei Bücher, schreib das dritte« – seine Doktorarbeit angefertigt hatte. Guttenberg, sprachlich leicht zu verwechseln mit dem Erfinder des Buchdrucks, Herrn Gutenberg, weshalb er von Kabarettisten umgehend zum Erfinder des wissenschaftlichen Kopierverfahrens ernannt wurde.

Ausgerechnet die promovierte Naturwissenschaftlerin Angela Merkel, die zudem noch mit einem anerkannten Professor verheiratet ist, versuchte, den flott-dynamischen Hoffnungsträger in ihrem Kabinett zu halten. Wie ein Chirurg wollte sie seine Person aufspalten in einen Politiker im Hauptberuf, der fähig und äußerst populär sei, und in einen wissenschaftlichen Mitarbeiter, den sie nicht eingestellt habe und dessen Arbeitsweise sie deshalb nicht interessiere. Guttenberg, so Merkel, sei doch so etwas wie ein Anti-Beamter, eben kein detailversessener Erbsenzähler, was ihm Sympathiepunkte einbringen sollte und das aufgewühlte Volk in der Tat hätte beruhigen können. Das war eine gewagte Haltung, die vermitteln wollte, der Täuschende im Gelehrtenbetrieb sei nicht wesentlich, relevant sei nur die Ministertätigkeit.

Es hagelte postwendend Proteste. Die von der Physikerin Merkel erdachte Zwei-Körper-Theorie funktionierte nicht. Gott sei Dank und zu Recht muss man sagen, denn hätte das gut gehen können: Doktortitel abgeben und Amt behalten?

Wo kämen wir hin, wenn die akademischen Anforderungen weiter verwässert würden? Es gibt bereits genügend Doktoren und Professoren à la Maschmeyer. Und was hätte solch eine Einstellung für Folgen im Zeitalter von Googeln und Herunterladen, wenn das heimliche Kopieren beziehungsweise Raubkopieren von geistigen Leistungen nur ein Kavaliersdelikt sein soll?

Als Bundesverteidigungsminister war zu Guttenberg immerhin auch für die beiden Universitäten der Bundeswehr zuständig, wo Abschreiben als Dienstvergehen geahndet wird, das Beförderungsverbot und Gehaltskürzungen nach sich ziehen kann. Nicht nur Gehorsam und Treue gehören zu den soldatischen Pflichten, auch die Pflicht zur Wahrheit hat im militärischen Bereich eine lebenswichtige Bedeutung. Mit einer Truppe von Täuschern kann man keine Schlacht gewinnen, da braucht es Leute, auf die und deren Aussagen man sich verlassen kann.[20]

Es wäre auch kein Makel gewesen, wäre Karl-Theodor zu Guttenberg immer nur Karl-Theodor zu Guttenberg geblieben, ohne den »Dr.« vorne dran. In Anbetracht einer durchaus inflationären Titelvergabe muss man ja ohnehin die Frage stellen, was so ein akademischer Grad noch darstellen kann. Nicht nur in Deutschland, sondern auch im titelverliebten Österreich wird man schon als Angetraute mit einem »Frau Doktor« angesprochen, wenn der Mann diese Würde verliehen bekommen hat. In Italien reicht es, einkaufen zu gehen, um als »dottore« oder »dottoressa«, wenn nicht sogar gleich als »professore« verehrt zu werden, je nachdem, wie großzügig der Einkauf bemessen ist. Und während es in den USA als eitel gilt, den Doktortitel zu nennen oder einen Ph.D. auf dem Briefkopf zu haben, trägt in Russland jeder zweite Abgeordnete stolz einen Titel vor sich her, darunter auch solche, die nicht einmal einen Uni-Abschluss haben, wobei wir wieder bei einer Parallele zu Herrn Maschmeyer angekommen wären. Keiner käme in Amerika auf die Idee, statt »Mr.

President« womöglich »Dr. Obama« zu sagen, obwohl er an der Elite-Uni Harvard und aufgrund eigener Leistung seinen Dr. jur. mit »magna cum laude« erworben hat.[21]

Klar, nicht jede Universität kommt so in den Verruf wie im Jahr 2011 die Westböhmische in Pilsen, wo juristische Titel gegen Geld und ohne jede Prüfung vergeben worden sind. Doch inwiefern können Hochschulen und Universitäten noch ihre wissenschaftlichen Standards hochhalten, wenn an Finanzen und Personal gespart wird? Wenn die Budgets für Forschung und Lehre immer kleiner werden und nur noch der Glanz von Titeln zählt, verkümmert das Streben nach wissenschaftlicher Wahrheit und intellektueller Redlichkeit.

Wir sind einem Betrüger aufgesessen – filmreife Auftritte und Smoke on the Bendlerblock

Die Wissenschaftswelt hat im Fall Guttenberg recht lange gebraucht, um sich zu dem Plagiator zu positionieren. Doch als die Proteste vom Internet auf die Straße wanderten, rumorte es auch in Akademikerkreisen. Und dann wütete Oliver Lepsius, der Nachfolger des Doktorvaters von Karl-Theodor zu Guttenberg: »Wir sind einem Betrüger aufgesessen … Niemand hätte sich vorstellen können, mit welcher Dreistigkeit hier ein Plagiat eingereicht wird. Es ist ein Ausmaß an Dreistigkeit, das wir bisher nicht gesehen haben.« Zugleich provozierte er mit der Pointe: »Wenn er in diesem Fall nicht wusste, was er tut, weiß er es denn in anderen Fällen?«[22] Das saß.

Tatsächlich enthielten 371 von 393 Seiten dieser berühmt gewordenen Dissertation insgesamt 1218 Plagiatsstellen. Die ganze Doktorarbeit bestand somit aus einer Collage von Plagiaten. Warum er dafür auch noch die Bestnote bekam, erschließt sich wohl nur unter Ansehen der Person, nicht aber beim Lesen des Werks. Selbst ein so erfahrener und anerkannter Rechtsgelehrter wie der Doktorvater Professor

Peter Häberle, ein zweifellos kluger und gebildeter Mann – auch »Genius universalis«[23] genannt –, hat sich täuschen lassen, hat sich berauschen lassen von der Erscheinung dieses jungen Adligen. Sein Examen hatte zu Guttenberg zwar nur mit »befriedigend« abgeschlossen und auch kein zweites Staatsexamen oder Referendariat absolviert, aber es durfte für den Musikliebhaber und leidenschaftlichen Klavierspieler Häberle wohl einfach nicht sein, dass der gut erzogene Sohn des hoch geschätzten Dirigenten Enoch zu Guttenberg wissenschaftlichen Ansprüchen nicht genügte, und so »addierten sich in seinem Kopf Herkunft und Grandezza im Auftreten nebst schmeichelnder Redekunst zu einer Bestnote für eine Doktorarbeit zusammen«.[24] Ein Paradebeispiel, wie Hochstapelei gelingen kann. Peter Häberle hatte in dem prominenten Politiker den Glanzpunkt am Ende seiner Laufbahn gesehen; er wurde ihm zum Schandfleck.[25] Die »Kultur der Kumpanei« macht selbst vor einem Bildungsbürger nicht halt.

»Ich habe es immer geschafft, mit relativ geringem Aufwand relativ weit zu kommen«, soll Karl-Theodor zu Guttenberg einmal gesagt haben.[26] Und in der Tat ist es ihm gelungen, in weniger als zwölf Monaten vom CSU-Generalsekretär zum Wirtschafts- und dann zum Verteidigungsminister aufzusteigen. Innerhalb kürzester Zeit vom Abgeordneten zum Bundesminister. Eine steile Karriere, die im Parteigetriebe normalerweise unmöglich ist, weil man sich gemeinhin hochdienen und auf der Ochsentour bewähren muss. Guttenberg dagegen erschien wie ein Überflieger, wie einer, der über den Dingen steht.

Doch auch sein Absturz war rasant, dauerte nur zwei Wochen. Die ersten Vorwürfe bügelte er noch in gewohnter Manier ab. Ein mediales Schlachtfest folgte. Ein Spektakel der Missgünstigen und Besserwisser, die kein gutes Haar mehr an dem Mann lassen wollten. Guttenberg reagierte mit ein paar verunglückten Rechtfertigungsversuchen, er sei überfordert gewesen mit Beruf, Promotion und Familie. Erst danach räumte er Fehler ein und hoffte sicher, mit diesem Spiel auf Zeit weitermachen zu können. Aber es gelang ihm nicht; die Plagiatsjäger im Internet demonstrierten ihre geballte Macht.

Schon fast am Boden, berief Guttenberg höchst unklug eine Pressekonferenz nur für ausgewählte Journalisten im Bendlerblock ein, während die übrigen Medienvertreter vergeblich in der Bundespressekonferenz auf eine Erklärung von ihm warteten. Vor laufender Kamera vermasselte er auch noch den Einstieg, und schon ganz Kind der »Politikergeneration Medienauftritt« fragte er: »Können wir noch mal? Ist das live gewesen jetzt gerade?« Aber auch das ist ein Novum: Zum ersten Mal in der bis dahin einundsechzigjährigen Geschichte der Bundespressekonferenz wurde diese abgebrochen, weil die anwesenden Journalisten demonstrativ den Raum verließen, als sie erfuhren, dass die brisanteste Fragerunde des Tages nur vor Eingeweihten stattfand. Der Rücktritt wurde unausweichlich.

Derartige Paukenschlagauftritte hatten Guttenberg von Anfang an besonders gemacht. So hatte er sein Image aufgebaut. Es fing an mit Opel und der Frage, ob der Staat als Bürge einspringen solle. Guttenberg stellte sich dagegen und profilierte sich damit. Forderte die geordnete Insolvenz und drohte mit Rücktritt, falls man ihm nicht folgen wolle. Trat dann aber gar nicht zurück – doch wer achtete noch darauf?

Es gelang ihm, mit dieser (simulierten) Courage zur Lichtgestalt aufzusteigen. Danach sprach er als Erster in der Regierung vom »Krieg« in Afghanistan und schien eine neue Ehrlichkeit in die Politik einzuführen. Was allerdings die Ex-Grüne und heutige ÖkoLinX-Frau Jutta Ditfurth mit den Worten kommentierte, das Wort »Krieg« habe der Schnösel aus dem Schloss wohl nicht wegen der Lage vor Ort benutzt, sondern vielmehr, um sich selbst zu erhöhen. Sich noch mehr als Held erscheinen zu lassen, der, wenn er nach Afghanistan fliegt, mutig und tapfer ins Kriegsgebiet reist.[27]

Doch die Arbeit an der Marke funktionierte: Mit dem Kraftakt bei Opel signalisierte Guttenberg Widerstandskraft und Unabhängigkeit. Mit der Forderung, die Wehrpflicht abzuschaffen, Tatkraft. Bei Afghanistan ging es ihm um Mut und Fürsorglichkeit.[28] Als sich Guttenberg schließlich samt seiner glamourösen Gattin und mit TV-Moderator Johannes B. Kerner zur Fernsehshow ins Feldlager an den Hindukusch begibt, scheint die Bundeswehr nur noch die Kulisse für seine Selbstinszenierungen zu sein. Locker plaudernd mit heller Hose, hellem Pullover und hellbraunen Schuhen wirkte der Vorzeigepolitiker erneut perfekt. Nur der italienische Fotograf Oliviero Toscani reagierte mit folgendem Kommentar: »Wenn er zu der Art Politiker gehört, die inszenierte Bilder lieben, heißt das vielleicht, dass er nicht so gern die Wahrheit sagt.«[29]

Guttenberg wurde so zur idealen Projektionsfläche für die Sehnsucht der Bürger nach einem Politiker, der etwas darstellt und unabhängig ist. Der ihnen vermittelt, dass Politik lustvoll und elitär sein kann. Mit seinem allzeit adretten Auftritt, seiner permanenten Kameratauglichkeit inszenierte er sich zum Übermenschen.[30] Und auf dem Broadway in New York breitete er wie ein Erlöser die Arme weit aus. Eine Geste, die verkünden sollte: »Kommt her zu mir alle, die ihr mühselig und beladen seid.« Selbst das Foto dieser Geste strahlt es noch aus: »Seht her, ich bin der, auf den ihr gewartet habt!« Erfolgreich wird so eine Show aber erst durch das Publikum, durch Claqueure, die ihren Helden den Star-Status zuerkennen.

Nur wer genauer hinschaute, konnte Brüche in der Performance bemerken. Sein Umgang mit den fachlich geschätzten und lang gedienten Mitarbeitern Generalinspekteur Wolfgang Schneiderhan und Staatssekretär Peter Wichert, Ende 2009 bei der Beurteilung des Bombardements eines Tanklasters in Kunduz, war schofelig. Obwohl er den beiden in Bezug auf die heikle Angelegenheit sogar schriftlich Diskretion und Wohlwollen zugesichert hatte, diskreditierte er sie anschließend, nachdem der Vorfall ein Politikum geworden war, in der Öffentlichkeit und monierte im Fernsehen, er sei belogen und ihm seien Unterlagen vorenthalten worden. Mit der Entscheidung, beide zu entlassen, wirkte er wie ein Minister, der nach Gutsherrenart agiert und Bauernopfer macht, statt selbst Verantwortung zu übernehmen.

Eine Tendenz zur Unaufrichtigkeit ließ sich auch darin erkennen, dass er diverse Praktika, sei es beim Axel-Springer-Verlag oder in Anwaltskanzleien, großzügig als berufliche Stationen extrapoliert hatte. Dabei hätte er das als Spross eines Adelsgeschlechts mit besten Beziehungen und viel Besitz (Ländereien, Wälder und diverse Wirtschaftshöfe) gar nicht nötig gehabt. Was also lief schief in der Entwicklung des Jungen, dass er meinte, übertreiben und aufbauschen zu müssen?

Eine Erklärung könnte die Scheidung der Eltern sein, als Guttenberg sechs Jahre alt war. Die Mutter verließ die Familie, weil sie sich für einen neuen Mann und ein anderes Leben entschieden hatte. Man darf vermuten, dass dies eine schwere Enttäuschung und Kränkung für den Jungen war. Die Trennung und damit fehlende Liebe, das Defizit an mütterlicher Zuneigung haben vermutlich dazu geführt, dass er ein übersteigertes Glanzbedürfnis entwickelte, um von außen Zuwendung zu bekommen für sein innerlich verunsichertes Ich. Nach dem Weggang der Mutter wird der kleine Karl-Theodor vom Vater – ein berühmter Dirigent und politisch denkender Mensch, »der Ökologie und Oratorien zur Botschaft vereinen möchte«[31] – allein und streng nach den alten Adelsprinzipien erzogen. Es ist eine Kindheit voller Gebote und Rollenerwartungen. Er muss beste Manieren pflegen und lernt, in jedweder Gesellschaft stilsicher aufzutreten, allzeit kontrolliert zu sein. Der Tagesablauf ist eisern geregelt, Freiräume gibt es kaum. Seine herausgehobene soziale Stellung konnte er somit wohl kaum genießen, vielmehr erlebte er die Last der Konventionen. Er gründet also nicht nur auf dem Fundament einer jahrhundertealten Familiengeschichte, sie engt ihn auch ein.

Als ältester Sohn wird er zudem früh in die Pflicht genommen. Wenn am Familiensitz, in Guttenberg, Reden zu halten sind, egal ob Geburtstagsfeier oder Beerdigung, muss der Junge antreten. Dabei lernt er, auch ohne Manuskript Worte und Sätze so aneinanderzureihen, dass die Zuhörer begeistert sind. Anerkennung und Applaus müssen für ihn Alltagsretter geworden sein, die sein trauriges inneres Ich getröstet haben.

Genau in dieser Zeit könnte er ein »falsches Selbst« entwickelt haben. Ein Begriff, den der Pionier der Kinderpsychotherapie Donald Woods Winnicott einführte. Er hatte beobachtet, was bei Kindern passiert, die sich nicht entfalten dürfen, wie es ihnen entspricht, sondern von Anfang an die Vorgaben der Eltern oder ihres Milieus auf Gedeih und Verderb zu erfüllen haben. Ansonsten drohen Liebesentzug und Strafe.

Guttenberg hatte einen ausgeprägten Instinkt dafür, sofort zu spüren, was die Leute um ihn herum erwarteten, was sie denken, fühlen, hören wollten.[32] Zielsicher erkannte er die Wünsche der Wähler und das Vakuum, das das handelnde politische Personal für ihn frei gelassen hatte. Geschickt bediente er bei seinen Auftritten latent vorhandene Restsehnsüchte nach einer Monarchenfigur, indem er – ganz Aristokrat – eine »höfisch-galante Staatskunst« praktizierte. Im Gegensatz zum Bürger übte er nicht nur einen Beruf aus, seine Tätigkeit diente vielmehr der Selbstdarstellung.[33]

Der Aufstieg zum Bundeskuchenminister und Piraten, die Parlamente kapern

Doch Guttenberg kannte auch die Gesten der Bescheidenheit. Dass alles einmal ganz schnell vorbei sein könne, darauf verwies er zu einem Zeitpunkt, als sein Absturz keinesfalls absehbar war. Hat er nur kokettiert oder war es eine Vorahnung? Selbst als er von Journalisten schon zum nächsten Kanzler hochgejazzt wurde, sah sich Guttenberg eher auf der ersten Rampe der Achterbahn. Etwas hat ihn sagen lassen: »Ruhm ist doch gar nichts wert. Er kann von einer Sekunde zur anderen weg sein. Und das wird auch mir passieren.«[34]

Es ist ihm passiert. Und Guttenberg wurde zum ersten (aber, so muss man befürchten, vielleicht nicht letzten) Minister in der Geschichte der Bundesrepublik, der über einen mit unlauteren Methoden erworbenen Doktortitel stürzte. Wie ein verwundetes Tier zog er sich daraufhin mit seiner Familie nach Amerika zurück. Im November 2011 wurde schließlich das Verfahren wegen Verdachts auf Verletzung des Urheberrechts durch die Staatsanwaltschaft Hof gegen die Zahlung von 20 000 Euro eingestellt. Guttenberg ist damit nicht vorbestraft. 23 strafrechtlich relevante Urheberrechtsverstöße hatte man zwar ausgemacht, aber der wirtschaftliche Schaden für die Urheber wurde als marginal eingeschätzt.

Mit zwei Anläufen probierte der einstige Politik-Star bislang sein Comeback. Beide Male wurde er aufs Härteste kritisiert und unter die Lupe genommen. Zunächst im Herbst 2011, als er ein Interviewbuch mit dem Chefredakteur der *Zeit* vorstellte. Statt Unrechtsbewusstsein zu zeigen, enthält es viel Selbstmitleid. Zudem attestiert Guttenberg darin seiner CSU, die in der Krise in weiten Teilen zu ihm gestanden hat, recht unverfroren »Verstaubtheit« und seinen politischen Kollegen »ein großes Maß an Unwissenheit«. Die Retourkutsche kam umgehend: Guttenberg habe sich nur mit einem Büßerhemd kostümiert, hieß es, um direkt danach in die Robe des Anklägers zu schlüpfen. Viel besser fielen die Reaktionen auch nicht aus, als ihn EU-Kommissarin Neelie Kroes im Dezember 2011 zu ihrem neuen Internetberater bestellte. Dass ausgerechnet einer, der zu seiner Amtszeit Gesetze mitgetragen hat, mit denen die digitale Freiheit eingeschränkt wird, zum Freiheitskämpfer für das Netz werden soll, will ihm kaum einer zugestehen. Und dann auch noch einer, der durch die Arbeit vieler Freiwilliger im Internet als Plagiator entlarvt wurde. Vorläufiger Höhepunkt seiner Wiederaufstehversuche in Deutschland wurde ein Treffen mit einem Internet-Aktivisten in einem Café in Berlin im Februar 2012, wo sich Guttenberg in seiner neuen Funktion in Sachen Internet-Freiheit schlau machen wollte. Er wurde Opfer einer Tortenattacke durch die Anhänger der »Hedonistischen Internationale«. Doch zu Guttenberg, ganz fränkische Wettertanne, nahm es gelassen und schleckte sich Gesicht und Finger ab. Ebenso gelassen nahm er die nachfolgende Hacker-Aktion auf seinen Webseiten. Dort wurde er kurzerhand zum »Bundeskuchenminister« gekürt, und auf der Startseite war stundenlang eine Fotomontage zu sehen, die den jungen Politiker mit einer rosaroten Torte als »Kopfschmuck« zeigte. Darunter war zu lesen: »Mit Freude geben wir bekannt, dass Karl-Theodor zu Guttenberg am heutigen Tag zum Bundeskuchenminister ernannt wurde. In seiner Antrittsrede betonte er: ›Ich werde dies mit all meinem Wissen und Gewissen ausüben und stehe den neuen Aufgaben positiv gegenüber, welche mich begleiten werden. Als Bundeskuchenminister ist es meine Aufgabe, die Kuchengesetze der Bundesrepublik Deutschland zu wahren und dafür zu sorgen, dass wir auch weiterhin in Frieden essen können.‹«[35]

Er freue sich über diesen unerwarteten »Karrieresprung«, soll der einstige CSU-Hoffnungsträger dazu angemerkt haben. Es ist in der Tat nicht ausgeschlossen, dass zu Guttenberg durch seine Erfahrungen zu einer Persönlichkeit heranreift, die unbequeme Wahrheiten aushalten kann.

Ansonsten liegt die Verantwortung bei uns, in Bezug auf unsere Politiker zu entscheiden, was wir als glaubwürdig akzeptieren wollen. Die Sehnsucht nach einem so ganz anderen Auftritt existiert immer noch und mündet derzeit in der Begeisterung für die Piraten. Die konventionellen Politikkommentatoren verweisen hier zwar unisono auf die fehlenden Inhalte, aber vielleicht geht es dem Wähler gar nicht mehr darum. Außer dass die Piraten als Freibeuter der Meere eine wunderbare Projcktionsfläche bieten, geht es den Wählern vielleicht derzeit vor allem um Authentizität und Ehrlichkeit. Die Bürger sind über die Jahre misstrauisch geworden. Mit den Piraten drückt sich der Wunsch nach einer Politik aus, die transparent, wahrhaftig und prozessual ist, die eine »Digitale Demokratie« verkörpert, sozusagen »Politik zum Mitklicken«.[36] Und die Wähler sind bei Weitem nicht nur Internet-Nerds. Wer die Piraten ankreuzt, ist überdurchschnittlich liberal eingestellt, intellektuell und – jetzt kommt's: werteorientiert! Wer wie FDP-Generalsekretär Patrick Döring dagegen in Bezug auf die neuen Eroberer der Parlamente das Schreckgespenst einer »Tyrannei der Masse« an die Wand malt und eine »Ochlokratie« – eine Herrschaft des Pöbels – heraufbeschwört, greift in seiner Bewertung sicher zu kurz und ist zudem ein schlechter Verlierer. Ein Programmierer twitterte schon im Juni 2009: »Ihr werdet euch noch wünschen, wir wären politikverdrossen.«[37]

Die Bürger jedenfalls werden aufmüpfig, nicht nur bei »Stuttgart 21«. Sie demonstrieren mit erhobenen Schuhen, die tiefste Verachtung ausdrücken, auf der Straße oder mit Vuvuzelas vor dem Bundespräsidialamt zum als falsch empfundenen Abschiedskonzert. Aufgeklärte Wähler wollen weder Bomben für den Frieden noch, dass Lügen zur Wahrheit umetikettiert werden.

Mit Lügen Fraß verkaufen:
Über Essen, das schön, schlank
und schlau macht

Wir erwarten, dass wir in Supermärkten oder Bioläden Produkte vorfinden, die uns nicht schaden oder gar krank machen, vor allem, wenn uns Werbebotschaften extra mit Gesundheitsversprechen locken. Verbraucher müssen darauf vertrauen, dass sie kaufen, was auf der Verpackung steht, und nicht Schlachtabfälle in Gummibärchen oder Joghurtaroma aus Holzabfällen. Doch die Lüge gehört zum Geschäft. Gewinnstreben ist der Maßstab für alles. Herauskommen minderwertige Waren, die uns als hochwertig angeboten werden. Die Lebensmittelbranche arbeitet mit so unglaublichem Etikettenschwindel, dass die Verbraucher auf die Barrikaden steigen müssten. Die Politik wird es jedenfalls nicht richten.

Den Fernseher können wir ausschalten. Politiker können wir abwählen. Aber essen und trinken müssen wir, und wenn wir krank sind, brauchen wir den Arzt und Medizin. Ernährung und Gesundheit sind die zwei Bereiche des Lebens, in denen wir besonders darauf angewiesen sind zu vertrauen. Wird dieses Vertrauen missbraucht, sind wir viel existenzieller betroffen als beim Medienkonsum oder Politikverdruss. Wie also sieht es in den Bereichen Nahrung und Gesundheit mit der Liebe zur Wahrheit aus, mit der Ehrlichkeit und Aufrichtigkeit beim Anbieten von Produkten und medizinischen Dienstleistungen? Beginnen wir mit der Ernährung.

Bei der Ernährung sind wir Wohlstandsmenschen ohne Herz

Wenn es um die Ernährung geht, sollten wir uns zunächst bewusst machen, dass wir in Europa Privilegierte sind. Im Vergleich zu fast einer Milliarde anderen Menschen auf der Welt, die hungern müssen, umgibt uns jede Menge Überfluss. Auf der einen Seite hat nahezu jeder siebente Mensch auf der Erde nicht genug zu essen, und jedes Jahr sterben etwa neun Millionen Menschen an Hunger oder Mangelernährung, hauptsächlich Kinder. Auf der anderen Seite schmeißen allein wir Deutschen Millionen von Tonnen an Lebensmitteln in den Müll. Nach aktuellen Untersuchungen des Bundesverbraucherministeriums kommen auf jeden von uns rund 82 Kilo Lebensmittel pro Jahr, die in die Abfalltonne wandern.[1] Wobei klarstellend gesagt werden muss, dass sich diese Durchschnittswerte nicht aus dem tatsächlichen Wegwerfverhalten des einzelnen Bürgers ergeben; weggeworfen wird vor allem von Supermärkten und Bäckereien, die noch bis kurz vor Ladenschluss frische Ware bereithalten müssen und am Ende vernichten, was nicht verkauft werden konnte. Jeder zweite Kopfsalat wird aussortiert, jedes fünfte Brot entsorgt. Essen im Wert von rund 30 Euro im Monat pro Bundesbürger landet im Abfall. Als Spende an die Welthungerhilfe würde diese Geldsumme, von Millionen Bundesbürgern erbracht, locker reichen, um hungernden Kindern viel Leid, ja sogar den Tod zu ersparen.[2]

Das ist die nackte Wahrheit, und dazu gehört auch die Tatsache, dass die Schicksale und Zahlen seit Jahrzehnten bekannt sind. Die Bilder von ausgemergelten Babykörpern laufen zur besten Sendezeit. Dann erschrecken wir kurz und sind betroffen, aber grundsätzlich ändert sich nichts. Mit Blick auf den Hunger in der Welt entlarven wir uns als Wohlstandsmenschen ohne Herz, die sich weigern, der Realität ins Auge zu sehen oder nachhaltig etwas dagegen zu unternehmen. Vielleicht erzielen wir sogar Gewinne aus Spekulationen an der Agrar-Rohstoffbörse, wo auf Kosten ärmerer Länder mit Weizen oder Mais ein Milliardengeschäft gemacht wird.

Der Schweizer Soziologe Jean Ziegler engagiert sich seit Jahren für das Recht auf Nahrung. Im Frühjahr 2011 hatte er eine leidenschaftliche Eröffnungsrede für die Salzburger Festspiele und all die sehr verehrten Damen und Herren dort vorbereitet, die Sommer für Sommer Musik- und Esskultur genießen kommen. Die Rede begann mit folgenden Fakten: »Alle fünf Sekunden verhungert ein Kind unter zehn Jahren. 37 000 Menschen verhungern jeden Tag.« Jean Ziegler wollte vor den Anwesenden, die alle mehr Geld haben, als sie zum Überleben brauchen, über das »tägliche Massaker des Hungers« sprechen, über die »eisige Normalität« und darüber, dass das Kapital immer und überall stärker ist und deshalb ein Aufstand des Gewissens Not tut. Er wurde wieder ausgeladen.[3] Man wollte sich den Hochgenuss des Abends nicht vermiesen lassen.

Tatsache ist: Es gibt genügend Nahrungsmittel, um alle Menschen satt zu machen. »Die Weltlandwirtschaft könnte zwölf Milliarden Menschen normal ernähren, das Doppelte der Weltbevölkerung.«[4] Aber es gibt ein Verteilungsproblem. Schon jetzt, in Zeiten des Überflusses, bekommen wir es nicht hin, weltweit für einen gerechteren Ausgleich zu sorgen. Wie soll das in Zukunft gehen, wenn der Kampf um die Ressourcen noch härter wird, wenn nicht nur sieben Milliarden Menschen versorgt sein wollen, sondern Agrarprodukte und Wasser durch die Klimaveränderungen zu einem knappen Gut werden? Solche Zusammenhänge ignorieren wir zwischen Frühstück und Gänsebraten; sie würden uns den Appetit verderben. Wir verweigern uns der bitteren Realität, wollen sie lieber nicht wahrhaben, wenn wir wohlstandsgenährt an prall gefüllten Büffets vorbeiflanieren und auswählen können, was wir uns auf den Teller packen. Oder wenn wir in vollgestellten Lebensmittelgeschäften einkaufen gehen und uns den Einkaufskorb wieder einmal zu schwer machen, weil vieles so verlockend ist.

Woher auch sollen wir mit unseren satten Bäuchen die Ehrfurcht vor dem Leben der anderen und die Ehrfurcht vor dem Essen nehmen? Taugt dafür die Ausrichtung an einem Glauben, am Humanismus oder an der Moral überhaupt noch? Sind sie noch relevant, wenn allein das Wort »Ehrfurcht« schon fremdartig und verstaubt daherkommt? Nur, wenn schon der Einzelne darin keine Orientierung mehr findet und keine Anleitung für sein Tun, wie soll dann eine ganze Industrie zu einem ethischen Verhalten kommen? Zu einem ethischen Verhalten, das mehr wäre als nur eine Absichtserklärung und mehr als eine Marketingstrategie? Denn die sind in den vergangenen Jahren schick geworden und als Blendwerk in Mode gekommen. Die schöne neue Nachhaltigkeit wurde inflationär bemüht und damit ad absurdum geführt, zum Beispiel durch solche Projekte wie »Saufen für den Regenwald«. Eine Kampagne, bei der die Rettung eines Quadratmeters Regenwald für jeden verkauften Kasten Bier versprochen wurde. Doch während die Brauerei mit Unterstützung des prominenten Werbeträgers Günther Jauch ihren Umsatz innerhalb von nur wenigen Jahren um 40 Prozent steigern konnte, schrumpfte der Regenwald weiter. Ein klarer Fall von bierseliger Volksverdummung, wenn Umweltschutz durch Alkoholkonsum erreicht werden soll.[5]

Nahrung auf Schnäppchenniveau – das hat Folgen

Während auf anderen Erdteilen gehungert wird, begehren wir Nahrung auf Schnäppchenniveau. Die Milch, die Eier, der Käse und das Fleisch – all das soll möglichst billig sein. Deshalb werden Tiere als Nahrungslieferanten kostengünstig gehalten. Hühner, Schweine und Kühe auf engstem Raum eingepfercht und am Fließband geschlachtet. Kein Wunder, dass auch unser Umgang mit Nahrungsmitteln auf Billigniveau sinkt. Dabei vergessen wir: Lebensmittel, die wir für wenig Geld kaufen, können nicht werthaltig sein. Und noch eine Absurdität kommt dazu: Weil das alles vorgeblich Schnäppchen sind, nehmen wir mehr mit, als wir brauchen. Lebensmittel werden so zu wertlosem Überfluss, der alsbald gedankenlos im Abfall landet. Doch genau das nützt der Billigindustrie, die ständig neuen Umsatz mit uns machen will. Die Billigheimer freuen sich, wenn wir wiederkommen und der Kreislauf von vorn beginnt.

Statt Klasse gilt – trotz aller Lebensmittelskandale – immer noch Masse, statt »weniger und besser« gilt immer noch »mehr und dabei schlechter«. Und hier zeigt sich das Verlogene und Falsche: Wir müssen zwar in der Regel nicht hungern, aber wir essen uns krank. Wir haben zwar Lebensmittel in Hülle und Fülle, aber das heißt noch lange nicht, dass sie helfen, unser Leben gesund zu erhalten. Ernährungsbedingte Krankheiten verursachen allein bei uns in Deutschland Kosten in Höhe von 70 Milliarden Euro pro Jahr. Die meisten Zivilisationskrankheiten sind inzwischen ernährungsbedingt.[6]

Natürlich ist erst einmal jeder Einzelne dafür verantwortlich, wie er sich ernährt und lebt, und kann nicht mit Ess-Verboten zu seinem Glück gezwungen werden. Dennoch schafft die Industrie die Voraussetzungen für die vielfältigen ernährungsbedingten Krankheiten (wie sie übrigens auch für die Umweltschäden infolge der Massentierhaltung und ähnliche Nachwirkungen der Intensivnutzung verantwortlich ist). Die Verbraucher jedoch werden darüber getäuscht, was tatsächlich in der Nahrung enthalten ist. Es wird verschwiegen, dass mit ungesunden, sogar vergammelten oder giftigen Nahrungsbestandteilen gearbeitet wird. Pestizidverseuchtes Obst und Gemüse, Klebefleisch oder Dioxin-Eier sind nur ein paar prägnante Beispiele, die zeigen, wie Ekliges als Nahrung an Mann, Frau und Kind gebracht wird. Selbstverständlich mit tollen Etiketten getarnt und aufgepeppt. Das Gleiche gilt für den massenhaften Einsatz von Zucker und Fett.

Der systematische Betrug am Verbraucher – es wird getrickst, gelogen und manipuliert

Übergewicht und Fettleibigkeit haben im 21. Jahrhundert epidemisches Ausmaß angenommen. Jeder zweite Deutsche ist inzwischen zu dick. Es heißt sogar, dass es inzwischen weltweit mehr Dicke als Hungernde geben soll, wobei beides belegt, in welcher Schieflage wir uns befinden. Europaweit wird mit 60 Prozent der Erwachsenen und bereits 20 Prozent der Schulkinder gerechnet, die viel zu viele Kilo auf die Waage bringen. Die Folgen sind Diabetes, Bluthochdruck, Gelenkverschleiß und Herzerkrankungen.

Noch immer gilt zwar: Du bist, was du isst. Aber die Ursache für die weitverbreitete Fettleibigkeit ist zumeist nicht, dass generell zu viel in sich hineingestopft wird. Das Problem ist: Unsere Nahrungsmittel enthalten neben zu viel Salz, das uns schadet, viel zu viel Zucker und oft auch zu viel Fett, was aber nicht als knalliger Warnhinweis auf der Verpackung steht. Dort finden sich ganz andere, uns täuschende Botschaften. Da werden Dickmacher angepriesen als gesunde Mahlzeit für zwischendurch, als Wachstumshilfe oder als fit machender Pausensnack. Das Ganze unterstützt und beworben von Profisportlern oder Sportinstituten, die in diesem Zusammenhang erstklassige Belege für die Gesundheits- und Fitnesswirkung liefern sollen. Doch auch wenn Schoko-Brotaufstrich oder süßes Dessert nachweislich weder schlank noch sportlich machen, sondern eher das Entgegengesetzte bewirken, werden ausgerechnet diese Produkte mit dem Zugang zu Fußballhelden oder Sportclubs präsentiert. Egal ob leckere Kinderspeise oder die nach Vollkorngesundheit klingenden Müsli- oder Schokoriegel, die angeblich ganz viel Milch oder Obst enthalten: Meist sind sie nichts anderes als Zuckerbomben, angereichert mit viel Fett auf dem Kalorienniveau von Sahnetorten. Was übrigens auch für die meisten Bioriegel oder Cornflakes gilt, mit denen wir fälschlicherweise gesunde Mahlzeiten assoziieren. Ob bio oder konventionell: Nahezu 96 Prozent der Frühstücksflocken bestehen bis zu 50 Prozent aus Zucker. Und selbst im Bioladen locken heutzutage industriell hergestellte Tütensuppen und Fertignahrung.[7]

Man könnte es locker nehmen und sich an den Spruch halten: Es gibt Menschen, denen ist die Wahrheit so kostbar, dass sie nur sehr sparsam von ihr Gebrauch machen. Doch gilt das auch für die Herstellerindustrie? Ein kurzer Streifzug durch die Regale im Supermarkt zeigt, dass insbesondere Eltern und Kinder eine heiß begehrte Zielgruppe für Mogelpackungen sind. Ernährungsberater weisen regelmäßig darauf hin, dass Nahrungsmittel für »Minis und Kleine« weder notwendig noch besonders hochwertig sind, doch die Industrie hat »Gespenstersuppen« oder »Lausemaussalami« als Kaufknüller und somit Wachstumsmarkt für sich entdeckt. Da wird mit Comic-Sammelfiguren zum Einkauf herausgefordert oder aber mit Tattoos zum Aufkleben verführt. Überall sind Kinder und Jugendliche heutzutage der Reklame ausgesetzt. Nicht nur auf den Verpackungen oder durch Werbespots im Kino, Fernsehen oder Radio, vor allem auch übers Internet. Geschickt wirbt die Industrie in den sozialen Netzwerken oder über Smartphone-Apps für ihre Produkte. So hat das Werbebudget für Kinder in den vergangenen Jahren stetig zugenommen, obwohl Lebensmittel eigentlich Lebensmittel und keine Spielzeuge oder Spaßmacher sind. Das Forschungsinstitut für Kinderernährung zählt inzwischen 12000 Produkte speziell für Kinder, von der »Sandmännchenwiener« bis zur »Bärchenschlauwurst«. Das Werbebudget für Süßwaren und Schokolade lag 2011 bei rund 700 Millionen Euro, das für Früchte und Gemüse nur bei rund sieben Millionen Euro. Das zeigt deutlich, mit welchen Produkten sich am meisten Geld verdienen lässt. Hat schon mal ein Hersteller darüber nachgedacht, das ganze Werbegeld statt in teure Kampagnen oder Stars lieber in die Qualität der Produkte zu stecken? Und wäre das tatsächlich hilfreich, oder stehen wir Verbraucher so sehr auf den schönen Schein, dass wir nahrhaftere Produkte in nüchternem Packpapier weniger gern kaufen würden? Es macht nachdenklich, wenn zu lesen ist, dass der Süßwarenhersteller Katjes seinen Umsatz innerhalb von nur zwei Jahren um 30 Prozent steigern konnte, nachdem Topmodel Heidi Klum sich die Joghurt-Gums im Werbespot zum Nägellackieren zwischen die Zehen gesteckt hatte.[8]

Dabei sind die Tricks und Kniffe der Marketingfachleute schnell durchschaut. Es geht darum, die Waren – egal ob Süßes oder Saures – mit Bedeutung und Image aufzuladen. Deshalb werden Lebensmittel für Kinder nicht nur als Essen und Trinken angeboten, sondern als Voraussetzung für den Zugang zu Sport, Spiel und Abenteuer. Nicht die Nahrung ist wichtig, die kann auch weggeworfen werden, sondern die Teilhabe an Erlebnis und Spaß. So will man mit den Jüngsten und vor allem ihren Eltern Geschäfte machen, bei denen die Fürsorglichkeit der Eltern, die Tatsache, dass Mütter und Väter natürlich das Beste für ihren Nachwuchs wollen, schamlos ausgenutzt wird. Das »extra für Kinder« bedeutet in Wirklichkeit aber vor allem wieder eines: extra viel Zucker und extra viel Fett, was aber nicht offen und ehrlich angesprochen, sondern verschleiert wird.

Produkte wie die Milchschnitte, die im Jahr 2011 zur dreistesten Werbelüge gekürt worden ist, enthalten neben dem Milchpulver sensationelle 60 Prozent Zucker und Fett. Dieses Jahr erlangten die Granulat-Tees von Hipp diese zweifelhafte Ehre. Die Firma wirbt mit »kindgerecht« und »gesund«, obwohl die Instant-Tees zweieinhalb Stück Würfelzucker pro Tasse enthalten.[9] Und auch eine Yogurette ist alles andere als »leicht«. Sie besteht neben ein wenig Erdbeerpulver vor allem wieder aus 50 Prozent Zucker und 35 Prozent Fett und hat damit mehr Kalorien als eine herkömmliche Vollmilchschokolade.[10] Nach einer EU-Verordnung dürfen zwar inzwischen nur noch Produkte mit dem Begriff »leicht« beworben werden, wenn sie tatsächlich 30 Prozent weniger Kalorien enthalten als vergleichbare Produkte, wogegen der »joghurt-leicht«-Slogan eindeutig verstößt. Aber wie so oft bei den Regulierungsversuchen auf politischer Ebene steckt der Teufel im Detail. Für Marken, die schon vor 2005 im Handel waren, gilt ab 2007 eine Übergangsfrist von 15 Jahren. Was bedeutet, dass die Leichtigkeit suggerierende rosarote Joghurtschokolade noch bis 2022 als angebliches Leicht-Produkt unter den Süßwaren werben darf. So etwas nennt man erfolgreiche Lobbyarbeit.

Ähnliche Täuschungsmanöver finden sich auch bei den fettarmen Desserts, die nur den Anschein erwecken, »natürlich leicht« – zum Beispiel »durch Buttermilch« – zu sein. Mit 91 Kilokalorien pro 100 Gramm ist ein derartiges Produkt der Firma Müller bei Weitem nicht kalorienärmer als vergleichbare andere Fruchtjoghurts.[11] Auch bei vielen Durstlöschern, Softdrinks oder Limonaden ist die Lage nicht besser. Statt der lockenden exotischen Früchte wie Physalis oder Lychee-Guave, die im schönsten Licht inszeniert auf der Vorderseite abgebildet sind, enthalten die Getränke neben Wasser oder Tee kaum Fruchtbestandteile. Dafür aber diverse Aromen und erneut jede Menge Zucker, gemischt mit schädlichen Säuren.

Die Bilanz ist eindeutig: Dickmacher werden ohne Skrupel als »leicht und gesund« verkauft, und man muss gar nicht viel von den angeblich so leichten Produkten essen, um weitere Kilos auf die Waage zu bekommen. Auf Druck von Verbraucherinitiativen und nach jahrelangem Ringen mit der Politik wird zwar eine einheitliche Lebensmittelkennzeichnung in Europa kommen, die Kaloriengehalt und Nährstoffe wie Fett, Zucker, Eiweiß und Salz ausweist. Doch auch hier sind die Übergangsfristen lang. Obligatorisch wird die Kennzeichnung erst in ein paar Jahren, im Dezember 2016. Und ob wir dann im Supermarkt zu Kennzeichnungs-Leseratten werden, ist mehr als fraglich. Tatsache ist, dass wir meist wenig Zeit für den Einkauf haben und unsere Kaufentscheidung schnell treffen wollen. Wir sind also – selbst mit etlichen Kilo Übergewicht – eine leichte Beute für die, die auf der Vorderseite ihrer Produkte mit schönen Bildchen und tollen Sprüchen das Blaue vom Himmel herunter versprechen.

Es gäbe alternative Wege, um dem übermäßigen Gebrauch von Zucker und Fett in Lebensmitteln Grenzen zu setzen. In Ungarn, Dänemark und Frankreich wurde jüngst eine Sonderabgabe eingeführt, um die Hersteller an ihrem wundesten Punkt zu packen: beim Geld. Die derzeitige Bundesregierung und das Ministerium für Ernährung, Landwirtschaft und Verbraucherschutz lehnen aber derartige Strafsteuern für die Produzenten ab. Es heißt, Bewusstseinsbildung und Aufklärungskampagnen seien die wirksameren Maßnahmen. Wer daran glaubt, möge selig werden.

Vielleicht aber wäre die klügste Lösung, statt auf ein Entweder-oder auf ein Sowohl-als-auch zu setzen, denn die Milliardenbeträge, die mit Sonderabgaben für den übermäßigen Gebrauch von Zucker und Fett zu erzielen sind, könnten sehr sinnvoll eingesetzt werden. Zum Beispiel um das Essen in Kindergärten, Schulen und Kantinen wieder qualitativ hochwertiger zu machen.

Die Industrie jedenfalls wird freiwillig auf die Gewinnspannen, die mit Süßem und Fertigprodukten zu erzielen sind und die bei circa 15 Prozent liegen, nicht verzichten. Wer dagegen echtes Obst und Gemüse in seinen Produkten einsetzt, kommt im Vergleich nur auf drei bis sechs Prozent Gewinn. Also gilt: Lieber Abzocke als Gesundheit![12]

So wundert es auch kaum noch, dass das Mixen und Tricksen der Lebensmittelhersteller mit Zucker und Fett bei Weitem nicht aufhört. Statt Obst oder Gemüse kommen mehr als 300 Zusatzstoffe und 6000 Aromen in die Nahrung, die unsere Geschmacksnerven tanzen lassen, tolle Farben in die Lebensmittel zaubern und für angenehme Konsistenzen sorgen, die der Zunge schmeicheln.[13] Aber keiner weiß, welche Nebenwirkungen diese Zusatzstoffe und Geschmacksverstärker mit sich bringen. Aussagekräftige Studien, die die komplexen Faktoren von Ernährung und Gesundheit und Individualität der Konsumenten erfassen, gibt es nicht. Und die Industrie veröffentlicht nur die Ergebnisse, die dem Verkauf der Produkte nützen. Unabhängige Wissenschaftler oder Forschungsprojekte werden kaum finanziert. Welche Allergien oder Unverträglichkeiten wie Übelkeit und Kopfschmerzen auf industriegemixte Lebensmittel zurückzuführen sind, lässt sich deshalb kaum sagen. Tatsache aber ist, die Anzahl von derartigen Erkrankungen steigt. Wie krank uns unsere Ernährung machen kann, hat nicht zuletzt Hans-Ulrich Grimm in seinen Büchern *Die Ernährungslüge* und *Vom Verzehr wird abgeraten* zusammengetragen.[14] Er verweist vor allem auf den »Geschmacksverstärker« Glutamat, der dem Gehirn schadet, weil er Neuronen zerstört. Versteckt wird dieser Zusatz allerdings hinter solchen Bezeichnungen wie »Würze« oder »hydrolysiertes Eiweiß« oder hinter diversen E-Nummern. Und selbst wenn auf einer Lebensmittelpackung »ohne Geschmacksverstärker« steht, wie es oft bei Biolebensmitteln der Fall ist, kann das Produkt trotzdem Glutamat enthalten, als »Hefeextrakt« getarnt. Gravierend ist allerdings auch, dass schon Kinder mit diesen künstlich hergestellten Geschmacksvariationen an bestimmte Hersteller gebunden werden sollen. Sie sollen ein Geschmacksgedächtnis entwickeln, das sie ein Leben lang auf bestimmte Produkte fixiert. Kundenbindung von Kindesbeinen an, das ist der Traum aller Verkäufer.

Auch mit Vitaminen und fragwürdigen Gesundheitsversprechen werden Geschäfte gemacht

Ein weiteres gravierendes Problem ist das Angebot an x-beliebigen Vitaminen, die synthetisch hergestellt und dann den verschiedensten Lebensmitteln hinzugefügt werden, vom Saft bis zum Brotaufstrich. Wobei auch hier die Industrie zunächst erst einmal das Bedürfnis geschaffen hat, um im

Anschluss daran Riesengewinne zu machen. Kampagnenartig wurde uns Verbrauchern mithilfe von gefälligen Ärzten und Wissenschaftlern – sogenannten Mietmäulern – eingeredet, wir würden zusätzliche Vitamine brauchen. Und seitdem gaukeln uns vitaminreiche Lebensmittel vor, dass sie gut für uns seien. Vor allem sollen sie unser schlechtes Gewissen entlasten, wenn wir wieder einmal über die Stränge geschlagen haben, wenn der Stress oder der Zigaretten- und Alkoholkonsum zu belastend waren. Aber künstlich zugesetzte Vitamine sind alles andere als harmlos: Die Einnahme von Multivitaminpräparaten erhöht das Allergierisiko. Überdosierungen mit Vitamin D während der Schwangerschaft können zu Schäden beim Kind führen, »zu körperlicher und geistiger Behinderung, Herzfehlern … Augenschäden«.[15] Dennoch wird inzwischen auch die Nahrung für die Kleinsten »durchvitaminisiert«, vom Babybrei bis zum Milchgetränk. Es gibt sogar Studien aus den USA, die zeigen, dass die Sterblichkeit bei Menschen, die regelmäßig Vitamine einnahmen, um fünf Prozent höher ist als bei den Vergleichspersonen. Nahrung, auch Kindernahrung, wird so zum Gesundheitsrisiko; zumal heutzutage so vielen Produkten Vitamine zugesetzt werden, dass wir allein durch den Verzehr verschiedener vitaminisierter Produkte eine Überdosis bekommen.[16]

Jeder seriöse Ernährungsfachmann wird bestätigen, dass eine abwechslungsreiche Ernährung mit Produkten möglichst aus der Region und aus der jeweiligen Saison völlig ausreichend ist, um dem Körper alle wichtigen Vitamine und Mineralien zuzuführen. Zudem sind die Vitamine und Mineralien, die in den natürlichen Lebensmitteln enthalten sind, für uns Menschen tatsächlich nützlich, weil unser Körper nach all den Jahrhunderten der Evolution auf deren Verarbeitung eingestellt ist. Künstlich hergestellte und in alle möglichen Produkte integrierte Vitamine, die uns schöngeredet und angepriesen werden, sind dagegen im besten Fall nutzlos und rausgeworfenes Geld.

Doch längst hat die Lebensmittelbranche das gewinnträchtige Thema »Gesundheit und Wellness« im großen Stil für sich entdeckt, wobei die Bereiche Nahrung und Pharma mehr und mehr miteinander verschmelzen. Ohne vollmundige Verheißungen auf den Verpackungen geht heute gar nichts mehr. Die Versprechen sind gigantisch. Da werden angeblich: der Cholesterinwert gesenkt, die Abwehrkraft gestärkt, die Konzentration gefördert und das Herz gesund. Das Darmwohlgefühl soll sich verbessern und die Verdauung wird reguliert. Infektionen können vermieden und Knochen robust werden. Selbst Schokolade wirbt damit, dass sie die Entwicklung fördern würde. Tatsache aber ist: Derartige Produkte sind zum Teil viermal so teuer wie die, die schlicht als Margarine, Joghurt oder Saft daherkommen.

Erneut aber reicht es nicht, dass ein Lebensmittel schlicht ein Lebensmittel ist oder ein Tee ein Tee aus Kräutern oder roten Früchten. Wieder wollen sie allesamt mehr sein und mehr bewirken. So werden Nahrungsmittel – ähnlich wie jüngst noch ein Herr zu Guttenberg – zu Heilsbringern gegen das ein oder andere Volkswehwehchen hochstilisiert. Essen wird zur Medizin, die angeblich gesund, schlau und schlank macht. Und dem Verbraucher leuchtet ein, dass in unserer auf Effizienz und Nutzwert getrimmten Zeit auch Lebensmittel mehr sein müssen als schnöde Nahrung. Beim Verzehr muss ein Zusatznutzen herauskommen. Deshalb bietet allein das Teesortiment von der wahren Liebe bis zur puren Lust alles an, was das Herz begehrt. Wenn das Ganze nicht so ernst wäre, müsste man in Anbetracht all der Verheißungen, die uns aus der Tiefkühltruhe oder vom Regalbrett aus ins Auge springen, tatsächlich lachen. Das zumindest wäre in der Tat gesund.

Um den Wildwuchs mit derartigen Gesundheitsversprechen einzudämmen, hat die EU in den letzten Jahren reagiert. Zunächst wurden die rund 44 000 gesundheitsbezogenen Werbesprüche zu rund 4600 »Health-Claims«, sogenannten Gesundheitsbehauptungen, zusammengefasst. Von denen wiederum mussten bislang 75 Prozent abgewiesen werden, weil es keinen wissenschaftlichen Nachweis für den behaupteten gesundheitlichen Zusammenhang gibt. Im Mai 2012 hat die Europäische Kommission dann eine Liste mit 222 zulässigen gesundheitsbezogenen Werbeaussagen für Lebensmittel veröffentlicht, wonach Angaben wie »Calcium ist gut für gesunde Knochen und Vitamin C für das Immunsystem« erlaubt werden. Aber etliche andere Zulassungsverfahren laufen noch, und auch die Prüfung von rund 2000 Gesundheitsangaben zu pflanzlichen Stoffen wie zum Beispiel Soja oder Artischocke steht noch aus. Es bleibt also weiterhin viel Unklarheit und Verwirrung für die Verbraucher.[17] Dabei könnte es sich die Politik viel leichter machen. Wer mit Nahrung als Gesundmacher wirbt, für den könnten schlicht dieselben strengen Kriterien gelten wie für die Arzneimittelbranche.

Zudem ist die Industrie, nachdem sie gemerkt hat, dass die Kriterien für Gesundheitsversprechen verschärft werden, bereits ein paar Schritte weiter. Während man bei der EU weiterhin prüft, was in Zukunft noch haltbar ist, weichen die Marketingstrategen nunmehr auf Wohlfühlaussagen aus. Dann senkt die Margarine eben nicht mehr den Cholesterinspiegel oder stärkt das Herz, sondern auf der Verpackung steht so etwas wie: »Damit sich Ihr Herz freut!« oder »Für Ihr Wohlbefinden!«. Das ist unverfänglicher als Gesundheitsaussagen, aber erneut nur heiße Luft, die Geld kostet.

Es empfiehlt sich also, beim Einkauf einen klaren Kopf zu bewahren und die einfache Regel zu beherzigen, dass, wer Probleme mit der Verdauung, dem Cholesterin oder dem Herzen hat, zum Arzt gehen sollte und nicht in den Supermarkt. Denn tatsächlich enthält zum Beispiel die Margarine, die mit dem Senken des Cholesterinspiegels wirbt, Pflanzensterine in hoch konzentrierter Form, die in Verdacht stehen, genauso wie Medikamente Nebenwirkungen zu haben und das Risiko für schädliche Gefäßerkrankungen zu erhöhen. Noch bedenklicher wird es, wenn gesunde Kinder oder andere Personen, die gar keinen erhöhten Cholesterinspiegel haben, diese Margarine verzehren. Die Deutsche Herzstiftung rät deshalb eindeutig vom Verzehr von Pflanzensterinen ab. Auch das Bundesamt für Risikoforschung ist in einer aktuellen Bewertung zu dem Schluss gekommen, dass ernsthafte Zweifel an der Sicherheit bestehen. Ob aber diese Margarine jemals vom Markt verschwindet und wie lange das noch dauert, kann der geneigte Leser beim nächsten Einkauf erkunden. Während des Schreibens am Buch lag sie noch in den Supermärkten.

Bei den Gesundheitsversprechen der Industrienahrung zeigt sich eindeutig: Gesundheitsbewusste Ernährung wird mit diesen Produkten lediglich simuliert. Durch künstliche Ersatz- und Zusatzstoffe, die von Lebensmittelchemikern und Mikrobiologen in Speziallaboren kreiert werden, sind industriell hergestellte Nahrungsmittel inzwischen Hightechprodukte und so unnatürlich wie selten zuvor. Welche komplexen Wirkungen damit in unserem Körper verbunden sind, kann keiner sagen. Konzerne wie Nestlé, Unilever oder Danone sind an Aufklärung auch nicht interessiert, für sie geht es um ein Milliardengeschäft.

Wer aber tatsächlich über die Nahrung etwas für seine Gesundheit tun will, der kann sich getrost an das halten, was die Natur zu bieten hat. Zum Beispiel haben sich getrocknete Apfelringe als Cholesterinblocker erwiesen, und besonders gesund sollen auch Brokkoli und Mandarinen, Walnüsse und Mandeln oder die Gewürze Ingwer, Basilikum, Rosmarin, Oregano oder Kurkuma sein. Und natürlich auch Fisch, zumindest dann, wenn er nicht zu sehr mit Schwermetallen belastet ist. Es gibt also genügend Alternativen zu den industriell hergestellten Lebensmitteln, die nicht nur unserer Gesundheit guttun, sondern zugleich die Tiere und die Umwelt weniger belasten, weil der Produktionsprozess naturnah ist.

Gewinnmaximierung mit Schlachtabfällen und Dioxin-Eiern

»Wer die Wahrheit nicht weiß, ist ein Dummkopf. Aber wer sie weiß und sie eine Lüge nennt, der ist ein Verbrecher.« Dieses Zitat stammt von Bertolt Brecht. So mancher Verteidigungsfeldzug der Ernährungsbranche scheint damit hinreichend charakterisiert. Manche Verhaltensweisen in der Nahrungsmittelbranche sind schlichtweg kriminell und treiben uns in regelmäßigen Abständen Ekel und Abscheu in die Magengrube. Da werden überlagerte Waren umetikettiert, oder Gammelfleisch wird so verarbeitet, dass wir erst an den Bauchschmerzen nach dem Verzehr merken, dass etwas mit dem Gulasch, der Wurst oder dem Döner nicht in Ordnung war. 16 Millionen Tonnen Fleischabfälle werden pro Jahr unkontrolliert kreuz und quer durch Europa gekarrt.[18] Fleischabfälle, mit denen das Mehrfache von dem verdient werden kann, was man mit Frischfleisch erzielen würde. Es geht um Gewinnspannen von bis zu 1000 Prozent. Bei 16 Millionen Tonnen pro Jahr kann es sich nicht nur um ein paar Einzeltäter handeln, denen es egal ist, ob uns Schlachtabfälle untergejubelt werden. Auch die letzten Zahlen aus dem Bundesministerium für Verbraucherschutz und Lebensmittelsicherheit vom Oktober 2011 belegen, dass trotz aller Skandale und trotz aller Empörung immer noch 26 Prozent der Lebensmittelbetriebe, die im Jahr 2010 kontrolliert wurden, beanstandet werden mussten, also fast jeder vierte.

Weil gigantische Gewinne locken, laufen solche Drecksgeschäfte weiter, selbst wenn immer wieder jemand erwischt und vielleicht sogar bestraft wird. Drecksgeschäfte wie auch die mit den dioxinverseuchten Futtermitteln. Auch hier ist Geldgier die Ursache: Weil die Futtermittel bei der Mast der wichtigste Kostenfaktor sind, wird das Tierfutter aus Abfällen jeder Art billigst hergestellt. Drecksgeschäfte gibt es aber auch im Bereich der Grundnahrungsmittel, wie der Fall der

Industriebäckerei Müller beispielhaft zeigte. Dort wurden im Februar 2012 zum wiederholten Mal Mäusekot und Kakerlaken im Produktionsbereich gefunden. Inzwischen hat Müller die Produktion eingestellt.

Das Verbraucherinformationsgesetz wurde zwar in diesem Jahr zugunsten der Verbraucher geändert. Nun ist es zumindest möglich, mehr und bis zu einem gewissen Punkt auch kostenfrei Auskünfte zu erhalten zur Herkunft von Produkten, zu Kontrollen und Gesetzesverstößen. Aber es ist wohl eher ein Tropfen auf dem heißen Stein verglichen mit dem, was hinter den Türen von Fabrikhallen, Produktionsfirmen und Gaststätten passiert.

Ein Verbrechen an den Tieren ist allein schon die unwürdige Massentierhaltung. Doch damit nicht genug, dazu kommt der massenhafte Einsatz von Antibiotika. 900 Tonnen davon werden jedes Jahr in Deutschland in der Viehzucht verbraucht. Als Nordrhein-Westfalen im Jahr 2011 als erstes Bundesland den Einsatz von Antibiotika in Hühnerställen systematisch überprüfte, hatten 96 Prozent aller Tiere unterschiedlichste Antibiotika bekommen. Mit dramatischen Folgen: Zum einen nehmen wir über das Essen diese Medikamente unfreiwillig und völlig unnötigerweise auf. Zum anderen führt dieser gigantische Einsatz von Arzneimitteln in der Tierhaltung bereits jetzt zur Verbreitung von antibiotikaresistenten Bakterien, sogenannten Killerkeimen, gegen die es kaum eine Gegenwehr gibt. Selbst die Weltgesundheitsorganisation warnt vor einer medizinischen Katastrophe, die uns bevorstehen könnte, weil wir verantwortungslos mit diesem Wundermittel der Medizin umgehen. Doch auch dazu finden sich keine Hinweise auf der Verpackung. Die Tierhalter müssen nichts deklarieren. Und auch die Pharmaindustrie oder die verabreichenden Tierärzte haben kein Interesse daran, denn für sie ist es ein großartiges Geschäft, das sie sich kaputt machen würden. Bleiben nur die politisch Verantwortlichen, von denen aber nicht viel mehr als Lippenbekenntnisse zu hören sind oder Ankündigungen von Überprüfungen der Gesetzeslage.[19]

Täuschung und Betrug nehmen im Bereich der Ernährung ein Ausmaß an, über das man an dieser Stelle gar nicht umfassend schreiben kann. Aber allein schon bei den punktuellen Betrachtungen wird einem schlecht: Wenn es Fleischwaren zu kaufen gibt, die gar kein Fleisch mehr sind, sondern preiswertes Klebe-Fleisch. Oder wenn Analog-Käse in den Kühlregalen auf den Verkauf wartet, der nicht mehr aus Milch, sondern billigst aus Pflanzenfett gewonnen wird und gern die Pizzen dekoriert. Oder aber Garnelen-Imitat, das nicht etwa aus Garnelen hergestellt wird, sondern aus Fischeiweiß. Alles manipulierte Essensangebote, die mit ihren natürlichen Vorfahren nicht mehr viel gemein haben und die nur aus einem einzigen Grund existieren: Weil sie Kosten sparen und die Gewinne in die Höhe treiben. Die Liste der Mogelpackungen ist lang, und ständig gibt es neue Kandidaten.

So tauchte auch in der Endphase der Recherche zu diesem Buch die folgende Meldung auf, weil »foodwatch« erneut fündig geworden war: Bei der Edeka-Tochter »Netto« wurde unter der Eigenmarke »Viva Vital« und mit dem Hinweis »30 Prozent weniger Fett« gestrecktes Hackfleisch verkauft, »eine Pampe aus Wasser, Weizeneiweiß und Mehl«. Tatsächlich bestand diese *Zubereitung aus Hackfleisch* (man muss eben genau lesen!) aus 30 Prozent weniger Fleisch, das durch gefärbtes, schnittfest gemachtes Wasser ersetzt wurde. Damit nicht genug, das Produkt war auch noch 30 Prozent teurer als das reine Hackfleisch von Netto. »Nie war so wenig Fleisch im Hack, nie war schnittfestes Wasser so teuer«, erklärte »foodwatch« mit Blick auf die »fleischähnliche Konsistenz« mit »fleischähnlicher Farbe«.[20]

Wer sich aktuell kundig machen will, findet inzwischen die größten Übeltäter mit ein paar Klicks bei etlichen Aufklärungsportalen im Internet. Denn viel zu lange und viel zu oft hat die Politik hier auf freiwillige Selbstverpflichtungen der Industrie gesetzt. Es brauchte solche Initiativen wie »foodwatch«, also engagierte Verbraucher, um den Konzernen die Grenzen aufzuzeigen und das Schlimmste zu verhindern. Auch die Verbraucherzentralen und -organisationen helfen, Transparenz zu schaffen. Bereits jeder dritte Befragte gibt an, Verbraucherportale im Internet zu kennen.[21] Am meisten genutzt wird derzeit »foodwatch.de«, das Portal der Organisation, die sich durch Vereinsmitglieder und Spenden trägt. Gefolgt von »Lebensmittelklarheit.de« – einer Seite, die vom Bundesministerium für Ernährung, Landwirtschaft und Verbraucherschutz finanziert und von der Verbraucherzentrale Hessen betrieben wird. Darüber hinaus gibt es noch »Lebensmittelwarnung.de«, eine Seite der Bundesländer und des Bundesamtes für Verbraucherschutz und Lebensmittelsicherheit – um nur drei zu nennen.

Die zuständigen Ministerien oder Behörden könnten allerdings neben diesen Aufklärungsaktionen auch schärfere Gesetze oder Verbote in die Wege leiten, die uns Verbraucher besser schützen würden, und vor allem bevor der Schaden eintritt und bevor gesundheitsgefährdende Produkte in unseren Einkaufstüten landen. Meist bleibt es jedoch bei Aktionsplänen und Maßnahmenkatalogen. Kontrollen gibt es zu wenige, und die möglichen Sanktionen schrecken bislang nicht wirklich ab.

»Fälschung statt Wahrheit« – das ist allzu oft die Strategie der Lebensmittelkonzerne, um weiter hohe Umsätze zu machen. Denn sie stoßen an ihre Wachstumsgrenzen. Mehr als essen, bis wir satt sind, können wir nämlich nicht. Seit der Erfindung der Tiefkühl- oder Mikrowellenkost gab es in der Ernährungsbranche keine echten Innovationen mehr. Und so versuchen die Hersteller, uns mit milliardenschweren Werbekampagnen »Neuheiten« unterzujubeln – Produkte mit zweifelhaftem Zusatznutzen wie: Margarine als Gesundmacher, Marmelade gegen Falten, Schokolade gegen Akne oder Essen als Spielzeug; was letztlich meist genauso verlogen ist wie das Biertrinken für den Regenwald. Täuschung ist zwar laut Lebensmittelgesetz untersagt, aber die Hersteller haben immer wieder Mittel und Wege gefunden, es so geschickt anzugehen, dass sie sich kaum angreifbar machen. Dennoch bleibt der Betrug am Verbraucher auf lange Sicht nicht folgenlos. Lebensmittelproduzenten haben in den letzten Jahren signifikant an Vertrauen verloren, so das Ergebnis einer repräsentativen Umfrage, die jüngst durchgeführt wurde.[22] Die ständigen Skandale haben das Ansehen der Branche ramponiert.

Schon eine alte Volksweisheit sagt: Im Wein liegt Wahrheit, der Schwindel liegt im Etikett. Wir sollten uns nicht dümmer anstellen als unsere Vorfahren, was bedeutet: Es liegt an uns, ob wir aufgeklärte und aufmerksame Konsumenten sind, die sich möglichst informieren, bevor sie konsumieren – oder ob wir uns abspeisen lassen. Essen kann so viel mehr sein, als nur den knurrenden Magen zu stopfen: Genuss und Ausdruck einer ganz persönlichen Kultur und Lebensfreude. Zeit, sich zu besinnen.

Patient oder Profit: Über Ärzte, die als Kaufleute mit Gewinnmaximierung behandeln

Wenn wir krank sind, hoffen wir, dass wir bestens behandelt werden. Als Patienten haben wir keine andere Chance, als uns dem Arzt oder Krankenhaus anzuvertrauen. Doch in unserer durchökonomisierten Welt wird auch die Gesundheitsfürsorge zum Verkaufsgespräch und der Kranke unter kommerziellen Gesichtspunkten betrachtet. Die entscheidenden Fragen bei Diagnose und Therapie sind: Was bringt Geld? Was kostet nur Zeit? Und was nicht abgerechnet werden kann, fällt weg. Derweil macht die Industrie mit Risikolügen und Panikmache Kasse, und die Politik doktert vergeblich am System herum.

Es gibt kaum einen Bereich in Deutschland, der für die Bürger so wenig transparent ist wie die Gesundheitsbranche. Wir müssen darauf vertrauen, dass wir den bestmöglichen ärztlichen Rat und eine bestmögliche Therapie bekommen. Wir sind darauf angewiesen, dass das Versorgungsnetz gut aufgestellt ist und wir nicht beim Facharzt monatelang auf einen Termin warten müssen oder gänzlich abgewiesen werden. Und wir können nur hoffen, dass mit unseren Einzahlungen in das System, die der Versichertengemeinschaft zur Verfügung gestellt werden, gut gewirtschaftet wird. Als Beitragszahler und Patienten haben wir die Fäden nicht in der Hand.

Das Gesundheitswesen wird dabei dirigiert von einer mächtigen Pharma- und Medizinprodukteindustrie und von

Politikern, die sich berufen fühlen, an dem System herumzudoktern. Das Ergebnis von mehreren Jahren »Gesundheitsreform« – deren Namen man an sich schon als Irreführung betrachten könnte, weil sich Gesundheit ja nicht reformieren lässt – ist: Wer heute zum Arzt oder ins Krankenhaus geht, in die Apotheke oder zum alternativen Heiler, muss befürchten, weniger nach medizinischen, sondern vielmehr unter wirtschaftlichen Gesichtspunkten betrachtet zu werden. Nicht das Patientenwohl steht dann im Vordergrund, sondern Betriebsergebnisse und Bilanzen. Fürsorge oder ein einfühlsames Gespräch rechnen sich hier nicht. Wer sich als Arzt zu viel Zeit nimmt, muss mit einer Rüge aus dem Bereich Controlling rechnen. Dennoch konnten trotz aller Gesundheitsreformmaßnahmen solche Symptome wie »ungerechtfertigte Verdienstmöglichkeiten auf Behandlerseite oder durch die Pharmaindustrie« keinesfalls kuriert werden, auch nicht die »sinnlosen Ausgaben für Bürokratie«.

Der Eid des Hippokrates, benannt nach dem griechischen Arzt Hippokrates von Kós, der um 400 vor Christus lebte, zielte auf eine ärztliche Haltung, die ganz und gar am Nutzen und Wohl des Patienten ausgerichtet ist. Dieser Schwur wird zwar noch heutzutage als ethische Grundlage für den Medizinerberuf ins Feld geführt, allerdings inzwischen nicht mehr als Eid geleistet, und auch eine rechtlich bindende Wirkung hat er nicht. Im modernen wettbewerbsorientierten Gesundheitssystem kann man froh sein, wenn wenigstens der Grundsatz gilt: »Primum nihil nocere – zuallererst nicht schaden.«[1]

Tatsache ist: Durch Budgetkürzungen und Verwaltungsauflagen werden die Ärzte und das medizinische Personal mehr und mehr in die Rolle von Kaufleuten, Bürohengsten und Paragrafenreitern gedrängt, die unter monetären Gesichtspunkten arbeiten müssen.

Um nicht missverstanden zu werden, sei klar gesagt: Generell ist gegen Nachfragen in Bezug auf die medizinische Sinnhaftigkeit oder gegen wirtschaftliche Betrachtungen von Abläufen nichts einzuwenden, denn keiner will Verschwendung. Aber wenn aus der Hilfsbedürftigkeit eines Patienten plötzlich eine Kunden-Lieferanten-Beziehung wird, wird es problematisch. Und ebenso problematisch wird es, wenn Leistungen aufgrund von Sparmaßnahmen gestrichen werden, die Patienten dann aus eigener Tasche bezahlen müssen. Und das Ganze wird dann mit dem Begriff »Eigenverantwortung« kaschiert. Dass dennoch immer wieder Geld zum Fenster rausgeworfen wird oder falsche Anreize für Mediziner gesetzt werden, konnte bislang nicht verhindert werden.

Das kranke Gesundheitssystem

Wirtschaftliche Betrachtungen fangen in der Arztpraxis damit an, dass ausgewählt wird, welcher Patient überhaupt oder wie schnell einen Termin bekommt. Sie gehen damit weiter, dass nicht unbedingt die besten, dafür aber die profitabelsten Medikamente oder medizinischen Maßnahmen angeordnet werden. Und sie gehen bis dahin, dass am Lebensende mit teuren ärztlichen Leistungen das Sterben hinausgezögert wird, um noch ein letztes Mal mit dem Patienten Gewinn zu machen.[2]

Immer wieder belegen Einzelfälle und Erfahrungsberichte, wie krank und verlogen unser Gesundheitssystem ist. So gibt es zum Beispiel Merkwürdigkeiten bei der Verschreibung von Arzneien oder medizinischen Leistungen, wenn man verschiedene Regionen oder Städte miteinander vergleicht. Die gravierenden Unterschiede erklären sich erst, wenn man weiß, welcher Pharmavertreter wo sein Vertriebsgebiet hat. Alles in allem herrscht wenig Klarheit darüber, was medizinisch tatsächlich notwendig ist. Vielmehr existieren große Grauzonen, die schamlos ausgenutzt werden. Von den 15 umsatzstärksten Medikamenten stuft das *arznei-telegramm* lediglich vier als positiv ein; nur bei denen, so Dr. med. Gunter Frank, ist ein echter Nutzen zu erwarten, »der die schädlichen, oft quälenden Nebenwirkungen deutlich übersteigt«. Ansonsten geht es um finanzielle Interessen.[3] Das bisherige Kontrollsystem hilft wenig, und juristische Auseinandersetzungen zum Thema »Falschbehandlung« sind teuer, langwierig und äußerst kompliziert. Für eine Klage auf Schadenersatz, die in der Regel den eigentlichen und ganzen Schaden ohnehin nicht wettmachen kann, muss die kausale Beweiskette eindeutig und lückenlos sein, was bei einer komplexen Patientengeschichte nahezu aussichtslos ist. Zudem können im Bereich Krankheitsentwicklung und Wirkung von Therapien oft nur Aussagen zur Wahrscheinlichkeit gemacht werden, und nicht zuletzt widersprechen sich in vielen Fällen die Gutachter, was wiederum ein Urteil erschwert. Hier harte Strafen auszusprechen, die von Lug und Trug abhalten könnten, gelingt im Bereich der Grauzonenmedizin so gut wie gar nicht.

Einen Anhaltspunkt für die Debatte liefert allerdings Transparency International, die den jährlichen Schaden, der im deutschen Gesundheitssystem durch Betrug, Verschwendung und Korruption entsteht, auf etwa sechs Prozent des Gesamtbudgets schätzt. Ein durchaus beträchtlicher Anteil. Die Ausgaben für das Gesundheitswesen liegen derzeit bei rund 300 Milliarden Euro pro Jahr. Das entspricht in etwa 4000 Euro pro Bürger.

90 Prozent der Deutschen sind dabei Mitglieder der gesetzlichen Krankenversicherung (GKV), was bedeutet, sie erfahren im Unterschied zu den Privatversicherten in der Regel nicht, was die Ärzte oder Krankenhäuser für sie abrechnen. Dies wäre jedoch ein erster Schritt in Richtung Transparenz, der längst hätte umgesetzt werden können. Zum einen hätten die Patienten dann die Chance, persönlich zu überprüfen, was in Rechnung gestellt worden ist. Zum anderen würde sie die Rechnungslegung sensibler machen für die Kosten, die sie verursachen. Aber offenbar sind die Beharrungskräfte des Systems und der Lobbygruppen stärker.

Weil das so ist, muss man sich an die bekannten Fakten

halten, die belegen: Die Ausgaben für das Gesundheitswesen steigen seit Jahren. Über den Daumen gepeilt, wird die Hälfte der Kosten durch ältere Menschen ab 65 Jahren verursacht. Da die Gesundheitsfürsorge dank moderner Medizintechnik und Pharmatherapie generell immer intensiver wird und die Menschen dadurch auch immer älter, kann keiner davon ausgehen, dass sich dieser Trend des ständig teurer werdenden Gesundheitssystems wieder umkehren wird. Wie die Krankenkassen das bewältigen sollen, wenn der demografische Wandel dazu führt, dass wir mehr ältere als junge Menschen haben, ist eine der großen ungelösten Fragen. Privatversicherte spüren die Konsequenzen bereits heute mit exorbitanten Tarifsteigerungen, die kaum noch zu bezahlen sind. Der einzige Ausweg sind dann Leistungskürzungen oder der Wechsel in einen Basistarif, was bedeutet, dass man sich ausgerechnet am Ende seines Lebens, wenn alles so und so schon beschwerlicher wird, mit dem Nötigsten bescheiden muss. Schon jetzt liegt die Zahl derjenigen, die bei den privaten Krankenkassen (PKV) nicht mehr zahlungsfähig sind, bei rund 150 000 Menschen. Sie verursachen derzeit einen Schaden von rund 550 Millionen Euro. Dazu kommen enorme Ausgaben, nicht zuletzt deshalb, weil die Ärzte bei Privatversicherten mehr abrechnen können, die deshalb systematisch überdiagnostiziert und übertherapiert werden, durchaus zum persönlichen Schaden. Doch so manch einer lässt sich ganz gern betrügen, wenn er »mehr« und scheinbar »was Besseres« bekommt als der Nachbar, der »nur« bei der AOK oder Barmer GEK versichert ist. Noch immer herrscht der Irrglaube, dass »viel« auch »viel helfen« kann.

Aber auch bei den Gesetzlichen wird der Versicherte zunehmend zur Kasse gebeten. Zur Praxisgebühr kommen diverse Zuzahlungen für Zahnersatz, Zahnreinigung oder sogenannte Heilmittel. Manche GKV-Versicherte schließen deshalb Zusatzversicherungen ab, die allerdings das Nettoeinkommen der Bürger zusätzlich belasten. So wichtig und wertvoll der Appell an die »Eigenverantwortung« der Bürger ist: Im Zusammenhang mit der Gesundheitsreform steht das Wort für einen dreisten Etikettenschwindel. Wer hier »Eigenverantwortung« propagiert, will nicht selten die Probleme der entstehenden »Zwei-Klassen-Medizin« verdecken. Denn wer ein dickes Portemonnaie hat, den ficht es nicht an, wenn er mehr für Gesundheit, Kuren oder Zahnersatz hinblättern muss, und solche Patienten sind in jeder Praxis oder Klinik willkommen.

Der Trend zur »Zwei-Klassen-Medizin« – je nach Wohlstandsverteilung – ist schon jetzt offensichtlich. In ein paar Jahren, wenn die Gesellschaft völlig überaltert und die Versorgung nicht mehr finanzierbar ist, wird es für die breite Masse vermutlich nur noch eine Notfallversorgung geben. Alles andere wird zum Luxus, den man sich leisten können muss. In Zeiten des Raubtierkapitalismus, in denen das Soziale an der Marktwirtschaft immer weiter ausgehöhlt wird und wir Milliarden an Steuergeldern dafür ausgeben müssen, um marode Banken oder Volkswirtschaften zu retten, wird das einst höchste Gut – die Gesundheit – zu einer Frage der Kassenlage. Doch welcher Politiker oder welche Partei vermittelt uns das? Die Ängste der Bürger sind groß: Zwei Drittel der Deutschen fürchten einen bevorstehenden Ärztemangel, 80 Prozent die Zwei-Klassen-Medizin. Nur etwa jeder Siebte glaubt noch, dass sich die derzeitige Versorgung aufrechterhalten lässt.[4]

Frappierend ist dabei die Tatsache, dass Deutschland zwar eines der teuersten Gesundheitssysteme der Welt hat, allerdings damit längst nicht das beste. In vielen OECD-Ländern sind die Menschen gesünder und leben länger, und das bei geringeren Kosten. Zur OECD, der Organisation für wirtschaftliche Zusammenarbeit und Entwicklung, gehören weltweit 34 Länder, die sich zu Demokratie und Marktwirtschaft bekennen. Was also sind die stärksten Kostentreiber, die zudem gar nicht viel bringen?

Grauzone Arzneimittel

Die Gesamtausgaben für Medikamente liegen bei uns in Deutschland pro Kopf um 17 Prozent höher als im OECD-Durchschnitt. Es werden nicht nur unnötig viele Medikamente, sondern oft auch viel zu große Packungen verschrieben, die am Ende im Müll landen und die Umwelt belasten. In kaum einem anderen Land schlucken die Bürger so viele Arzneien wie bei uns. Einer Studie zufolge, die an einem Krankenhaus durchgeführt wurde, nahmen mehr als 60 Prozent fünf oder mehr Medikamente pro Tag; meist waren es ältere Menschen. Der Spitzenreiter brachte es sogar auf 26 unterschiedliche Präparate. Durch solche Medikamenten-Cocktails, die sich meist aus Verordnungen unterschiedlicher Ärzte für diverse Beschwerden des Patienten zusammensetzen, ergeben sich abenteuerliche Wirkstoffkombinationen, bei denen keiner mehr die Wechsel- und Gesamtwirkungen vorhersagen kann. So können Ärzte mit Pillen und Tropfen regelrecht krank machen. Bis zu 57 000 Patienten sterben schätzungsweise jedes Jahr in deutschen Krankenhäusern an unerwünschten Arzneimittelfolgen. Die Dunkelziffer liegt weit höher.[5]

Doch die Pharmavertreter, die immer wieder das Neueste und scheinbar Beste in der Tasche haben, sind Verkaufsprofis, denen sich keiner so leicht widersetzen kann, weil sie in geschickter Manipulation geschult sind. Ihre Aufgabe ist es nicht nur, die Ärzte zu informieren. Sie sollen diese potenziellen Umsatzlieferanten vor allem emotional und freundschaftlich an sich binden, damit diese dann ihre Produkte verschreiben. Essenseinladungen, kleine Geschenke oder Reisen gelten als übliche Lockmittel in der Branche, auch wenn die Auflagen in den vergangenen Jahren härter geworden sind. Ende Juni aber stoppte der Bundesgerichtshof (BGH) erstaunlicherweise alle Korruptionsermittler und stellte mit seinem Urteil klar, dass niedergelassene Ärzte weiter Schmiergeld kassieren dürfen, weil es im ganzen Strafrecht keinen Paragrafen gibt, der es verbietet. Warum auch immer der Gesetzgeber diese Lücke bislang nicht geschlossen hat, Pharmavertreter, Apotheker und bestechliche Ärzte triumphieren.[6] Über 15 000 Vertreter der Industrie soll es im Arzneimittelbereich geben. Sie verursachen zwar Ausgaben um die 200 000 Euro pro Person im Jahr, aber diese Kosten lohnen sich. Immer wenn Arzneimittelhersteller versucht haben, die Ausgaben für den Außendienst zu reduzieren, ging die Zahl der Verordnungen ihrer Produkte zurück. Allerdings wächst der Widerstand. Es gibt immer mehr Ärzte, denen es aus Gründen der Berufsehre wichtig ist, nicht korrupt zu sein. Vor sechs Jahren wurde deshalb die Initiative MEZIS gegründet unter dem Motto »Mein Essen zahl ich selbst«. Ein Zusammenschluss von Ärzten gegen unzulässige Einflussnahme seitens der Pharmaindustrie.[7]

Damit bleibt den Arzneimittelherstellern aber noch die Zielgruppe Krankenkassen. Allein der Umsatz mit Pharmaprodukten zulasten der gesetzlichen Krankenversicherung hat sich innerhalb von 20 Jahren auf mehr als 30 Milliarden Euro verdoppelt. Die Barmer Ersatzkasse beispielsweise zahlte für Arzneimittel jahrelang überhöhte Preise und erhielt als Dank dafür von dem Pharmakonzern Stada zwei Millionen Euro. Der Hintergrund ist, dass seit 2007 die Krankenkassen bei sogenannten Generika, also Medikamenten, bei denen der Patentschutz abgelaufen ist, mit den Herstellern über kräftige Rabatte von bis zu 90 Prozent unter Listenpreis verhandeln können. Die Barmer Ersatzkasse entschied sich dennoch für sogenannte Sortimentsverträge, die inzwischen als vergaberechtswidrig in Verruf geraten sind, weil von den Herstellern nur ein genereller Rabatt von 20 Prozent auf alles gewährt wird. Deshalb hat das Pharmunternehmen den ungünstigen Vertrag mit einer Sonderzahlung von zwei Millionen Euro honoriert. Laut Hersteller Stada sei dies »eine spezifische Zahlung anlässlich der Vertragsunterzeichnung

(›signing fee‹)« und » in keiner Weise angreifbar«; schließlich stehe im Regelwerk des Konzerns, dass »Schmiergeldzahlungen in jeder Form« untersagt sind. Was für eine bestechende Logik: Als wenn Regeln allein schon deshalb eingehalten würden, weil sie einmal niedergeschrieben worden sind.

Natürlich haben sich die zwei Millionen für das Pharmaunternehmen gelohnt, denn es erhielt über den Vertrag Zugang zu einem Kundenstamm von ca. 8,5 Millionen Versicherten bei dieser Krankenkasse. Nicht zum Nachteil war die ganze Sache übrigens auch für Birgit Fischer, ehemals Gesundheitsministerin in NRW und bei Vertragsabschluss Vorstandsvorsitzende der Barmer GEK. Wenig später wechselte sie an die Spitze des Pharmalobby-Verbandes »VfA«. Seitdem kann sie »die Interessen der Pillenindustrie ganz offiziell vertreten«.[8]

Unabhängig von derartigen Vertragsmauscheleien gehört es zu den Strategien der pharmazeutischen Firmen, sich ständig neue Geschäftsfelder zu eröffnen. Und da gesunde Menschen kein Geld bringen, müssen sie auch schon mal mittels Panikmache und Risikowarnungen in potenzielle Konsumenten verwandelt werden. Herausragendes Beispiel dafür ist der Rummel um die Gefahren der Schweinegrippe. Am Ende mussten im November 2011 an die 16 Millionen Impfdosen, bei denen das Haltbarkeitsdatum abgelaufen war, im Wert von mindestens 130 Millionen Euro als Sondermüll verbrannt werden. Das Impfmittel Pandemrix wurde zudem mit schweren Nebenwirkungen in Verbindung gebracht: Mehr als 160 Geimpfte, zumeist Kinder, erkrankten nach einer Impfung gegen die Schweinegrippe an der Schlafkrankheit (Narkolepsie). Auch in Deutschland gab es einige Fälle.[9]

Selbst vor Schwerstkranken macht der Betrug nicht halt, insbesondere im Bereich der Krebskranken. Pharmafirmen und Apotheken verdienen glänzend daran, dass sinnlose Chemotherapien, die mehr schaden als nützen, an sterbenskranke Menschen verabreicht werden. Diese Therapien verursachen Kosten in Höhe von rund 35 000 Euro pro Behandlungseinheit und sind damit lukrativer als die Palliativmedizin, mit der man den Betroffenen das Lebensende erleichtern könnte.[10] Auch belastende Strahlentherapien werden in manchen Krankenhäusern nur deshalb zu Ende geführt, weil sie Umsatz bringen. Dass sie Patienten unnötig schwächen, zählt nicht.[11] Erneut existiert eine Grauzone, in der kaum durchschaubar wird, was letzte Hoffnung und was Geldschneiderei ist. Dazu kommt: Wer teure Therapien an Schwerstkranken kritisiert, wird sofort angegriffen und muss sich vorwerfen lassen, dass er einem todkranken Patienten die Behandlung nicht gönnt.

Zum Täuschungsrepertoire der Arzneihersteller gehören auch manipulierte Studienergebnisse.[12] So werden ältere Patienten bei Wirksamkeitsstudien zu Chemotherapeutika bewusst nicht mit einbezogen, weil bei ihnen die Arzneien in der Regel weniger wirken und jüngere Patienten zudem deutlich länger am Leben bleiben. Durch diesen Trick erscheinen die Medikamente wirkungsvoller, als sie im klinischen Alltag bei Älteren tatsächlich sind. Aber natürlich fordern die Hersteller am Ende, dass Krebsmedikamente, die unterstützt von derartigen Studien auf den Markt kommen, auch älteren Kranken nicht vorenthalten werden dürfen. Nicht zuletzt stehen der Industrie immer wieder Medizinprofessoren unterstützend zur Seite, die für stattliche Honorare zum gewünschten Erfolg beitragen. Im Übrigen besteht keine Veröffentlichungspflicht für Pharmastudien, was bedeutet, es wird nur dann etwas veröffentlicht, wenn das Ergebnis »passt«.

Nur wenige Ärzte bringen es so auf den Punkt wie der Leiter des Krebsklinikums Berlin-Buch, Wolf-Dieter Ludwig, wenn er feststellt: »Wir stehen einer gigantischen Werbemaschine gegenüber, die permanent versucht, neue, sehr teure Arzneimittel in den Markt zu drücken und Erwartungen zu erzeugen, die in keiner Weise gerechtfertigt sind.« Aufgrund seiner jahrelangen Erfahrung und durch die Gespräche mit kranken Menschen weiß der Arzt, dass viele Schwerkranke gar keine

Maximaltherapie wollen und es oft wichtiger ist, dass die Patienten mehr Zeit zum Reden bekommen, was allerdings kein Vergütungskatalog als geldwerte Position honoriert.[13]

Unnötige Operationen bringen Geld in die Kasse

Das Ende des Betrugs im Gesundheitswesen ist aber mit unnützen oder überteuerten Medikamentendeals noch nicht erreicht. Neben nachweislich nutzlosen Vorsorgeuntersuchungen oder fragwürdigen Tests mit Blick auf genetische veranlagte Krankheitsrisiken ist inzwischen auch bekannt, dass in Deutschland viel zu schnell und viel zu viel operiert wird, vor allem im ambulanten Bereich. Innerhalb von nur zehn Jahren, zwischen 2000 und 2010, hat sich die Anzahl laut GKV versechsfacht. Aber auch die Zahl der stationären Operationen ist von 36 Millionen im Jahr 2005 auf 45 Millionen im Jahr 2009 geklettert. Deutschland ist Weltmeister im Operieren. So stellen die Ärzte bei uns ständig neue Rekorde beim Einsetzen von künstlichen Hüft- oder Kniegelenken auf, sodass sich selbst die Deutsche Gesellschaft für Chirurgie genötigt sah, auf derartige Auswüchse aufmerksam zu machen. Die Zahl der Hüfteingriffe ist beispielsweise im Zeitraum von 2003 bis 2009 um 18 Prozent gestiegen, die der Operationen am Knie sogar um 52 Prozent, was allein mit der Überalterung unserer Gesellschaft nicht zu erklären ist.[14] Die Zahl der Bandscheibenoperationen ist innerhalb von fünf Jahren um 43 Prozent gestiegen[15], obwohl die Ursache für die Rückenprobleme nicht selten verkümmerte Muskeln durch zu wenig Bewegung oder Stressverkrampfungen sind. Kritisch eingestellte Mediziner schätzen, dass man bis zu 45 Prozent konservativ behandeln könnte. Allerdings bringt ein Eingriff am Rücken mehr Umsatz als ein Rezept für die Physiotherapie. Eine derartige Operation steht mit ungefähr 20 000 Euro auf der Rechnung.[16] Damit nicht genug: Auch an Händen und Handgelenken, Füßen und Fersen wird allzu gern herumgeschnitten, was nicht automatisch bedeutet, dass es den Betroffenen danach besser geht. Aber selbst wenn es den Patienten nichts bringt, füllt es die Kassen der Kliniken oder Ärzte, die mit Spritze oder Skalpell in der Hand Einnahmen erzeugen wollen oder müssen, um die Miete für den Operationssaal oder die teuren Geräte abzuzahlen. Die Entscheidung, ob ein Eingriff stattfindet oder nicht, fällt bei einem derartigen Umsatzdruck meist dann, wenn geklärt ist, ob und inwiefern die Leistung gewinnbringend abgerechnet werden kann. Manche Verträge von (Chef-)Ärzten sollen sogar Umsatzzielvereinbarungen enthalten. Ein Schelm, wer Böses dabei denkt. Erwähnenswert erscheint an dieser Stelle, dass sich Ärzte selbst – im Vergleich zum Rest der Bevölkerung – seltener operieren lassen.

Es ist also nicht zwangsläufig der Befund des Patienten, der über Diagnose- oder Therapieverfahren entscheidet; es können auch die Vergütungszahlen oder das noch vorhandene Budget der Ärzte ursächlich sein. Und solange sich mit Operationen besser verdienen lässt als mit Patientengesprächen, Bewegung oder Gips, wird sich daran nicht allzu viel ändern.[17]

Hoffnungslos ist das Ganze jedoch nicht. Dank Internet gibt es inzwischen gute Informationsangebote: Über das Portal www.vorsicht-operation.de kann sich jeder mit seinen Befunden eine Zweitmeinung einholen. Und es gibt Netzwerke wie »Evidenzbasierte Medizin« oder den »Qualitätszirkel Naturpark Bayerischer Wald«, wo man sich beraten lassen kann. Die Fachzeitschrift *Archives of Internal Medicine* betreibt sogar eine Rubrik »Weniger ist mehr« mit Hitlisten der jeweils fünf überflüssigsten medizinischen Maßnahmen.

Profit statt Patient – oder: »IGeL« = ein »intransparentes Gemisch entbehrlicher Leistungen«

Es ist eine gut etablierte Lüge in der Gesundheitsbranche, dass mehr Medizin und mehr Behandlungen automatisch besser sind als weniger davon. Was an dieser Stelle zur Orientierung hilft, ist die schlichte Frage: Wem bitte nützt das? Zur Debatte steht bei den Abzockermanieren im Gesundheitssystem natürlich auch das oft zu passive und zu medizingläubige Verhalten der Patienten. Trotz aller Aufklärung lassen wir uns immer wieder von Halbgöttern in Weiß und ihrer scheinbaren Allwissenheit beeindrucken und blenden. Nicht zuletzt deshalb, weil es im Arzt-Patienten-Verhältnis eine klare Hierarchie gibt und Hilfsbedürftigkeit schnell ausgenutzt werden kann.

Profit statt Patient – das gilt auch für den expandierenden Bereich der »Individuellen Gesundheits-Leistungen«, kurz »IGeL« genannt, mit denen viel Schindluder getrieben wird. Es sind kostenpflichtige Extraangebote in den Arztpraxen, die seit den Neunzigerjahren auf Initiative der Kassenärztlichen Bundesvereinigung eingeführt wurden, um die Sparmaßnahmen im Gesundheitswesen auszugleichen und zu verhindern, dass die Ärztehonorare in den Keller gehen. Verluste aufgrund von Budgetkürzungen sollten durch Zusatzleistungen als neue Einnahmequelle aufgefangen werden. »Wer nicht wirbt, stirbt« lautete seinerzeit der reißerische Slogan, der anzeigt, wie wenig Zutrauen Ärzte teilweise in die medizinische Notwendigkeit ihrer Leistungen haben; denn notwendige Leistungen werden ja nach wie vor honoriert. Die ganze Wahrheit ist, dass neben den Banken, auf die wir im nächsten Kapitel kommen, auch etlichen Ärzten das Brot- und Buttergeschäft offenbar nicht auskömmlich genug ist. Jedenfalls gibt es derzeit bis zu 350 verschiedene IGeL-Extraangebote, mit denen die Einnahmen der Ärzte auf zusätzliche 1,5 Milliarden Euro jährlich angewachsen sind. In vielen Arztpraxen liegt der IGeL-Anteil am Gesamtgeschäft bei bis zu 20 Prozent, die Tendenz ist steigend. Innerhalb der letzten 20 Jahre hat sich hier ein attraktiver Gesundheitsmarkt ausgebreitet, außerhalb der üblichen Versicherungsleistungen. Manche Arztpraxen unterscheiden sich kaum noch von einem bunten Basar, auf dem alles Mögliche oder viel mehr Unmögliche feilgeboten wird – von nicht erstattungsfähigen Medikamenten über alternative Heilverfahren bis hin zu esoterischen Praktiken. Mit Faltblättern, Broschüren oder Plakaten werden die Patienten in den Wartezimmern erst beunruhigt und dann geködert. Man könnte sogar auf die Idee kommen, dies sei der wahre Hintergrund für oft stundenlange Wartezeiten: Erst Weichkochen und dann Zuschlagen war schon in der chinesischen Kriegskunst eine beliebte Überrumpelungsstrategie. Aber dies ist reine Spekulation, und ja, es gibt auch die richtig guten und uneigennützigen Ärzte – auch das muss in diesem Kapitel gesagt werden.

Dennoch: Jeder vierte Versicherte der GKV hat im vergangenen Jahr solche Zusatzdienste gegen Bares angeboten bekommen. Die Honorare dafür lagen zwischen 40 und 150 Euro pro Patient, was für die Anbieter ein Indiz sein dürfte, in welcher Höhe die Patienten bereit sind, zusätzlich zu zahlen.[18]

Das Geschäft dreht sich um die Abklärung von drohenden Osteoporose-Gefahren, also Knochenschwund im Alter, oder um die Überprüfung von Demenzneigungen. Es geht um Laboruntersuchungen zum möglicherweise bevorstehenden Herzinfarkt in zehn Jahren, aber auch Urintests zur Nierenprüfung werden von geschäftstüchtigen Medizinern verkauft, obwohl sie medizinisch nicht notwendig sind. Spitzenreiter im Verkaufsgeschäft sind die Gynäkologen, die laut Studie jeder dritten Frau kostenpflichtige Zusatzleistungen unterbreiten, die von der DNA-basierten Präventionsdiagnostik für Säuglinge mittels Mundschleimhautabstrich bis hin zum Gentest über Gesundheitsrisiken reichen. Auch das Unterspritzen von Falten, Lasern von Akne oder Altersflecken und Peelings für die alternde Haut gehören zur IGeL-Palette. Der Journalist Jörg Blech, der sich als Kritiker von

Ärzten und Pharmaindustrie einen Namen gemacht hat, definiert IGeL daher auch als »intransparentes Gemisch entbehrlicher Leistungen«.[19]

Auch der Verbraucherschützer Wolfgang Schuldzinski von der Verbraucherzentrale NRW teilte die Zusatzangebote kritisch in drei Kategorien ein, die er als »nicht zwingend erforderlich«, »schlicht überflüssig« oder gar »medizinisch fragwürdig« bezeichnet. Er monierte zudem, dass die Patienten oft grundlos verängstigt werden, um ihnen dann unnötige Untersuchungen oder Substanzen für teures Geld aufzuschwatzen. Nicht zuletzt wurde das IGeL-Sortiment auch durch die Stiftung Warentest geprüft. Nur wenige Angebote blieben als brauchbar übrig.[20]

Doch einfach ist die Ablehnung solcher ärztlichen Angebote nicht. Viele Patienten trauen sich kaum, einem Arzt und seinem Rat zu widersprechen. Auch möchte man einen guten Draht zum Doktor behalten. Und nicht zuletzt werden sowohl Ärzte als auch Schwestern mit speziellen IGeL-Schulungen für die Verkaufsgespräche in der Praxis trainiert. Eine der empfohlenen Strategien ist die arbeitsteilige Gesprächsvariante. Hier weist der Arzt den Patienten lediglich auf Risiken hin und bietet mögliche Leistungen an. Ist das Interesse geweckt, erfahren die Patienten erst an der Rezeption oder noch später per Rechnung den Preis für die Sache.

Doris Pfeiffer, die Vorstandsvorsitzende des Spitzenverbands der Krankenkassen, verglich diese Art der Geschäftemacherei deshalb jüngst mit »Haustürgeschäften von Staubsaugervertretern« und forderte, dass den Patienten eine Bedenkzeit von 24 Stunden eingeräumt werden müsse, um das Überrumpeln in den Arztpraxen zu unterbinden. Und weil der Umgang mit den Extraleistungen tatsächlich ein so großes Ärgernis für die Patienten ist, sind auch die Krankenkassen aktiv geworden und haben mit dem Internetportal »Igel-Monitor« reagiert, das für Klarheit sorgen will und eine Entscheidungshilfe sein kann. Darüber hinaus haben die Experten des Medizinischen Dienstes der Krankenkassen (MDS) auch Fälle ermittelt, in denen die Wissenschaftler zu dem Schluss gekommen sind, dass diese Leistung »tendenziell negativ« zu bewerten ist. In vier Fällen wog sogar der Schaden schwerer als der Nutzen. Zudem steht in dem Portal auch, welche Leistungen bei tatsächlicher Notwendigkeit von den Kassen übernommen werden.[21]

Im Sammelsurium der Gesundheitsangebote, die aus der eigenen Tasche zu bestreiten sind, findet sich neben Obskurem natürlich auch Sinnvolles. Und nicht für alle igelnden Ärzten stimmt, dass sie mehr vom Honorar als von der Sorge um die Gesundheit ihrer Patienten getrieben werden. Was in jedem Fall auf dem Spiel steht, ist das Vertrauen der Patienten. Statt Zeit für Verkaufsschulungen zu verschwenden, bietet sich schlichtweg ein verantwortliches Handeln im Sinne des gesunden Menschenverstandes an. »Die Lüge gehört zum Geschäft!« – dieser Spruch aus der Werbewelt sollte für das Arzt-Patienten-Verhältnis keinesfalls gelten.

Blähbauch Verwaltung

Bleibt ein letzter Punkt, der mit Blick auf die Absurditäten in der Gesundheitsbranche beleuchtet werden soll. Absurditäten, die unnötig Geld verschlingen und damit Betrug an der eigentlichen Sache sind, was hieße, die Mittel zielführend einzusetzen. Es geht hier also nicht um den gezielten (kriminellen) Betrug, wie er sich zum Beispiel im Fall der schadhaften Brustimplantate (Silikonkissen) zeigte, bei denen bewusst minderwertiges Material verwendet wurde, zum Schaden von einer halben Million Frauen weltweit. Hier geht es um Auswüchse im Bereich des Legalen – Kosten für Bürokratie, die unter dem Vorwand, Verschwendung zu verhindern, Unsinnigkeiten produziert.

Ein Dschungel an gesetzlichen Vorgaben, ein Wust von Formularen führt dazu, dass Ärzte, Schwestern und Pflegepersonal heute mehr Zeit am Computer verbringen (müssen) als mit dem Patienten. Da soll begründet werden, warum ein Dreijähriger noch nicht fünf Jahre lang regelmäßig zum Zahnarzt gegangen sein kann, wenn er den Zuschuss für eine Prothese bekommen will. Da muss bewiesen werden, dass ein Komapatient nicht arbeitsfähig ist, und es muss nachgewiesen werden, dass es für einen Todkranken keine Wiedereingliederungsmaßnahme gibt, es sei denn auf dem Friedhof. Und auch die Selbstverständlichkeit, dass ein Säugling sich nicht alleine zu Hause versorgen kann, muss erklärt werden.[22] Solche Vorgänge kosten die Krankenkassen jedes Jahr rund 30 Milliarden Euro[23], und auch die OECD listet auf, dass die Verwaltungskosten im deutschen Gesundheitswesen mit 5,7 Prozent deutlich höher liegen als in den meisten anderen OECD Ländern. Bei einem vergleichbaren Anteil der Gesundheitsausgaben am Bruttoinlandsprodukt machen in der Schweiz die Verwaltungskosten nur 4,8 Prozent der Gesamtausgaben aus, in Österreich sind es nur 3,8 Prozent.

Eine Studie der Unternehmensberatung A. T. Kearney, die Anfang 2012 veröffentlicht wurde, belegt diesen Verwaltungsirrsinn. Demzufolge sind 23 Prozent der Gesamtausgaben der gesetzlichen Krankenversicherung bürokratischen Abläufen geschuldet, die nicht nur die Krankenkassen betreffen, sondern auch bei Apotheken, Arztpraxen oder Krankenhäusern verursacht werden. Laut der Studie müssen Krankenhausärzte mindestens 37 Prozent ihrer Arbeitszeit mit Verwaltungsaufgaben verbringen. Auch die komplizierten Abrechnungsverfahren bei den niedergelassenen Ärzten oder etwa die Abrechnung der Praxisgebühr sind Kostentreiber. Das Gesundheitswesen hat durch die Vielzahl von Reformen eine Komplexität erreicht, die kaum noch beherrschbar ist. Durch schlankere Strukturen ließe sich der Beitragssatz in der gesetzlichen Krankenversicherung von derzeit 15,5 auf 14,2 Prozent senken; dadurch könnten rund 13 Milliarden Euro eingespart werden, so die Berater. Als Begründung für die Bürokratie wird gern die nötige Abwehr von Missbrauch bemüht. Den gibt es aber trotz Bürokratie. Wer betrügen will, findet seine Mittel und Wege. Wahrscheinlicher ist daher: Wenn man statt auf lähmende Kontrollen mehr auf Vertrauen setzen würde, könnte man zwölf Milliarden Euro sinnvoller für die Kranken einsetzen und dabei immer noch eine Milliarde für Missbrauch abschreiben. Schlankere Strukturen würden aber auch bedeuten, man müsste den Wasserkopf mit den vielen gut verdienenden Funktionären abbauen.

Durch den Kontrollwahn entstehen zwangsläufig Verwaltungsblasen, und wie wenig derartige Überprüfungen bringen, zeigt anschaulich das folgende Beispiel: Über 1500 Mediziner erhielten im Jahr 2005 ärgerliche Post von der Prüfstelle, die angeblich Überschreitungen in einer Gesamthöhe von rund 200 Millionen Euro entdeckt haben wollte. Angst und Schrecken gingen in den Arztpraxen um. Doch nähere Untersuchungen und begründete Beschwerden der betroffenen Mediziner zeigten, dass unzählige Ärzte zu Unrecht beschuldigt wurden: In nur 89 Fällen wurden die Vorwürfe letztendlich aufrechterhalten und Strafzahlungen gefordert. Die erschütternde Bilanz der umstrittenen Prüforgie: Die Summe der verhängten Strafzahlungen lag deutlich unter den Kosten, die durch die Prüfung selbst anfielen: 894 000 Euro forderte der Ausschuss von den Ärzten – die Kosten der Prüfung lagen bei über 1,1 Millionen Euro. Die Aktion war also völlig unwirtschaftlich. Das Endergebnis ist: Kosten werden nicht gespart, die Ärzte sind frustriert, und den Patienten ist auch nicht geholfen.[24]

Gleichzeitig greift die Politik mehr und mehr mit engen Budgetvorgaben in die Therapiefreiheit der Ärzte ein, sei es bei Medikamenten oder Heilbehandlungen. Den niedergelassenen Ärzten drohen noch immer saftige Strafzahlungen, wenn sie mehr verschreiben, als Krankenkassen und Kassenärztliche Vereinigungen vorgesehen haben. Die Ärzte sollen so gezwungen werden, Ressourcen mit Bedacht einzusetzen, was vom Grundgedanken her sinnvoll, in der Ausführung aber wiederum Etikettenschwindel ist. In der ärztlichen Realität bedeutet die Budgetierung eine Rationierung. Wenn das Kontingent fürs Quartal erfüllt ist, bekommt der Patient die Leistung nicht oder aber keinen Termin in der Arztpraxis.[25]

Längst geht es deshalb nicht mehr nur um die heilende Medizin, sondern um Selektion nach Kassenlage. Und wer es sich leisten kann, erhält ein Wunscherfüllungsprogramm à la schön, schlau und schlank. Wo immer ein Geschäft realisiert werden kann, wird versprochen und getrickst, was das Zeug hält. Nicht selten ist die Angst der Patienten der Köder.

Wenn Lügen bittere Realität werden: Geldvernichtung mit Luftschlössern und Seifenblasen

Uns wird suggeriert, die Betrüger in der Finanzbranche sind Einzeltäter – größenwahnsinnige Hochstapler. Doch das ist nur die halbe Wahrheit, denn sie sind Teil eines Systems, das die Gewinne auf Kosten anderer im großen Stil ermöglicht, ja sogar herausfordert und deckt. Die Zocker an den Finanzmärkten sind Erfüllungsgehilfen einer gnadenlosen Gier, nicht nur der eigenen. Solange die Millionen fließen, werden Warnhinweise und Kontrollmechanismen ignoriert – wider alle ökonomische Vernunft. Das Soziale an der Marktwirtschaft wird systematisch ausgehöhlt und der gesellschaftliche Zusammenhalt zerstört. Wir erleben eine zügellose Orgie der Übervorteilung des anderen und der nachfolgenden Generationen. Aber Egotrips werden als Erfolgsmeldung umetikettiert, und Schneeballsysteme nennen sich »Refinanzierung«.

Wer ist noch in der Lage, unser modernes Wirtschafts- und Finanzsystem zu verstehen? Ein System, in dem Milliardensummen in schwindelerregendem Tempo rund um die Welt geschickt werden. Zudem ein System, in dem sich nicht nur Einzelpersonen oder Unternehmen, sondern ganze Staaten bis zur Zahlungsunfähigkeit verschulden, während sich in derselben Zeit die Einkommen einer kleinen Minderheit verhundertfachen und ein noch nicht einmal Dreißigjähriger mit der Entwicklung eines weltweit genutzten Online-Netzwerks zum vielfachen Selfmade-Milliardär aufsteigen kann. Dies alles passiert innerhalb von nur wenigen Jahren, in denen parallel zum neuen Wohlstand in der Finanz- oder IT-Branche die große Masse der mittleren und unteren Bevölkerungsgruppen nicht mehr von ihren Löhnen leben kann.

Die Bilanz ist erschreckend: Wachstum und Daseinsvorsorge lassen sich selbst im soliden Deutschland fast nur noch mit neuen Schulden organisieren. Waren es 1989 noch rund 470 Milliarden Euro Staatsschulden, sind es derzeit 2,1 Billionen, wobei die Zahlungsverpflichtungen für Renten und Pensionen, die in den kommenden Jahren anstehen, noch gar nicht eingerechnet sind. Jeder neue Bundesbürger sitzt heute schon am Tag seiner Geburt auf einem Minusbetrag von rund 25 000 Euro. In den USA sind es umgerechnet 38 000 Euro, in Japan sogar 63 000 Euro.

Gleichzeitig hat sich auf wundersame Weise der Reichtum einer kleinen Oberschicht vermehrt, weil sie auf ihr Vermögen satte Zinsen und Renditen erhalten. Aber nicht nur das: Vermehrt hat sich auch das Ausmaß der Ungerechtigkeit, denn statt Bürgerpolitik wird seit Jahren Finanzpolitik gemacht, bei der die Gewinne privatisiert werden, die Verluste aber sozialisiert. Kurz: Das Geld hat keine dienende Funktion mehr, es herrscht. Oder mit anderen Worten ausgedrückt: »Die Freiheit der Wölfe ist der Tod der Lämmer« – zumindest dann, wenn zur Freiheit des Einzelnen nicht untrennbar die Verantwortung für den anderen und die Gemeinschaft gehört.[1]

Wie kam die Gier nach Geld in die Welt?

Um hier den Kopf wieder klar zu bekommen, lohnt es sich, auf die Anfänge zu schauen. Wie war das mit dem Geld gemeint, bevor der große Papierschwindel begann? Und wie, bitte, mogelte sich die Gier nach Geld in der Welt? Blicken wir kurz zurück, aus welchen Wurzeln sich das Finanzwesen entwickelt hat.

Es waren Schuld- oder Tauschgeschäfte, mit denen der Erwerb und Handel begann, auf der Basis von Gegenseitigkeit oder aber Kreditnahme. Konnte der Gläubiger, der einen Vertrauensvorschuss gewährt hatte, mit Fristablauf nicht bedient werden, führte dies in Abhängigkeit oder Versklavung. Es sei denn, die Schulden wurden zur Vermeidung von lang andauernder Not oder Krieg erlassen[2].

Am Anfang dominierte das Prinzip Ware gegen Ware oder Dienstleistung. Doch das erwies sich zunehmend als mühsam und lästig. Man muss sich nur vorstellen, wie ein Bauer versucht, einen Tisch und Stuhl zu erwerben, im Tausch gegen ein paar Liter Milch oder Eier. Wie soll man das gegeneinander aufrechnen? Wie lange müssen Eier und Milch geliefert werden, um den Wert von Tisch und Stuhl abzutragen? Und wie geht man damit um, dass Naturalien größtenteils schnell verderben, während andere Waren langlebig sind? Um solche Probleme zu lösen, war es sinnvoll, ein Werteäquivalent (Tauschmittel oder Wertaufbewahrungsmittel) für Produkte und Dienstleistungen zu schaffen, das möglichst unvergänglich ist, universal einsetzbar und in große und kleine Summen teilbar. So konnte jeder für seine Angebote – egal ob Tisch und Stuhl oder Milch und Eier – Münzen, Gold oder Silber bekommen und lernte zudem, das Begehrte ebenso mit Geld, Wertpapieren oder Banknoten zu bezahlen. Schnell entwickelte sich daraus ein professionelles Geschäft. Geld konnte gegen Zinsen angelegt oder geliehen werden. Schuldscheine wurden ausgestellt und Darlehen vergeben, mit denen sich auch solche Großvorhaben wie Kriege, Entdeckungsreisen oder Prachtbauten finanzieren ließen. Renommierte Geldhäuser wurden eröffnet, und zwar vornehmlich dort, wo sich Knotenpunkte des Handels befanden; nicht selten entwickelten sich solche Märkte auch am Rande von Heerstraßen[3]. Bis zur Industrialisierung waren die Banken meist in der Hand einiger weniger Familiendynastien, die von den Medici über die Fugger bis hin zu den Rothschilds reichten.

Danach führte der stetig steigende Kapitalbedarf der aufstrebenden Fabriken und Betriebe zur Gründung von großen Kapitalgesellschaften.

Die wichtigste Basis für Geldgeschäfte war von Anfang an die Information. Und zwar Informationen darüber, inwiefern die Werteäquivalente noch übereinstimmen oder in welche Richtung sie sich verändern. Stellen wir uns zum Beispiel ein Grundstück vor, das am Stadtrand liegt. Plötzlich erfährt ein kapitalträchtiger Investor, dass die Ansiedlung eines großen Unternehmens geplant ist und die Stadt sich ausdehnen wird. Noch kann er billig kaufen und damit rechnen, dass er in ein paar Jahren das Grundstück für das x-fache wieder verkaufen wird.

Mit dem zunehmend besser werdenden Zugang zu Informationen auch für die breite Masse durch Telegraf und Telefon, später Computer und Internet, explodierten auch die Börsengeschäfte, und mit den globalen Wachstumschancen wuchs zugleich die Gier. Parallel dazu erhöhten sich aber auch die Risiken, inzwischen für ganze Länder und Erdteile. Das durchaus gute Image des ehrbaren Kaufmanns und Bankiers wurde durch Banker beschädigt, die in Hütchenspielermanier zockten. Weil märchenhafte Gewinne lockten, begannen solche Spekulanten, mehr und mehr Wetten auf Erfolg oder Misserfolg von allem und jedem abzuschließen, setzten auf sinkende oder steigende Preise. Gingen die Wetten schief, war der Schaden anfangs noch auf einige wenige begrenzt. Die meisten Banken blieben zunächst noch bei Brot- und Buttergeschäften und versorgten mit dem Geld, das ihnen von den Kunden anvertraut worden war, Unternehmer oder Investoren, die damit den Kreislauf der Wirtschaft am Laufen hielten. Um das System möglichst stabil zu halten, wurden die Risiken gestreut, vor allem aber begrenzt.

Das änderte sich mit den aufstrebenden globalen Kapitalmärkten und dem Jonglieren von Riesensummen rund um den Erdball. Das Zeitalter der Deregulierung begann. Angefangen mit Margaret Thatcher in Großbritannien, weitergeführt von der Clinton-Regierung in den USA und schließlich auch bevorzugt in Deutschland unter Gerhard Schröder, um den Anschluss an die Welt nicht zu verpassen. Wer auf den internationalen Finanzmärkten mithalten will, hieß es, muss den großen Maxe machen. »Investmentbanking« war das neue Zauberwort. Ein gigantisches Täuschungs- und Betrugsmanöver, das zu einem Wohlstandsverlust in der ganzen Welt führte. Seitdem werden Regierungen genötigt, Finanzhäuser mit Steuergeldern zu retten, weil sonst ein Flächenbrand ausgelöst würde. Landesregierungen wiederum müssen in die Steuerkasse greifen, wenn sich die eigenen Beamten oder Kommunalfürsten verführen ließen und die finanzielle Sicherheit verzockt haben. Mit der Deregulierung hat sich ein »System der organisierten Verantwortungslosigkeit« durchgesetzt.[4]

Und während jeder, der am Wirtschaftsleben teilnimmt, egal ob Familie oder Mittelständler, egal ob Babynahrung oder Fuhrpark, auf alles und jedes Steuern zahlen muss, sind die zwei Billionen US-Dollar Umsatz, die Devisenhändler und Spekulanten tagtäglich machen, nach wie vor steuerfrei, wobei sich das in Deutschland künftig ändern soll.[5]

Aus dem »Wohlstand für alle« ist so ein »Wohlstand für wenige« geworden, und die Krisen mit verheerenden Auswirkungen häufen sich. Jeder achte Deutsche lebt heute an der Armutsgrenze, darunter 2,5 Millionen Kinder. Die reichsten 10 Prozent verfügen über 25 Prozent aller Einkommen und besitzen 60 Prozent aller Geld- und Sachvermögen. Die gesellschaftliche Spaltung öffnet einen Abgrund, der die Chancen auf Teilhabe immer geringer werden lässt. Es wird auch immer unwahrscheinlicher, dass man es schaffen kann, mit redlicher und fleißiger Arbeit zu Wohlstand zu kommen. Während an die acht Millionen Beschäftigte für einen Stundenlohn unter neun Euro arbeiten müssen, liegt der Stundensatz eines Vorstandsvorsitzenden zwischen 300 und 3000 Euro, und zwar an 365 Tagen im Jahr. Und während die

Gewerkschaften um ein paar Prozent mehr Lohn kämpfen müssen, haben sich die Vorstandsbezüge in Deutschland von 2009 auf 2010 um 22 Prozent erhöht.[6] Zu den exorbitanten Gehältern kommen noch Boni und überreichliche Pensionszahlungen in Millionenhöhe, wobei man sich fragen muss, wer oder was eigentlich die ganze Wertabschöpfung möglich macht. Und ob die Arbeit dieser angestellten Manager, die weder persönlich haften noch bei Schlechtleistungen leer ausgehen, tatsächlich so viel wert ist. Schaut man sich die Ausstattung der Vorstandsetagen, die Assistentenschar und First-Class-Reisebedingungen an, stellt sich zudem die Frage, ob der Arbeitsalltag dieser Top-Bosse tatsächlich anstrengender ist als der einer berufstätigen Mutter mit ein, zwei oder mehr Kindern, oder nicht vielmehr bequemer, organisierter und luxuriöser und zu allem Überfluss auch noch anerkannter. Kein Wunder, dass die Vorteilsnahme um sich greift und mit ihr Missgunst und Neid, manchmal getarnt hinter einer Maske der angeblichen Rechtschaffenheit, was gesamtgesellschaftlich ein alles entwertendes Verdachtsklima erzeugt. Wir bewegen uns moralisch auf abschüssigem Gelände.

Die Feuerwehr legt ihre Brände selbst

Auch auf den Finanzmärkten sind Maß und Mitte verloren gegangen. Schon vor der Krise von 2008 wäre es die Aufgabe der dortigen Akteure gewesen, auf die extremen Risiken der Spekulationsgeschäfte hinzuweisen. Doch der Bock wurde zum Gärtner gemacht, die Feuerwehr legte ihre Brände selber. Die Folge: Noch nie war die Welt so überschuldet wie heute, und das Verblüffende daran ist, ständig entsteht neues Geld, so, als ob es nicht erst erarbeitet werden müsste und nicht gedeckt sein müsste durch Produktivkraft oder reale Werte. Alte Schulden werden mit neuen »beglichen«. Ein Schneeballsystem, bei dem eine Rückzahlung irgendwann nicht mehr möglich ist. Schon jetzt haben sich unvorstellbare Schuldenberge angehäuft, die durch Sparmaßnahmen oder Konjunkturaufschwünge nicht mehr zu tilgen sind. Seit 1970 war in der Bundesrepublik kein Etat mehr ausgeglichen, immer wurde mehr ausgegeben als eingenommen. Die tatsächliche Verschuldung entspricht vermutlich auch nicht den offiziell angegebenen »nur« 80 Prozent des Bruttoinlandsprodukts, sondern wenn man ehrlicherweise die Pensionsverpflichtungen hinzunimmt, liegen wir bei 276 Prozent.[7] Damit sind auch wir Deutschen längst pleite. Nach uns die Sintflut, möchte man meinen, oder: Rette sich, wer kann!

Was am Ende für die meisten übrig bleibt, ist Ödnis und Leere. Derzeit anschaulich zu betrachten anhand der verlassenen Häuser und Siedlungen in den USA, die nach der Vergabe von »Gammelkrediten« langsam verfallen, genauso wie die Seelen der einstigen Bewohner, die jetzt hoch verschuldet sind. Wer da immer noch glaubt, Deregulierung bis hin zur Regelfreiheit würde Wohlstand stiften, gehört ins Märchenland. Skrupellos werden inzwischen sogar – basierend auf kühlen mathematischen Berechnungen – Wetten auf den möglichst frühen Tod von bestimmten Menschengruppen abgeschlossen. Je früher diese versterben, desto höher der Gewinn. Die Schöpfer solcher Finanzprodukte zeigen sich als gefühllose, psychopathische Raubtiere, denen, wie es bei Gordon Gekko in dem Film »Wall Street« heißt, das Gewissen bei der Geburt entfernt worden sein muss. Wobei der Vergleich mit den Raubtieren hinkt, denn zum einen haben Raubtiere in der Natur eine wichtige Funktion. Zum anderen jagen sie nie aus bloßer Gier, sondern zur Nahrungsaufnahme.

Der Boom des schnellen Geldes

Das globale Finanzvermögen hat sich von 1980 bis heute innerhalb von nur 30 Jahren von 12 auf 200 Billionen Dollar vermehrt. Der Finanzmarkt ist zehnmal so groß wie die Wirtschaftsleistung der gesamten Welt. 90 Prozent des um die Welt vagabundierenden Kapitals sollen dabei nicht mehr an Güter oder Dienstleistungen gekoppelt sein. Es ist virtuelles Geld, aus dem die Cleversten früh genug ihre Gewinne ziehen. Der Rest verwandelt sich dann irgendwann über Nacht in Schrottpapiere. Erneut bringt es Gordon Gekko in »Wall Street« auf den Punkt: »Einer muss am Ende zahlen, und ich bin das nicht.« Gab es 1990 noch 600 Hedgefonds mit 40 Milliarden Dollar Vermögen, sind es heute ungefähr 8000 Fonds mit 1,7 Billionen Dollar.[8]

Es sind Geldanlagen zumeist jenseits von produzierten Waren und Dienstleistungen, mit denen sich, wenn es gut läuft, gigantische Gewinne machen lassen. Deshalb ist ein wahrhaftiger Casinokapitalismus entbrannt; sogar mit der Krise und dem Untergang lassen sich riesige Vermögen machen. Der sechsundfünfzigjährige John Paulsen, Hedgefonds-Gründer in den USA und mit 15,5 Milliarden Dollar Vermögen laut »Forbes-Liste« 2010 auf Platz 17 der reichsten Amerikaner, wettete frühzeitig auf das Platzen der Immobilienblase und konnte damit rund 4,9 Milliarden Dollar Gewinn einfahren. Ein Branchenrekord.[9] Das Leid der Geschädigten und die sozialen Verwerfungen, die als Nebenwirkungen auftreten, werden in solche Bilanzen nicht einkalkuliert. Menschlich handeln können andere.

Auch Deutschland wollte diesen Boom der Finanzmärkte nicht verpassen. Wettbewerbsfähig bleiben, hieß die Parole unter Rot-Grün, möglichst ohne Regulierungen – obwohl der Preis dafür undurchsichtige und hoch riskante Finanzprodukte sind, die im Jahr 2008 einigen Banken nahezu das Genick gebrochen haben. Genau das aber gehört zum System:

Es wird mit Geldanlagen gehandelt, die man nicht versteht, und dabei mehr ausgegeben, als man verantworten oder wieder erwirtschaften kann. Jeder vernunftbegabte Mensch weiß, dass das nichts anderes als Glücksspiel ist, bei dem nur temporär einige wenige gewinnen können. Der Rest, das gehört zum Spiel, hat Pech gehabt.

Es ist immer wieder erstaunlich, wenn man von den City-Boys in London oder den Brokern in New York oder den Investmentbankern in Frankfurt am Main hört, wie wenig sie für das, was sie taten oder tun, ausgebildet oder sachkundig sind. Wie wenig Ahnung sie haben.[10] Und wie sie damit, weg vom ganz normalen Geschäft hin zu den großen Spekulationsblasen, ein Vielfaches von dem verdienen, was man zum Leben braucht. Kein Wunder also, dass wir von einer Krise in die nächste stolpern, wenn dieses kranke System nicht durch Regeln und Steuern zumindest in Grenzen gehalten wird. Nach der Geldvernichtung unter dem Etikett »New Economy« folgte die »Venture Capital-Blase«, gefolgt von der Finanzkrise 2008 aufgrund der faulen Immobilienkredite, und jetzt bedrohen die Staatspleiten Wohlstand und sozialen Frieden.

Dabei macht unverdrossen eine Minderheit weiter mit miesen Finanzprodukten auf Kosten anderer so viel Geld, wie man es mit redlicher Arbeit unmöglich erzielen kann. Egal, ob danach das System kollabiert, die soziale Marktwirtschaft und ganze Gesellschaften in den Ruin stürzen. Die Autoren der *Globalisierungsfalle* haben schon Ende der Neunzigerjahre davor gewarnt, dass die Weltfinanzmärkte eine größere Gefahr darstellen als die Atomwaffen, weil die Börsen mehr spekulative Seifenblasen abbilden als reale Werte.[11]

Um den Gau zu verhindern, zahlten die europäischen Staats- und Regierungschefs bislang zwischen 2008 und 2010 mehr als 1600 Milliarden Euro, um Zocker-Banken zu retten. Die Finanzspritzen seit 2011 noch nicht eingerechnet. Wie viel besser hätte man diese Milliarden in die Bildung oder das Gesundheitswesen investieren können. Doch die Welt ist inzwischen im Krisenmodus, an vernünftige Politik ist kaum noch zu denken. Volkswirtschaften werden heruntergestuft, und eine Chance, sich aus diesem Zustand wieder herauszusparen oder herauszuwirtschaften, sehen selbst die optimistischsten Ökonomen nicht mehr. Noch immer lautet die Devise deshalb, alte Schulden mit neuen zu bekämpfen. Aber auf lange Sicht taugt das Manöver nicht. Währungsreform und/oder Inflation oder aber eine Deflation der Vermögenswerte scheinen unvermeidlich. Denkbar sind auch Enteignungen oder Sonderabgaben, eine Art Soli-Zuschlag für Europa zum Beispiel.

Noch besitzt jeder Deutsche im Durchschnitt 57 000 Euro Guthaben. Das entspricht einem Vermögen der Bundesbürger von insgesamt zehn Billionen Euro. Der Staat könnte bald Interesse daran haben.[12] Doch wer spricht solche Wahrheiten aus? Wer sagt, dass unser Geld nicht stabil ist, sondern wieder zu bedrucktem Papier werden wird, das immer weniger von dem hält, was es einst versprochen hat? Keiner sollte vergessen, dass Banknoten einen scheinheiligen Charakter haben: Vordergründig verheißen sie zwar Sicherheit und Glück, in Wahrheit aber sind sie fragil und an bestimmte Gegebenheiten und Voraussetzungen gebunden. Ebenso fragil erweisen sich derzeit auch andere Absicherungssysteme wie Altersvorsorgemodelle, Versicherungen oder materielle Polster in Form von Eigentum, die im Ausnahmezustand allesamt im Handumdrehen wertlos werden können. Wie intensiv wird in den Hinterzimmern der Macht über solche Szenarien nachgedacht?

Auch in der Krise kommen die Absahner

Ein Wunder müsste geschehen. Doch welche Länder haben das Potenzial, so kräftig zu werden, dass sie den hoch verschuldeten Reststaaten wieder auf die Füße helfen könnten? Der Markt an sich wird es jedenfalls nicht regeln und richten. Der Markt wird bestimmt von den handelnden Akteuren. Von Akteuren, die derzeit auf dem Vulkan tanzen und versuchen, noch einmal für sich Kasse zu machen, selbst wenn danach die Welt zusammenbricht. Es ist eine Illusion, dass der Markt aus sich heraus in der Lage sein könnte, eine gerechte Gesellschaftsordnung zu organisieren und somit dem Leben eine tiefere Bedeutung zu geben. Nur die Akteure des Marktes haben die Möglichkeit, verantwortlich und im Sinne der Menschlichkeit zu handeln oder auch nicht. Das Kapital, mit dem sie den Markt befeuern, dient jedoch zumeist lediglich Machterhaltungsinteressen.

Um das zu ändern, bräuchte es wohl in der Tat den Staat als Ordnungsmacht. Und man kann auch nicht sagen, dass dieser Ruf nicht gehört worden wäre. Doch was passiert? »Jedes Finanzprodukt, jeder Finanzplatz und jede Finanzinstitution muss Regeln unterworfen werden«, sagte die Bundeskanzlerin Angela Merkel im Jahr 2009 unmittelbar vor dem G20-Gipfel, als die Welt mit der Finanzkrise aus dem Jahr 2008 und den Folgen daraus dem Abgrund gerade wieder einen Schritt näher gekommen war. Drei Jahre und einige G20-Treffen danach hat sich aber nur wenig geändert. Lediglich die Eigenkapitalquote der Banken muss höher sein als bisher, damit sie nicht mehr so schnell pleitegehen können. Doch viel bedrohlicher sind die unkontrollierten Geschäfte der Schattenbanken. Hier wird weiter mit virtuellen Billionen spekuliert. Und der Finanzsektor insgesamt ist nach wie vor so dominant und so vernetzt, dass im Krisenfall sicher erneut mit Staatsgeldern ausgeholfen werden müsste, um Katastrophen und Dominoeffekte zu verhindern.[13]

Nach wie vor stimmen die Dimensionen nicht, was sich an dem ehemaligen Vorstandsvorsitzenden der Hypo Real Estate (HRE), Georg Funke, gut demonstrieren lässt. Obwohl die HRE unter seiner Regie zwischen 2003 und 2008 fast pleitegegangen wäre und 2009 zwangsverstaatlicht und mit rund 130 Milliarden Euro gerettet werden musste, klagte Funke nach seinem von der Politik erzwungenen Rücktritt vor Gericht gegen seine Kündigung und forderte insgesamt 3,5 Millionen Euro Gehaltsnachzahlung. Nicht als Täter und Verantwortlicher sieht er sich, sondern als Opfer. Und in der Tat hat das Landgericht München diesen Forderungen im Oktober 2010 teilweise recht gegeben. Danach müsste die nunmehr verstaatlichte HRE ihm 150 000 Euro zahlen, da Funke das Geld aufgrund seines Arbeitsvertrags noch zusteht. Ob diese Summe tatsächlich fließen wird, ist zwar noch unklar, da in einem weiteren Verfahren über die Rechtmäßigkeit seiner Kündigung entschieden werden muss. Aber es zeigt wieder einmal, wie Risiken sozialisiert, Gewinne aber privatisiert werden. Man kann es nicht oft genug wiederholen, dass das Prinzip der Risikohaftung endlich auch für die Absahner eingeführt werden muss.

Relevant für den Fall Georg Funke sind sicher noch die laufenden Ermittlungen der Münchner Staatsanwaltschaft gegen das ganze frühere Management der HRE-Bank, die voraussichtlich Ende 2012 vor dem Oberlandesgericht (OLG) München verhandelt werden. Der Vorwurf ist, dass man vorsätzlich unverantwortliche Risiken eingegangen sei und somit die Existenz der Bank gefährdet habe, was in juristischen Termini bedeutet: »Veruntreuung des anvertrauten Firmenvermögens«. Es könnte ein allererster Musterprozess werden, wie weit verantwortliche Banker gehen dürfen und wo die Grenzen gezogen werden müssen bei dem Ziel, noch größer und profitabler zu werden. Doch das ist noch Zukunftsmusik, und man wird sehen, ob die Partitur tatsächlich in diese Richtung neu geschrieben wird.

Den ehemaligen Edelbanker Georg Funke, gegen den noch eine Fülle von Klagen privater Anleger anhängig sind, ficht das alles nicht an. Er hat sich neu aufgestellt und präsentiert sich derzeit als Edelmakler auf Mallorca. Im schicken Port d'Andratx wirbt er für seine Firma »A 1 Villas Mallorca S. L.« und bietet Luxus-Immobilien an. Vom Penthouse mit Meerblick ab einer Million Euro bis zur Villa mit 3000 Quadratmetern Wohnfläche für schlappe 29 Millionen. Dabei fällt in Funkes Selbstdarstellung der Name »Hypo Real Estate« kein einziges Mal. Erwähnt werden nur »Positionen im Topmanagement im weltweiten Immobiliengeschäft«. Was Leser der *Mallorcazeitung* zu empörten Reaktionen veranlasst hat: »Sein sogenannter Werdegang entspricht nicht der Wahrheit. Es geht in keinster Weise hervor, dass er Vorstandsvorsitzender der Hypo Real Estate war … Durch ihn sind viele arbeitslos geworden.« Sein Auftreten auf Mallorca sei dreist, heißt es weiter, ohne Skrupel und ohne jegliche Moral. Funke selbst hat aber kein schlechtes Gewissen. »Ich habe weder die Schieflage verursacht, noch habe ich die Verantwortung dafür«, hat er die Zeitung auf Anfrage wissen lassen.[14]

Profitiert haben auch die »Zweitverwerter« der Schieflage. Die beiden Vorstände, Kai Wilhelm Franzmeyer und Frank Krings, die für die Aufräumarbeiten bei der Hypo Real Estate engagiert worden waren, haben sich in ihren Verträgen gewaltige Pensionsansprüche gesichert. Nachdem sie nur reichlich zwei Jahre für die Bank tätig waren, erhalten sie ab dem vollendeten sechzigsten Lebensjahr eine monatliche Rente von 16 000 Euro, was jährlich 192 000 Euro entspricht, auch eine Art »Ehrensold«. Ein Angestellter müsste dafür 294 Jahre lang den Höchstbetrag in die gesetzliche Rentenversicherung einzahlen.[15]

Doch dieser Vergleich – nach unten – zählt für die beiden Topmanager wie für so viele andere Großverdiener nicht. Für sie zählt der Vergleich nach oben, dass sie bei einer anderen

Bank noch mehr hätten verdienen können. Das ist ein bestechendes Argument, und man kann erahnen, in welche Konflikte die Politik bei derartigen Vertragsgesprächen kommt. Zumeist heißt es in solchen Fällen lapidar, am wichtigsten sei, dass solche Verträge in Zukunft nicht mehr abgeschlossen würden. Und wann, bitte, fängt diese Zukunft an?

Bei der Verteilung von Wohlstand sind die Dimensionen in den letzten Jahrzehnten massiv verrutscht, und man möchte zur Abwechslung mal den Menschen, die im medizinischen Bereich direkte Hilfe am Menschen leisten oder sich vom Kindergarten bis zum Studium um unseren Nachwuchs und damit um unsere Zukunft kümmern, diese Topkonditionen gönnen.

Wir werden mit Mogelpackungen abgespeist

Immer wieder und nahezu überall werden wir inzwischen mit Mogelpackungen abgespeist, egal ob wir in die Bereiche Medien, Politik, Ernährung, Gesundheit oder Finanzen blicken. Angeboten wird viel, das Ziel ist immer wieder dasselbe: möglichst hoher Eigennutz, und das um jeden Preis. Fairness wird draußen vor der Tür gelassen. Was noch einigermaßen legal oder zumindest nicht ausdrücklich verboten ist, wird ausgeschöpft, manchmal auch ein wenig mehr. Aber sind wir überhaupt noch in der Lage, uns dem entgegenzustellen, oder erschöpfen sich unsere Proteste im Stammtischgeschwätz oder dem immer beliebter werdenden Bashing im Internet?

Schauen wir uns drei weitere konkrete Fälle von Wirtschafts- und Finanzbetrug aus der jüngsten Zeit an, die uns sensibel machen können dafür, wie der einzelne Betrüger im Zusammengang mit dem dahinter liegenden System wirken kann.

In den vergangenen 20 Jahren haben vor allem drei Persönlichkeiten für Aufregung und globale Schlagzeilen gesorgt.

Protagonist Nummer eins ist Bernard L. Madoff, der (muss man vorsichtshalber sagen – »bislang«?) größte Geldanleger betrüger aller Zeiten. Er sammelte bei rund 4800 Investoren etwa 65 Milliarden Dollar[16] ein, die er dann in einem Schneeballsystem bewegte. Was bedeutet, dass er die Einlagen seiner Kunden ab einem bestimmten Zeitpunkt nicht mehr investierte, sondern die alten Kunden mit neu beschafften Kundengeldern auszahlte, um ihnen so Traumrenditen vorgaukeln zu können. Protagonist Nummer zwei ist Baulöwe Dr. Utz Jürgen Schneider. Er schaffte es, über 50 Banken um rund drei Milliarden Euro zu prellen, indem er beispielweise die vermietbaren Flächen in seinen Objekten kurzerhand auf dem Papier verdoppelte – oder aber die Anzahl der Mietverträge. Wahlweise erfand er in seinen Gebäuden auch PhantasieGeschosse, die keiner sorgfältigen Überprüfung standgehalten hätten; aber genau die fand über Jahre hinweg nicht statt. So gilt Jürgen Schneider mit seinen Immobilien-Betrugsgeschäften als größter Wirtschaftsverbrecher der Nachkriegszeit. Dritter in der Runde ist der Exbanker Jérôme Kerviel. Er verursachte mit seinen Spekulationen den bislang größten Gesamtverlust, den je eine Bank durch einen einzelnen Mitarbeiter erlitten hat. Sein hoch riskanter Wertpapierhandel kostete die bis dahin renommierte französische Société Générale knapp fünf Milliarden Euro.

Natürlich ist das nur die Spitze des Eisbergs, und es gibt noch einige mehr, die mit ihren Geld- und Wirtschaftsgeschäften als Schwindler und Betrüger entlarvt worden sind. Davor gab es zum Beispiel den Fall Nick Leeson, der mit nur 27 Jahren für die traditionsreiche, seit 1762 bestehende Barings Bank ein Minus von über einer Milliarde Dollar einfuhr, was 1995 den Ruin für die älteste britische Handelsbank bedeutete, bei der sogar die Queen Kundin war. Nach über 230 Jahren Existenz hatte es ein junger Kerl geschafft, die einst so renommierte Bank in den Untergang zu führen, zuzüglich einer weltweiten Devisenkrise in Folge. Es verwundert zwar einerseits schon, dass Nick Leeson, der in der Schule durch die Abschlussprüfung in Mathematik gefallen war, ausgerechnet eine Bankausbildung absolvieren konnte und dann auch noch in dem Traditionshaus groß rauskam. Andererseits verwundert es nicht, wenn man weiß, dass er in Asien Geschäfte machte, die die Topmanager in London nie begriffen, aber auch nie hinterfragten, weil die anfänglichen Gewinne für sie überzeugend genug waren. Für sie war Leeson ein Visionär der Märkte. Den Blender und Hochstapler, der riskante Millionendeals machte, erkannten sie nicht.

Aber auch nach der Inhaftierung von Madoff oder Kerviel war das Spiel mit den Milliarden nicht zu Ende. Im September 2011 wurde der Ghanaer Kweku Adoboli verhaftet, der in nur drei Monaten 2,3 Milliarden Dollar (1,5 Mrd. Euro) der Großbank UBS verzockt hatte. Milliardensummen, Zahlen mit bis zu neun Nullen hintendran, bei denen jedem Normalbürger schwindlig wird. Doch allein durch die Häufung der Delikte scheinen sie langsam »normal« zu werden, stellen sich fast Gewöhnungseffekte ein. Dabei bräuchte es an die 150 000 Jahre, um »nur« fünf Milliarden Euro bei einem durchschnittlichen Jahresgehalt von 35 000 Euro brutto erarbeiten zu können. Eine Wertschöpfung von 150 000 Jahren – das ist ein Zeitraum, von jetzt aus zurückgeblickt, in dem wir in der Altsteinzeit landen würden, als sich die Eis- von den Braunbären getrennt haben sollen und es den heutigen Menschen noch gar nicht gab. Kulturelle Fähigkeiten waren noch nicht sehr weit entwickelt und Geldgeschäfte noch gänzlich unbekannt, genauso wie das Schreiben mit Buchstaben. Es ist die Zeit der Neandertaler, was in gewisser Weise ganz gut passt. Doch das sind Zusammenhänge, die sich dem horizontverengten Zocker mit auf Gewinn fixiertem Tunnel- oder Bildschirmblick nicht zu erschließen scheinen. Statt verschwenderisch mit Geldsummen umzugehen, wäre ein verschwenderischer Geist heilsam.[17]

Jérôme Kerviel, der von seiner Bank bereits einen Spielgeldrahmen von immerhin 500 Millionen Euro zugestanden bekommen hatte, spekulierte zeitweise mit unvorstellbaren 50 Milliarden – mehr Geld, als die ganze Bank wert war. Für ihn waren diese Milliarden lediglich eine Position auf seinem PC, so wie viele andere Positionen, mit denen er handelte – einfach Zahlenkolonnen, bei denen ein Knopfdruck auf die Tastatur genügte, und dann schossen die sensationellen Summen – so wie bei vielen anderen Brokern weltweit – in nur wenigen Sekunden rund um den Erdball und bewegten Kurse und Märkte. Wobei im sonstigen sozialen Leben eine einzige Milliarde Euro ausreichen würde, um über eine Million Kindergartenplätze kostenfrei zu ermöglichen oder 25 000 Lehrer für ein Jahr zu bezahlen. Mit 31 Milliarden Euro ließe sich in Deutschland das gesamte Arbeitslosengeld für ein Jahr bestreiten.

Genau an solchen Vergleichen zeigt sich, wie weit die Welten auseinandergedriftet sind. Verbindende Brücken gibt es zwischen diesen Parallelgesellschaften nicht mehr, weil es sich nicht nur um einzelne Betrugsfälle in gigantischem Ausmaß handelt, sondern weil das ganze System krank ist. Die Einzelakteure, die Unterlagen gefälscht und Computer manipuliert haben, sind Handelnde in einem System, das ebenso skrupellos und verlogen ist und das auf einer Welt aus Illusionen und Illusionspapieren basiert.

In diesem faulen System werden an Kunden, die nach einer finanziellen Absicherung fürs Alter suchen, Produkte verkauft, auf deren Verlust und Niedergang im Anschluss an die Vertragsunterschrift gewettet wird. Oder Bankkunden bekommen eine Beteiligung an Fonds aufgeschwatzt, die zwar absehbar keine Rendite bringen, die die Bank aber loswerden und deshalb in den Markt drücken will. Eine E-Mail von einem Mitarbeiter der Deutschen Bank aus dem Jahr 2007, die aus Versehen an die Öffentlichkeit gelangte, belegt das: »Daumen drücken, aber ich glaube, wir kriegen das Ding gerade noch los, bevor der Markt in den Abgrund stürzt.«[18] Inzwischen klagen die »United states of America against Deutsche Bank«. Auch dies könnte ein Musterprozess werden.

Wer als Bankmitarbeiter zu wenig von solchen bankinternen Mogelpackungen verkauft, hat in der Monats- oder Quartalsauswertung schlechte Karten und schlussendlich auch beim Erhalt seines Arbeitsplatzes. Selbst der feine Anzug, die exakt gebundene Krawatte und das nette Auftreten helfen dann nicht mehr. Ebenso unverfroren wie beim Verkauf von Schrottprodukten wurden zuvor – und auch danach – Hunderttausende, die am Existenzminimum leben, zu Ausgaben auf Pump gedrängt, um faule Geschäfte zu machen. Angelockt mit hochglanzgestylten Broschüren, die allesamt schier *unglaubliche* Supergeldanlagen bewerben, bei denen aber meist schon beim Erwerb feststeht, dass sie ihre Versprechen nie werden einhalten können. Statt Sorgfalt und Kontrolle blüht das Marketing, wie man es mustergültig bei den drei Protagonisten Madoff, Schneider und Kerviel durchdeklinieren kann. Es regieren die Regeln des Scheins. Jeder verschaukelt jeden. Man muss nur der Bessere sein. Es zählt das Gesetz des Verschlageneren. Und so überlappen sich immer wieder die Verhaltensweisen, die den einzelnen Betrüger kennzeichnen, mit denen, die im Bankgeschäft üblich waren und sind.

Wenn Bernard Madoff aus dem Gefängnis mitteilt, alle seien gierig und er habe nur mitgemacht, so untertreibt er seine eigenen kriminellen Energien in der Sache sicher gewaltig, aber er trifft einen wahren Kern. Es gibt immer wieder diese Symbiose zwischen dem Täuschenden und dem Getäuschten, eine Koabhängigkeit. Nicht selten sind Betrüger, Bank und Anleger in ihrer Gier nach Gewinn und Superbilanzen vereint, jeder nach seinen Möglichkeiten. Nur die Rollen im System sind jeweils verschieden verteilt.

Wie entstehen Betrügerkarrieren?

Auffällig ist, dass die meisten Betrügergestalten ihren Hang zum Größenwahn in der Kindheit und Familiengeschichte verankern. Sie sind geprägt von demütigenden Erfahrungen, nicht selten auch von Armut oder familiärem Elend. Jürgen Schneider wurde von seinem autoritären Vater nie wertgeschätzt und suchte daher den Erfolg um jeden Preis, um endlich Anerkennung zu ernten. Bernard Madoff erlebte als Kind den Konkurs seines Vaters und erklärte: »Wenn du das siehst, wenn dein Vater, der ein Idol für dich ist, plötzlich alles verliert, dann hast du Angst, dass dir dasselbe passieren könnte.«[19] Er sah sein Leben immer im Schatten seines gescheiterten Vaters, und das hätte er seinen Söhnen gern erspart. Doch der Fluch zur Wiederholung der Kindheitsmuster ließ sich offenbar nicht abwenden. Am Ende hat er noch viel größere Erniedrigungen über seine Söhne gebracht.

Jérôme Kerviel wiederum ist der Sohn einer Friseurin und eines Lehrers aus der Provinz, den die weite Welt und das große Geld lockten. Sie alle fingen klein und mit legalen Geschäften an. Doch als gigantische Gewinne, das Leben im Luxus oder der Besitz von Prachtbauten in ihre Reichweite kamen, verloren sie Maß und Mitte, überschritten die Grenzen des Erlaubten und verwandten alle Energie nur noch darauf, ihre Erfolge in weitere Höhen zu treiben.

Sowohl Jürgen Schneider als auch Bernie Madoff zogen Befriedigung daraus, dass die vornehmen Banker und reichen Prominenten, die ihnen vorher nicht einmal die Hand zum Gruß gereicht hätten, plötzlich als Bittsteller auf sie zukamen, weil sie Gewinnchancen für sich witterten und gierig darauf waren. Von Geltungsdrang und narzisstischen Allmachtsphantasien getrieben, deklarierten sie Schein zu Sein und schufen Wahrheiten, indem sie sie erfanden. Mit zerstörerischen Folgen.

»Wer weiß, was wahr ist und was nicht?« Das war die letzte Frage von Mark Madoff, dem ältesten Sohn des größten Finanzbetrügers in den USA, die ihn quälte und nicht mehr aus dem Kopf ging. Am Ende ließ ihn die Frage nach Lüge und Wahrheit verzweifeln. Am 11. Dezember 2010 nahm er sich das Leben, zwei Jahre nachdem das kriminelle Vorgehen seines Vaters bei seinen Finanzgeschäften aufgeflogen war. Worüber hat er noch gelogen? Diese Frage muss eine große Verunsicherung für ihn gewesen sein. Auch hinsichtlich der Liebe zu seinen Söhnen und seiner Familie? Der bis dahin vom Wohlstand verwöhnte Junge kam damit nicht mehr klar, auch nicht mit der Erfahrung, dass er mit in Sippenhaft genommen wurde, gleichsam mitverantwortlich gemacht für die Betrügereien seines Vaters, von denen er und sein Bruder wohl tatsächlich nichts gewusst haben. »Niemand will die Wahrheit hören …« So begann er seine letzte E-Mail an seinen Anwalt, bevor er ihn bat, auf seine Frau und die vier Kinder aufzupassen. Danach erhängte er sich.[20] Wer noch unsicher ist, welche Relevanz Wahrheit und Lüge tatsächlich haben, sollte sich mit dieser Familiengeschichte beschäftigen.

Bernie ohne Earny

Bernard Lawrence Madoff, genannt »Bernie«, wurde am 29. April 1938 im New Yorker Stadtteil Queens geboren und wuchs in eher bescheidenen Verhältnissen auf. Er besuchte die Highschool, wo er auch seine spätere Frau kennenlernte. Dramatisch erlebte er die Pleite seines Vaters, der Sportgeräte herstellte und vertrieb. Von da an hat ihn, wie schon erwähnt, die Angst nicht mehr losgelassen, dass ihm dasselbe passieren könnte, dass auch er plötzlich alles verlieren würde. Vor diesem Hintergrund hat er seine eigene Karriere aufgebaut, ehrgeizig bestrebt, es den anderen zu zeigen, mitspielen zu dürfen bei den ganz großen Playern. Er studierte Politikwissenschaften, doch richtig aktiv wurde er, als er mit

Freizeitjobs zum Beispiel als Rettungsschwimmer seine ersten Dollars zusammengespart hatte. Mit denen gründete er 1960 eine Investmentfirma, die sich äußerst erfolgreich etablieren konnte. Sein Unternehmen lebte zunächst nur von der Differenz zwischen Angebots- und Nachfragepreis bei Wertpapieren, wuchs damit aber systematisch zu einem der größten Wertpapierhandelsunternehmen heran. Ohne Beziehungen und ohne die finanzielle Unterstützung aus gutem Hause setzte sich Madoff an der Wall Street durch, wo die größten Finanzunternehmen den Kuchen eigentlich schon unter sich aufgeteilt hatten. Aber er schaffte es, von ganz unten kommend, ein Milliardenunternehmen aufzubauen. Am Anfang war er zufrieden mit den kleinen Geschäften, den Brotkrumen, die für ihn übrig blieben, und handelte damit bemerkenswert geschickt. Auch erkannte er früh die Chancen der neuen Technologien und setzte schon in den Siebzigerjahren statt auf Papiergeschäfte auf den automatisierten Handel, womit es ihm gelang, sich endgültig auf dem Börsenparkett durchzusetzen. In dieser Zeit stieg auch Madoffs computeraffiner Bruder, Peter B. Madoff, mit in das Geschäft ein. Durch den Computerhandel konnten beide sehr günstige Kurse anbieten und die Konkurrenz schlagen. In den Achtzigerjahren wurde er durch seine Geschicklichkeit und seinen Fleiß reich und schließlich auch vom Establishment anerkannt. Auf legalem Weg machte er 100 Millionen im Jahr. 1990 wurde er Vorsitzender der Technologiebörse Nasdaq und er hätte aufhören können. Er hatte sein ursprüngliches Ziel erreicht. Doch dann kam die Gier. Das Erreichte reichte ihm nicht.

Madoffs Unternehmen wuchs weiter. Er verwaltete immer mehr Anlagegelder von vermögenden Kunden und eine Reihe von Hedgefonds. Er agierte vor allem als Broker an der Börse, aber auch als Investor – circa 4800 Kunden versammelte er schließlich in seiner Kartei, obwohl er als Anlageberater offiziell gar nicht registriert war. Die Zulassung und Lizenz wäre normalerweise ab 15 Kunden Pflicht gewesen.

Doch er bestimmte inzwischen die Regeln. Seine Anlagen durften nur die verkaufen, die seinen Namen nicht in den Unterlagen nannten. Geheim blieben auch seine Anlagestrategien. Er forderte blindes Vertrauen, und wer das nicht wollte, erhielt sein Geld zurück. Nur wenige fragten da nach Details. Die meisten interessierten sich nur für die fett ausgewiesenen Gewinne am Ende der Zahlenkolonnen.

Als in den Krisenzeiten Ende der Neunzigerjahre die bis dahin üblichen Renditen von 15 bis 20 Prozent mit legalen Mitteln nicht mehr zu erwirtschaften waren, ersann Madoff sein Schneeballsystem. Und weil seine Renditen damit – entgegen dem allgemeinen Trend – weiter stiegen, vertrauten ihm immer mehr Geldinstitute oder schwerreiche Anleger neue Millionen an. Auf dem Papier machte er Gewinne, egal wie der Markt lief, und entwickelte sich so zum größten Finanzbetrüger aller Zeiten.

Möglicherweise hatte er tatsächlich gehofft, dass irgendwann wieder bessere Zeiten kommen würden, in denen er die Millionen wieder ausgleichen könnte, die er in der Krise einfach nur von einem zum anderen verschob und nicht mehr wirklich erwirtschaftete. Auch erklärte er später, er habe sich in diesen Zeiten nie aufgedrängt, ja, seine Anleger sogar darauf aufmerksam gemacht, wie riskant die Geschäfte mit ihm seien. Und wenn jemand fragte, wie er denn in diesen mauen Börsenzeiten solche Gewinne verzeichnen könne, verweigerte er Zahlen und Fakten, die ihn überführt hätten. Er bot seinen Kunden lediglich an, ihre Einlagen wieder rauszunehmen, was diese aber mit gierigem Blick auf die phantasierten Gewinnchancen niemals taten.

Nur dem Finanzanalysten und Mathematiker Harry Markopolos kam das Ganze komisch vor. Anfang 2000 schon rechnete er die Bilanzen durch und zog daraus den Schluss, dass es sich hier um ein Schneeballsystem handeln müsse. Es habe ihn fünf Minuten gekostet zu errechnen, dass Madoff ein Betrüger sei, sagte er. Doch keiner will ihm glauben oder seinen Hinweisen ernsthaft folgen. Es dauerte weitere zehn Jahre, bis das System schließlich zusammenbrach. Die amerikanische Börsenaufsicht SEC, der Harry Markopolos seine Ergebnisse vergeblich präsentierte, beachtete die Warnhinweise über Jahre hinweg nicht. Der nach außen erfolgreiche Bernie Madoff konnte für sie, dessen Feste und Feiern sie gern besuchten, kein Betrüger sein. Über 40 Jahre Arbeit mit Geldgeschäften und die guten Beziehungen zählten mehr, schienen die besseren Argumente zu sein als die Berechnungen eines Mathematikers. Erst im Jahr 2006, nachdem inzwischen noch weitere Beschwerden eingegangen waren, wurde schließlich eine offizielle Untersuchung durch die Börsenaufsicht eingeleitet. Allerdings selbst da noch so halbherzig, dass Madoff mit seiner aufgesetzten Souveränität alles abwehren konnte. Die Ermittlungen, man mag es kaum glauben, wurden eingestellt.

Im Nachhinein erklärte Madoff, er habe einfach immer mehr Angst bekommen, die Wahrheit zu sagen. Deshalb habe er jahrzehntelang geschwiegen. Nicht einmal seine Familie, die für ihn ansonsten das A und O war, weihte er in seine Probleme ein. Ein schierer Albtraum seien diese Jahre gewesen, erzählte er nach seinem Absturz. Gänzlich einsam habe er sich gefühlt. Soll man Mitleid haben? Seine Motivation, um weiterzumachen, sei der Stolz seiner Söhne auf ihn gewesen und das vielfache Lob, ja, die weltweite Anerkennung, mit der er und seine Familie überschüttet wurden. Vermutlich ein hilfreiches Gegengift gegen die Angst, erwischt zu werden.

Am Ende waren 65 Milliarden Dollar für die Anleger verloren oder, wie man etwas zynisch sagen könnte, umverteilt. Tausende Investoren auf mehreren Kontinenten waren um ihr Geld geprellt. Es war der erste Betrugsfall mit wirklich globalem Ausmaß. Von den USA ausgehend wurden Anleger und Banken in Deutschland, Frankreich, England, der Schweiz, Luxemburg, Österreich, den Niederlanden, Italien, Spanien und Portugal geschädigt, aber auch in Japan und Brasilien.

Unter den privaten Anlegern, die Millionen Verluste machten, waren Steven Spielberg oder der Chef von DreamWorks Animation, Jeffrey Katzenberg, aber auch renommierte Wissenschaftler vom Massachusetts Institute of Technology oder die einundneunzigjährige Schauspielerin Zsa Zsa Gabor und ihr Ehemann Frederic Prinz von Anhalt. Die Stiftung des Nobelpreisträgers und Holocaustüberlebenden Elie Wiesel soll im Zuge des Madoff-Skandals nahezu ihr gesamtes Vermögen in Höhe von 15,2 Millionen Dollar verloren haben. Große Schäden sind aber auch für wohltätige und gemeinnützige Organisationen entstanden, für Schulen, Universitäten und Forschungsinstitute, Stiftungen und Museen, die Madoff vorher mit seinen Geldern unterstützt hatte. Ganz zu schweigen von den Steuerausfällen und Schäden bei den Rückversicherern, die für Vermittler und Fondsmanager für den Fall der Verletzung ihrer Sorgfalts- und Aufklärungspflichten spezielle Haftpflichtversicherungen abgeschlossen hatten. Der ganze Fall soll weltweit rund drei Millionen Personen betroffen haben; rund 300 Anwaltskanzleien und 45 000 Anwälte sollen sich damit befassen.

Im Jahr 2008 wurde Bernard L. Madoff schließlich wegen Betrugs verhaftet und im Juni 2009 zu 150 Jahren Gefängnis verurteilt, sein Vermögen zugunsten der Gläubiger versteigert. Allein die Hausschuhe des Milliardenbetrügers mit den aufgestickten Initialen wechselten für 1100 Dollar den Besitzer. Hausschuhe für über 1000 Dollar; auch so was muss man sich leisten können.

Dr. Schneider mit und ohne Toupet

Bei dem Baulöwen Dr. Jürgen Schneider waren es am Ende die bunten Bermudashorts, die in die Konkursmasse eingingen, weil sein eigener Vater sich weigerte, diesen letzten Gruß seines Sohnes aus der Haft anzunehmen. Und dabei hätte er durchaus Grund gehabt, auch stolz auf seinen Erstgeborenen zu sein. Denn Jürgen Schneider war – alles in allem – eine Ausnahmeerscheinung und mit dem Kauf und Erhalt altehrwürdiger Immobilien in bester Lage auch ein Vertreter alter Werte. Er schätzte solides Handwerk, wobei man einschränkend sagen muss, dass das vor allem die Phase der Ausführung betraf, jedoch nicht die Bezahlung der entsprechenden Betriebe und Rechnungen.

168 Immobilien hatte er in seinen Schaffensjahren unter seiner Aufsicht, darunter so berühmte wie Auerbachs Keller oder die Mädler-Passage in Leipzig und den historischen Fürstenhof oder die Zeilgalerie in Frankfurt am Main. Am Ende blieb ein nahezu undurchsichtiges Geflecht von über 130 Firmen im In- und Ausland. Einem Objekt-Vermögen von rund zwei Milliarden Mark standen Mitte der Neunzigerjahre, als er aufflog, mehr als fünf Milliarden Mark an Bankkrediten gegenüber. Mieteinnahmen von rund 15,5 Millionen Mark mussten gegen Zinspflichten von über 100 Millionen gerechnet werden. Ganz zu schweigen von den offenen Betriebsausgaben und Gehältern. Die Gesamtbilanz belief sich damit auf etwa fünf Milliarden Mark offene Verbindlichkeiten. 280 Handwerksfirmen und ungefähr 850 Gläubiger meldeten offene Forderungen in Höhe von weiteren 850 Millionen Mark an. Dabei war es Schneider gelungen, an die 50 Banken zu täuschen, deren Spezialgutachter eingeschlossen. Die Deutsche Bank war allerdings das einzige Geldinstitut, das Strafanzeige erstattete. Alle anderen hatten wohl Angst, sich der negativen Presse auszusetzen.

Wie aber konnte es überhaupt so weit kommen? Geboren wurde Jürgen Schneider am 30. April 1934 in Frankfurt am Main und wuchs als ältestes von vier Kindern in einer alteingesessenen Höchster Bau- und Architektenfamilie auf. Mit streng protestantischen Grundsätzen versuchte sein Vater, der als Familienoberhaupt alles dominierte, einen geradlinigen Jungen aus ihm zu machen. Doch auch Schläge halfen nichts; schon früh soll sich Jürgen Schneider nach Angaben seines Vaters als »Lügenbold« und »Taugenichts« erwiesen haben. Als Kind habe er kaum Freunde gehabt und deshalb seine Liebe für Fische entdeckt, diese stummen Gesellen aus der geheimnisvollen Wasserwelt, mit denen er auch später in seiner Königsberger Villa gern einsame Zwiesprache hielt. Eine andere Leidenschaft entwickelte er für Greifvögel, insbesondere Falken, was seinen Biografen Marc Frey zu der Überlegung brachte, ob er nicht schon damals gedanklich allzu gern von der Mühsal der Erde abhob und hochfliegende Pläne ersann.[21]

Aufgrund seiner ausgeprägten Tierliebe war es der Berufswunsch von Jürgen Schneider, Bauer zu werden. Schon als Junge begann er, selbst gezüchtete Dackel für gutes Geld zu verkaufen, und entdeckte so auf dem elterlichen Hof sein kaufmännisches Geschick. Seine Familie drängte ihn aber dazu, das Handwerk des Maurers zu erlernen, und deshalb bekam Jürgen Schneider neben einer soliden Ausbildung zugleich viel Basiswissen darüber vermittelt, wie am Bau gepfuscht und getrickst werden kann. Davon profitierte er, als er später ins Immobiliengeschäft wechselte.

Zunächst aber entschied er sich im Anschluss an seine Berufsausbildung für das Studium des Bauwesens und der Betriebswirtschaft an der Technischen Hochschule in Darmstadt. Damit nicht genug. Der sich nach Anerkennung verzehrende, in den Kindheitsjahren abgelehnte Sohn wechselte an eine kleine Universität in Österreich, nach Graz, weil ihm zu Ohren gekommen war, dass man dort unproblematisch einen Doktortitel erwerben könne.

Nur eine Petitesse im Vergleich zur ganzen Geschichte, aber für den Charakter von Schneider durchaus aufschlussreich ist, dass er sich dort von einem tüchtigen jungen Fräulein versorgen ließ, das für ihn kochte, bügelte und wusch, während er das Spesengeld, das er von seinem Elternhaus bezog, in feinste Bekleidung investierte. Die junge Frau erhoffte sich für ihre Dienste am Mann eine baldige Eheschließung, aber

Jürgen Schneider kümmerte sich lieber um die Perfektionierung seiner äußeren Erscheinung. Maßanzüge und beeindruckende, nicht selten großspurige Worte und Gesten wurden zu seinen Waffen im Kampf um Erfolg und Bewunderung. Sich aufplustern und Auftritte geschickt inszenieren, das war schon immer das Grundkapital für erfolgreiche Hochstapler. Später krönte Schneider sein lichter werdendes Haupt mit einem Toupet, das er erst nach seiner Verhaftung wieder vom Kopfe nahm.[22]

Nachdem Jürgen Schneider promoviert hatte, wurde aus der Eheschließung mit dem fleißigen Lieschen am Herd nichts mehr, denn kaum den Doktortitel in der Tasche, ging er auf lukrativere Brautschau und eroberte recht schnell die Millionenerbin Claudia Granzow. Die war nicht nur blond und groß und hatte schöne blaue Augen, sie war auch eine ideale Partie, um ihm den Weg in die beste Gesellschaft zu bahnen. Wobei Schneider selbst die »Champagnertrinker und Golfspieler« insgeheim verachtete. Er war, das muss man ihm zugutehalten, ein fleißiges Arbeitstier. Stand frühmorgens um fünf Uhr auf und war meist der Erste und Letzte am Schreibtisch.

Während seine schöne Frau ihre Locken richten ließ, frisierte Jürgen Schneider die Grundrisse der Gebäude, die er erworben hatte, um mithilfe von erfundenen Quadratmetern die Kreditsummen aufzustocken. Abstellkammern wurden in Bürokapazitäten verwandelt, Kellergeschosse in Empfangsbereiche. Parallel dazu gründete er eine ganze Ansammlung von Schattenfirmen, um Geldflüsse oder Einnahmen vortäuschen zu können, die meist nichts anderes als verschobene Kreditauszahlungen waren. Eine der Firmen hatte sogar den bezeichnenden Namen »Fabula«. Zur Wahrheit hatte Jürgen Schneider, so wie viele Betrüger, nur ein zweckdienliches oder »taktisches Verhältnis«.[23]

Der größte Immobilientycoon der deutschen Nachkriegsgeschichte war zunächst erst einmal ein emsiger Krediteinsammler. Er verschuldete sich dabei so hoch wie nie zuvor ein anderer Privatmann in Deutschland.[24] Es zeigte sich sogar: Je größer die Kreditsummen insgesamt wurden, desto unkritischer wurden die Banken. Es entstand ein Dominoeffekt. Hatten erst einmal die großen Bankhäuser Geschäfte mit Schneider gemacht, wollten sich auch die kleineren nicht lumpen lassen. Immerhin konnten sie an den Zinszahlungen reichlich verdienen.

Bis zum bitteren Ende vermied es Jürgen Schneider, ganz ähnlich wie Bernie Madoff, sich der Wahrheit zu stellen. Wurden die Banker tatsächlich einmal skeptisch, erging er sich in Ausflüchten oder ausschweifenden Grundsatzdebatten zum Immobilienmarkt. Half das nichts, mimte er den Ahnungslosen und verkündete, er verstehe nicht, was die nachfragenden Banker überhaupt von ihm wollten. Als Ultima Ratio griff er zu Drohgebärden und versuchte, sein Gegenüber einzuschüchtern. Verunsichern oder weichkochen – das war zumeist auch die Taktik, die er gegenüber Handwerkern oder Kleinbetrieben wählte, die offene Rechnungen bei ihm hatten, von denen nicht selten die Existenz abhing.

Schon 1991 wurde er von den Richtern am Landgericht Frankfurt am Main gerügt, er hätte skrupellos und in der klaren Absicht gehandelt, rechtlich unerfahrene Auftragnehmer zu übervorteilen und sich auf ihre Kosten ungerechtfertigte Vermögensvorteile zu verschaffen.[25] Dieses Urteil hat Jürgen Schneider allerdings nicht davon abgehalten, seine Masche weiter durchzuziehen. Es sollten noch vier weitere Jahre des Betrugs ins Land gehen, bis die ganze Dimension seines Vorgehens ans Tageslicht kam.

Unfassbar bleibt im Nachhinein auch, dass keine einzige der kreditgebenden Banken jemals die Unterlagen, Baupläne oder Objekte vor Ort ernsthaft kontrollierte. Dabei waren genug Sachverständige auf den Baustellen, und die gläsernen Türme der Deutschen Bank waren nur wenige Schritte von dem größten Täuschungsobjekt entfernt, der berühmten Zeilgalerie. Dort hatte Schneider die vermietbaren Flächen auf dem Papier von 9000 auf 22 000 Quadratmeter anwachsen lassen. Die 30 tatsächlich vorhandenen Mietverträge verdoppelte er auf 60, und die acht Millionen Mark Mieteinnahmen wurden auf 57 Millionen aufgeblasen. In einem anderen Gebäude dichtete er gleich zwei ganze Geschossflächen hinzu, die es in Wirklichkeit gar nicht gab. Das alles aber entging den Kontrolleuren. Sie prüften weder sachgerecht, noch fragten sie groß nach den Risiken. Sie wollten die Wahrheit nicht wissen.

Im Frühjahr 1994 war das Spiel dann zu Ende. Der Betrug wurde offenbar, und die Schneiders verschwanden von der Bildfläche, angeblich um einen längst fälligen Erholungsurlaub zu machen. Über das Vermögen der Eheleute wurde der Konkurs eröffnet, denn zum Bedienen der aktuellen Zahlungsverpflichtungen fehlten über 100 Millionen Mark, wobei Jürgen Schneider vor seiner Flucht noch über 200 Millionen Mark beiseitegeschafft haben soll. Doch dass er vor seinen Schulden in Milliardenhöhe davongelaufen sei, weil die Banken unruhig wurden, stritt Schneider beharrlich ab. Er sei lediglich fix und fertig gewesen und habe ausspannen müssen.

Sehenswert ist noch heute das Statement, das der meistgesuchte Mann Deutschlands mit seiner Frau im Mai 1995 über das ZDF und die Sendung »Frontal« lancierte. Mit einem »Guten Tag, liebe Zuschauer!« wendet er sich darin, gerade so, als sei er der Bundespräsident bei seiner Neujahrsansprache, an das deutsche Volk, um endlich mal seine Sicht der Dinge zu erklären. Es folgen 14 Punkte Generalangriff vor allem gegen die Banken, die ihn und sein Lebenswerk ruiniert hätten, und dann versteigt er sich in eine Verschwörungstheorie, dass man natürlich gewusst habe, wo er sei, aber gewisse »wirtschaftliche, politische und geldliche Kreise« seine Verhaftung verhindern würden, aus Angst davor, dass er auspacken könne.[26] Schuld – das ist bei allen Lügnern, Tricksern und Betrügern dasselbe – sind immer die anderen.

Nach einer aufwendigen Jagd über Interpol – Jürgen Schneider wurde wegen Kreditbetrugs und Urkundenfälschung international gesucht – wird er schließlich in Florida verhaftet, und kaum zurück in Deutschland, verkündet er selbstgerecht, nun sei endlich die Stunde der Wahrheit gekommen.[27]

Zumindest so viel ist tatsächlich an die Öffentlichkeit gelangt: Die Banken hätten bei den Krediten im Bereich von vielen Millionen selbstverständlich die vorgelegten Unterlagen gründlich auf Plausibilität und Marktüblichkeit prüfen müssen, denn wer das Geld seiner Anleger und Aktionäre ausgibt, muss über die Richtigkeit von Zahlenwerken und Prospekten urteilen können. Jeder kleine Kreditnehmer erfährt, dass es der Bank bei Weitem nicht ausreicht, was der Kunde erzählt oder behauptet. So hätte man zum Beispiel stutzig werden müssen bei den utopischen Einnahmen, welche die neu gebaute Zeilgalerie hätte erbringen sollen: schlichtweg so viel Umsatz wie auf der gesamten, über einen Kilometer langen Einkaufsmeile Zeil.

Zur Schande der Banken muss sogar hinzugefügt werden, dass es zwischenzeitlich Warnhinweise der Wirtschaftsprüfer oder Revisoren gab. Aber sie wurden, genauso wie bei Bernhard Madoff und Jérôme Kerviel, nicht ernst genommen. Stattdessen waren die Banker froh, einen so dicken Fisch – will heißen: Zinszahler – im Kundenstamm zu haben. Schlimmer noch: Manch ein Filialmitarbeiter gab die Angaben von Dr. Jürgen Schneider noch einmal von eigener Hand auf Erfolg frisiert weiter. So konnten sie ihrerseits beste Bilanzen vorweisen und Boni einstecken. Bei Schneider witterten viele das ganz große Geschäft und wollten mit von der Partie sein, nicht zurückstehen, wenn die große Deutsche Bank mit dem Megabauherrn fette Beute machte. Selbst die Bankenaufsicht, ein offenbar unscharfes Schwert, hat den gesamten Sachverhalt zwar kritisch analysiert, die Banken an sich aber ohne weitere Konsequenzen davonkommen lassen. Aufsichtsbehörde hin oder her: Am Ende, wir hatten es schon bei der Politik, hackt eine Krähe der anderen kein Auge aus.

Die Millionenverluste, die durch die Schneiderkredite gemacht wurden, glichen die Banken am Jahresende mit ihren Gewinnen aus. Es waren für sie also »Peanuts«. Während Handwerksfirmen oder Kleinunternehmer durch das wilde Treiben solcher Betrüger ihre Existenzgrundlage verlieren, sind die Verluste für die Banken am Ende Steuerabschreibungsposten. Oder sie schieben die verlustreichen Immobilien in einen Fonds, sodass sich die negativen Auswirkungen in Richtung der ahnungslosen Anleger umverteilen.[28] Für die Banken war Schneider auf diese Weise alles in allem ein gutes Geschäft. Milliardenverluste und dennoch kaum schmerzhafte Konsequenzen für die Beteiligten – kein Wunder, dass sich so ein System am Leben erhält.

Jürgen Schneider ist übrigens noch heute berauscht von »seinen« Immobilien, die das Gesicht der jeweiligen Städte positiv verändert haben. Er ist auch durchaus stolz, dass es ihm gelungen ist, am Image der Banker zu kratzen, die als unantastbar galten. Es bereitet ihm diebische Freude, dass er den Spieß umgedreht und die Banken über den Tisch gezogen hat. Auf seinen Webseiten stellt er sich in die Tradition eines David gegen Goliath, reiht sich ein in die Nachfahren des Hauptmanns von Köpenick oder von Till Eulenspiegel, die – so wie er – zu ihrer Zeit dem herrschenden System den Spiegel vorzuhalten wussten.[29]

Eine Milliarde zu bewegen dauert nur vier Sekunden

Auch Jérôme Kerviel, der Banker aus Frankreich, der bei der Großbank Société Générale mit Spekulationen und Scheingeschäften innerhalb von nur drei Jahren als gerade mal 33-Jähriger ein Minus von fast fünf Milliarden Euro verursachte, fühlt sich bis heute nicht schuldig. Er steht zwar, direkt hinter Bernhard Madoff, für einen der größten Einzelbetrugsfälle in der Finanzwelt, aber er sagt, sein Vorgehen sei provoziert und gedeckt gewesen von seinen Vorgesetzten. Zumindest so lange, wie er Gewinne machte. Innerhalb dieser drei Jahre, in denen er Milliarden über Milliarden einsetzte, hätten seine Chefs aufgrund seiner Erfolge seine Zielvorgaben um 1700 Prozent nach oben gesetzt.[30]

Computersüchtig wie viele andere Händler, starrte er von sieben Uhr morgens bis nachts auf den Bildschirm und nahm nichts anderes mehr wahr als die Kurvenverläufe der Wertpapiere. »Es war Stress und Adrenalin pur«, erklärte er nach seinem Prozess, »und die Leidenschaft für den Job, die mich durchhalten ließ. Oft bin ich nicht einmal zum Essen nach draußen gegangen.«[31]

Letztlich, so erklärte er immer wieder, hätte er sich auch nichts Besonderes ausgedacht, sondern alles von den anderen Händlern in seiner Bank gelernt und nur die Methoden angewandt, die dort bereits üblich waren. Seine Vorgesetzten seien es gewesen, so Kerviel, die die Sicherheitssysteme auf seinem Computer entfernt oder deaktiviert hätten. Auch habe er niemanden getäuscht. Ganz im Gegenteil, für die Chefs seiner Bank habe er Millionen an Bonuszahlungen erarbeitet und seinen Arbeitskollegen auch ab und an ein paar Millionen rübergeschoben, wenn die ihre Vorgaben nicht erreicht hätten. Er habe nur ein guter Mitarbeiter sein wollen, der für seinen Arbeitgeber möglichst viel Gewinn erwirtschaftet, sagte er, als er 2008 aufflog. »Ich hatte nicht das Gefühl, dass ich größenwahnsinnig wurde. Ich war, unterstützt von meinen Chefs, in einer Spirale gefangen, immer noch mehr zu machen.«[32]

Im Oktober 2010 wurde allerdings nur er allein in Paris zu einer Gefängnisstrafe von fünf Jahren verurteilt, davon zwei auf Bewährung, und zu Schadensersatzzahlungen in Höhe von 4,9 Milliarden Euro an seine frühere Bank. Eine Summe, die man jenseits von Spekulationsgeschäften in den gesellschaftlich üblichen Berufen niemals erarbeiten kann. Kerviel findet das Urteil deshalb auch zutiefst ungerecht, vor allem, weil der Bank keinerlei Mitschuld zuerkannt wurde. Er mutmaßt, dass mit der Strafe für ihn als Einzeltäter der Pariser Finanzplatz geschützt werden sollte, obwohl er vor Gericht Beweise präsentiert hatte, dass viele Händler ähnlich vorgingen wie er und seine Chefs wussten, was da ablief.

In der Tat muss man sich fragen, wie ein einzelner Börsenhändler aus der dritten Reihe alle Kontrollmechanismen aushebeln kann, vor allem, da er für seine Wetten am internationalen Finanzmarkt auch schon mal den Betrag von 50 Milliarden Euro in Sekundenschnelle aufs Spiel setzte. Interessanterweise ist auch Jérôme Kerviel, ähnlich wie Nick Leeson, jemand, der mit den Zahlen eher seine Schwierigkeiten hatte. Sein Studium der Ökonomie schloss er gerade mit »noch gut« ab. Dennoch erhielt er eine Anstellung in einer der renommiertesten französischen Großbanken. Zunächst fing er mit 23 Jahren in einer Abteilung an, in der die Geschäfte der Börsenhändler überwacht wurden. Nach zwei Jahren aber gelang ihm der angestrebte Wechsel auf die Seite der Händler, dahin, wo das große Geld verdient werden kann. »Endlich war er einer von denen, die mit ihren Gewinnen den ganzen Laden zogen. Endlich gehörte er nicht mehr zu den Verwaltungs- und Kontrolltypen, die nur Kosten verursachten und den anderen mit ihren Fragen und Ermahnungen auf die Nerven gingen.«[33]

Nachdem er die Ebene des Fußvolkes hinter sich gelassen hatte, fing er mehr und mehr an, betrügerische Deals zu machen. Kerviel wollte ein großes Rad drehen. Am Anfang erzielte er auch außergewöhnliche Gewinne. Doch irgendwann, wie immer bei den Zockergeschäften, wendete sich das Blatt. Ein stetig wachsendes Minus häufte sich an.

Über 70 Warnhinweise sollen an die Kontrollinstanzen der Société Générale gegangen sein, aber über längere Zeit nahm sie keiner ernst. Wie immer lockten die Gewinnaussichten, und keiner widersetzt sich freiwillig diesem Geschäftsmodell der Bank. Mehr Kontrollen und Regeln widersprechen dem

Streben nach immer höheren Gewinnchancen, was letztlich genau das Argument ist, das immer wieder hervorgebracht wird, wenn es um die Regulierung des Finanzmarkts durch die Politik geht.

Dazu kommt, man mag es kaum glauben: Der ehemalige Chef von Kerviel will gar nicht verstanden haben, was seine Händler trieben, obwohl er damit Millionen verdiente. Er habe gar nicht die Qualifikation gehabt zu durchschauen, was da vor sich ging, erklärte er vor Gericht. Als ihm der Richter im Prozess eine an ihn gerichtete E-Mail vorlas, in der es um eines der Geschäfte in Höhe von einer Milliarde Euro ging, gab der Mann an, die Einzelheiten nicht gelesen zu haben. Der direkte Vorgesetzte von Jérôme Kerviel zog sich damit aus der Verantwortung, dass er schilderte, auf seinem Posten überfordert gewesen zu sein. Sich verloren gefühlt zu haben im Computerdschungel und im Händlervokabular. Als er als Abteilungsleiter begonnen habe, hätte er keine Kenntnisse im Börsenhandel gehabt. Seine Aufgabe sei es nur gewesen, die Abteilung zu organisieren und die Zusammenarbeit mit anderen Stellen der Bank zu verbessern. Ein vertrautes Rechtfertigungsmuster: Schuld sind immer nur die anderen.[34] Für Kerviels Vorgesetzte war nur relevant, sich mit seinen Erfolgen zu brüsten, um danach noch höhere Bonuszahlungen verlangen zu können.

Als die Fälschungen endgültig aufflogen und keiner mehr die Augen davor verschließen konnte, weil sich auch die Warnungen und Nachfragen von außen mehrten, versuchte die Bank, ähnlich wie in dem Film »Margin Call«, über Nacht zu verkaufen, was irgendwie zu verkaufen ging. Kerviel wirft der Bank deshalb jetzt vor, überhastet gehandelt und damit viel Geld vernichtet zu haben. Statt der fast fünf Milliarden hätte es ein Minus von »nur« zwei Milliarden sein können. Derzeit kämpft der noch nicht einmal Vierzigjährige darum, dass endlich die ganze Wahrheit ans Tageslicht kommt und jeder durch die Gerichte gezwungen wird, seine Verantwortung wahrzunehmen. Gegen sein Urteil haben seine Anwälte Berufung eingelegt. Die gerichtliche Auseinandersetzung geht also weiter.

Nach seinem Absturz sieht sich Kerviel in der Rolle des Mahners und Aufklärers. Kein Mensch wisse, was sich alles in den Bilanzen der Banken verstecke, weil sie völlig undurchdringlich seien. »Es dauert eine Sekunde, 150 Millionen Euro zu investieren. Für eine Milliarde Euro braucht es vier Sekunden. Das geht so schnell am Computer, dass Sie das Gefühl für die Beträge verlieren. Der internationale Markt ist so groß, dass er alle Aufträge in Sekundenschnelle absorbiert. Das Rad dreht sich immer schneller, es ist verrückt«, sagt er im Nachhinein.[35]

Noch verrückter wird das Börsengeschäft inzwischen durch blitzschnelle Handelscomputer, die zunehmend die Arbeit der Aktienhändler übernehmen. Algorithmen sorgen in Millisekunden für Millionengewinne oder -verluste, und Wertpapierhäuser stellen bevorzugt Programmierer ein.[36]

Die Bank kam übrigens, ähnlich wie bei Jürgen Schneider, relativ glimpflich davon, weil sie die Verluste in das abgelaufene Geschäftsjahr buchen und mit den Gewinnen verrechnen konnte. Unterm Strich blieb so ein positives Ergebnis von circa 700 Millionen Euro übrig. Den eigentlichen Schaden hatten damit nicht die verantwortlichen Manager der Großbank, sondern die Aktionäre, deren Anteile durch die Gewinnreduzierung weniger wert waren. Am Ende – könnte man wieder zynisch anmerken – ist das Geld ja auch nicht weg, es hat eben nur ein anderer.

Das Spiel an den Finanzmärkten ist damit längst nicht zu Ende. Im Frühjahr 2012 wurden die neuesten Gewinnzahlen der Hedgefonds bekannt, für die 2011 zwar ein schlechtes Jahr war – sie verbuchten einen durchschnittlichen Wertverlust von fünf Prozent. Dennoch machten einzelne Fonds-Chefs erneut für sich Milliarden. Der Spitzenreiter konnte drei Milliarden Dollar in die eigene Tasche wirtschaften, und die erfolgreichsten 40 Finanzjongleure verdienten zusammen 13,2 Milliarden Dollar. Auch die Schlusslichter des »Forbes«-Rankings können noch Einnahmen von 40 Millionen Dollar vorweisen.[37] Das ist die anziehende Seite der Medaille. Die volkswirtschaftlichen Schäden oder sozialen Folgen der Spekulationsgeschäfte auf der anderen Seite interessieren nicht. Es herrscht die Diktatur des »Jetzt« und »Nur-Ich«.

Der Betrug geht weiter

Auch wissenschaftliche Studien zum Thema belegen Ernüchterndes: Insbesondere Menschen in Machtpositionen sind geborene Lügner. Wenn sie mit Superlativen wie »bombig, blendend, brillant und superstark« operieren und statt »ich« lieber »wir« sagen, um sich der persönlichen Verantwortung zu entziehen, ist Vorsicht geboten. Das ist das Fazit von diversen Untersuchungen von US-Wirtschaftspsychologen, die das Vokabular von Unternehmenspräsentationen analysiert und danach mit den Wirtschaftsbilanzen verglichen haben. So zum Beispiel bei der Investmentbank Lehman Brothers aus dem Jahr 2008, wenige Monate vor dem Zusammenbruch. Der Vorstand dieser Bank hatte seinerzeit 14 Mal das Wort »großartig« verwendet, 24 Mal das Wort »stark« und achtmal das Wort »*unglaublich*«, was – sicher eher unfreiwillig – im wahrsten Sinne des Wortes tatsächlich der Fall war.[38] Schon bald könnte aus diesen Erkenntnissen eine Software entwickelt werden, die Firmenchefs entlarvt.[39]

Beunruhigend ist aber auch eine Studie, die die Universität St. Gallen mit Börsenhändlern durchführte. Dafür wurde ein Test angewandt, der ansonsten bei inhaftierten Psychopathen durchgeführt wird. Das Ergebnis ist entlarvend: Die Profitrader erwiesen sich in dem Test als noch rücksichtsloser, egoistischer, manipulativer und destruktiver als die Psychopathen-Gruppe. Sie zeigten einen ausgeprägten Hang zur Zerstörung. Bei den Erträgen schnitten sie sogar schlechter ab als die Vergleichsgruppe, weil es den Händlern nicht so sehr um die sachliche Frage ging, wie sie den höchsten Profit erzielen konnten. Ihr Ziel war vielmehr, das Gegenüber möglichst nachhaltig zu schädigen. Besser dazustehen als der andere, auch dann, wenn es ihnen nicht mehr Gewinn einbrachte. Die getesteten Börsenhändler verhielten sich also weder sachlich-nüchtern noch wirtschaftlich vernünftig.[40]

Solche Testergebnisse legen nahe, dass insbesondere Spekulanten und nur auf Erfolg fixierte Topleute – von ihrer Persönlichkeitsstruktur her betrachtet – unter Umständen nichts anderes sind als erfolgreich agierende Psychopathen. Aber sie haben es geschafft, innerhalb des sozialen Ordnungsrahmens nicht auffällig zu werden. Sie sind zwar innerlich gefühllos für andere und deren Erleben und Leiden und von Machtgier getrieben, rein äußerlich betrachtet aber oft charmant und redegewandt. Eine perfekte Tarnung. Im Inneren gehen sie furchtlos, zielorientiert und ohne Rücksicht auf Verluste, also eiskalt zur Sache, wobei sie nach außen sogar die Sprache der Gefühle beherrschen, aber nur, um sie für ihre Zwecke auszunutzen. Ein ehemaliger Börsenhändler, der inzwischen als Neurobiologe und Hormonforscher tätig ist, sieht wiederum im Testosteronrausch, der sich bei Spekulationsgeschäften schnell einstellt, die Ursache für verrückt spielende Akteure an den Finanzmärkten.[41]

Ein System vor dem Zusammenbruch?

Am Ende ist die entscheidende Frage aber, inwiefern hinter all diesen Geschäften tatsächlich vorhandenes Geld steckt. Wo wird es erwirtschaftet? Oder wird es nur noch gedruckt? Thomas Rietzschel fragt provozierend in seinem Buch *Die Stunde der Dilettanten:* »Wird unser Reichtum, Krise hin oder her, am Ende doch schneller wachsen, als er sich erarbeiten lässt?«[42] Das ist ein schöner Traum – der Traum vom Reichtum wie aus dem Schlaraffenland, ohne dass man sich anstrengen muss. Doch wir werden eines Morgens aufwachen, und die bittere Realität wird anders aussehen. Vielleicht werden wir erst dadurch wieder bescheidener. Es könnte die berühmte »Krise-als-Chance-Situation« sein, weil das ganze System danach wieder stabiler und tragfähiger werden könnte.

Die Lizenz zum Tricksen:
Warum der voreilige Griff
nach der Wahrheit nichts nützt

Ohne Lügen geht es unter uns Menschen nicht. Sie können sogar ein Schmiermittel im sozialen Miteinander sein, entlasten oder wie bei Jakob der Lügner *euphorisieren. Die Wahrheit dagegen kann ziemlich brutal sein, manchmal sogar tödlich. Doch wenn man die Tür zwischen Wahrheit und Lüge öffnet, wie weit darf man gehen? Und warum faszinieren uns immer wieder die Meister der Verblendung – die Hochstapler? Die Wahrheit herauszufinden ist eine klassische Aufgabe der Gerichte. Doch das kann scheitern, selbst bei spektakulären Fällen.*

»Oh, Ihr Baby ist aber hässlich, es sieht aus wie eine Ratte!« Das ist die verblüffend ehrliche Reaktion einer Frau am Anfang des Films »Lügen macht erfinderisch«, als sie auf ein Neugeborenes blickt. Der Film spielt in einer Welt, in der es keine Lügen gibt. Jeder sagt zu jedermann und zu jeder Zeit die Wahrheit. Und wer denkt, dies sei die (Er-)Lösung und der Eingang ins Paradies, muss sich den Film anschauen. Dort erfährt man, was ansonsten verheimlicht oder nur geflüstert wird – was Kollegen im Büro tatsächlich übereinander denken. Auch beim ersten Rendezvous wird dem Gegenüber offen und direkt ins Gesicht gesagt, wie so die Wahrnehmung in puncto Attraktivität und Körperlichkeit ist.

Das alles sieht man und begreift sehr bald, wie nett dagegen die alltäglichen kleinen Scheinheiligkeiten sind, die wir aus unserem Miteinander kennen. Denn in dieser Welt, in der alles ungeschminkt herausgeplaudert wird, heißt auch das Altersheim nicht beschönigend »Seniorenresidenz«, sondern an der Hauswand prangt nüchtern mit großen Buchstaben: »Ein trauriger Ort für Leute ohne Hoffnung.« Und der Besucher wird gleich am Eingang mit den Worten empfangen: »Sind Sie gekommen, um jemanden abzuschieben?«

Anfangs ist der Blick in diese Welt der gnadenlosen Ehrlichkeit durchaus erheiternd. Es wirkt erleichternd, dass es endlich möglich ist, unverstellt zu sprechen. Worte müssen nicht mehr abgewogen werden, keiner muss sich über Fettnäpfchen den Kopf zerbrechen. Doch nach einiger Zeit bleibt einem das Lachen im Halse stecken. Mehr und mehr wird klar: Wahrheit kann ziemlich brutal sein. Sie kann zutiefst verunsichern, weil man manches dann doch lieber nicht so genau gewusst hätte; weil Wahrheit, mit der man nicht umgehen und die man nicht in sein Leben integrieren kann, eine enorme Belastung ist.

Nehmen wir als Beispiel, um das zu illustrieren, Gentests, die manche in jüngster Zeit freiwillig machen lassen. Es gab Fälle, in denen der Test die Veranlagung für eine tödliche Krankheit angezeigt hat. Die Betroffenen begingen daraufhin Selbstmord, ohne auch nur abzuwarten, ob die in ihnen angelegte Krankheit tatsächlich auch ausbricht.

Es gibt weitere Pillen, die man in dem Film schlucken muss. Ein Protagonist lernt im Lauf der Handlung zu lügen. Er bricht aus dem System der unbedingten Ehrlichkeit aus, was ihm sensationelle Vorteile verschafft, weil die anderen selbstverständlich – wie gewohnt – davon ausgehen, dass er nur die Wahrheit spricht. Der zwielichtige Held, der sich nicht mehr an die gesellschaftliche Übereinkunft – die Pflicht zur Wahrheit – hält, kann nun die anderen beliebig übers Ohr hauen. Er wird reich, aber einsam.

Zugegeben, das Ende der Story ist typisch Hollywood, und es wirkt leicht kitschig, wenn sich der clevere Lügner wegen der Liebe seines Lebens dann doch wieder zur Wahrheit bekehrt. Die Stärke des Films ist dennoch, dass er auf eingängige Weise und fernab von philosophischen Theoriediskursen begreifbar macht, wie das Zusammenspiel von Lüge und Wahrheit unter uns Menschen funktioniert. Auf subtile Weise spielt der Film damit, dass es durchaus sehr egozentrisch sein kann, nur die blanke Wahrheit auszusprechen. Und während die Wahr-Sager in dem Film ungehobelt und in ihrer Direktheit sogar brutal erscheinen, wirkt der Lügner ziemlich nett.

Was nun das richtige Leben jenseits von Hollywood betrifft, arbeiten Soziologen mit einer Faustregel. Sie gehen davon aus, dass zehn Prozent der Menschen ehrlich sind, weitere zehn Prozent grundunehrlich. Die restlichen 80 Prozent schwanken dazwischen hin und her, was vermutlich unserer gesellschaftlichen Realität so einigermaßen entspricht. Nur dass sich die Gewichte in einer Gesellschaft, die sich vermarkten und dem anderen darstellen muss, in Richtung Verlogenheit verschoben haben.

Es wird getrickst und betrogen

Das Verlogene an unserem gesellschaftlichen Zusammensein ist die Scheinheiligkeit, mit der wir – wider besseres Wissen – unabdingbar die Wahrheit und nichts als die Wahrheit einfordern und so tun, als sei es gemeinhin Konsens, nicht zu lügen. Dies suggeriert, Ehrlichkeit sei eine leichte Sache. Es ist jedoch unvorstellbar und entspricht auch nicht dem geltenden Verhaltenskodex, dass eine mächtige Person in Politik, Medien oder Wirtschaft offen zugeben würde: Ja, um an die Spitze zu kommen, musste ich zur Lüge greifen und natürlich auch die Verlogenheit anderer im Kreis der Mächtigen decken, weil es mein baldiges Ende gewesen wäre, die Wahrheit zu sagen. Vielmehr gilt: Solange man am längeren Hebel sitzt, kann man sich die Lüge leisten.

Andererseits, auch dem muss man offen ins Auge sehen,

tun wir viel dafür, den nackten Tatsachen auszuweichen. Insgeheim ahnen wir: Die Wahrheit kann ein sehr unbarmherziger Freund sein. Einmal ausgesprochen, könnte sie eine Freundschaft oder Beziehung unumkehrbar zerstören. In dieser Hinsicht kann die Wirkung der Wahrheit der Wirkung von Lügen absolut gleichen. Eine fatale Situation, die oft zu einem Interessenkonflikt führt und zum Abwägen, ob man sich oder dem anderen die Wahrheit tatsächlich zumuten sollte oder es lieber bei der schonenden Lüge belässt.

Aus diesen Gründen ist die Unwahrheit auch nicht aus dem menschlichen Leben wegzudenken, und sie ist noch nicht einmal grundsätzlich nur schlecht. Denn Lügen sorgen bei Weitem nicht nur für Skandale und Entsetzen, sie können auch Vergnügen bereiten und sogar Trost spenden.[1] Wer wollte wirklich etwas gegen die kleinen Gefälligkeits- oder Höflichkeitslügen sagen, wenn diese ein Lächeln in ein Gesicht zaubern oder neue Hoffnung schenken? Die Frage nach der Substanz eines solchen Kompliments tritt hier in den Hintergrund. Solche Aussagen, die zum kommunikativen Miteinander gehören, melden auch gar keinen Anspruch auf Wahrheit an. Das ist in der zwischenmenschlichen Interaktion meist unausgesprochen klar. Manchmal sind derartige Nettigkeiten auch nur ironisch gemeint.

Lüge im Alltag und in der Kunst

Die Lüge basiert vor allem auf unseren kommunikativen Fähigkeiten. Sie ist eine Kunst der Darstellung, ob mit Worten oder aber mit Körpersprache. Beide haben das Potenzial, Wirklichkeiten zu erschaffen. Worte können dabei dem Reich der Phantasie entstammen, die Welt des Wahrscheinlichen wiedergeben oder aber die Realität des Faktischen darstellen. Und wenn es eine Geschichte schafft, uns in ihren Bann zu ziehen, lauschen wir gespannt und staunen – und vergessen gern die Frage, ob das denn alles wahr sein kann. Ja, wir hören immer wieder gern die Märchen, Fabeln oder Mythen, Legenden oder Sagen, obwohl uns bewusst ist, dass sie sich in Wahrheit so nie ereignet haben. Dennoch regen uns diese Geschichten an und faszinieren uns, weil sie etwas allgemein Gültiges transportieren und Zusammenhänge deutlich machen. Zeit ist hier kein chronologischer Zeitpunkt in Vergangenheit, Gegenwart oder Zukunft. Zeit geht auf in einer überzeitlichen Sinnhaftigkeit. Die Erzählungen transportieren etwas, was immer ist und niemals war.

Letztlich könnte man mit einem absoluten Wahrheitsanspruch auch behaupten, die Kunst sei verlogen, denn egal ob im Theater oder im Kino, immer werden auf bestimmte Effekte hin ausgerichtete Inszenierungen dargeboten, die aber dennoch eine tiefere, grundsätzliche Wahrheit transportieren, die uns berühren und verwandeln kann. Auch in der Dichtung wird die Wahrheit verwoben, werden Wirklichkeiten erfunden. Schon Nietzsche hat den Dichter den kleineren Bruder des Lügners genannt. Und John le Carré hat es für sich und seine Person mit folgenden Worten auf den Punkt gebracht: »Das eigentliche Leben war so leer und ohne Sinn. Das vorgetäuschte Leben war echter als das echte Leben.«[2]

Es gibt jedoch einen gravierenden Unterschied zwischen der Lüge im Alltag und der in der Kunst, der Dichtung oder im Theater. Hier geschieht sie im Einverständnis mit dem Publikum. Literatur oder Film schaffen es sogar, uns eindrücklich zu schildern, wie Lügen neue Lebenskraft schenken können. Ein herausragendes Beispiel ist Jurek Beckers Erstlingsroman *Jakob der Lügner,* in dem er nicht zuletzt seine persönlichen Erfahrungen während des Zweiten Weltkriegs literarisch verarbeitet hat. Er wuchs im Warschauer Ghetto auf, kam selber ins Konzentrationslager und erlebte die brutale Vernichtung von Juden und Andersdenkenden hautnah. In seinem Buch erzählt er die Geschichte des Ghettobewohners Jakob Heym, der eher zufällig eine Meldung im Radio hört, die von einer Schlacht zwischen der Roten Armee und den National-

183

sozialisten in unmittelbarer Nähe berichtet. So keimt in ihm die Hoffnung, der Tag der Befreiung könne nah sein, und das will er den anderen Ghettobewohnern nicht vorenthalten. Er weiß, diese Botschaft könnte die Gequälten und halb Verhungerten durchhalten und weiterleben lassen. Deshalb behauptet Jakob, ein Radio bei sich zu haben, obwohl der Besitz streng verboten ist. Durch diese Notlüge gerät er unversehens in eine fatale Lage. Nun muss er ständig neue Nachrichten erfinden. Als ihm die Sache schließlich über den Kopf wächst, versucht er, den anderen die Wahrheit zu erklären, dass er gar kein Radio hat. Doch man glaubt ihm nicht. Die Hoffnungen, die er geschürt hat, sind überwältigend. Undenkbar, dass die Geschichte mit dem Radio nicht wahr ist.

Von einem ähnlichen Lügengebäude, das zum Überleben hilft, erzählt auch der Film »Das Leben ist schön« von Roberto Benigni. Als Guido und sein kleiner Giosué gefangen genommen und ins Konzentrationslager deportiert werden, will er seinen Sohn unbedingt vor dem Grauen schützen und erzählt ihm, dies sei alles nur ein Spiel, das in etwa dem vom Räuber und Gendarm entspricht. Jeden Tag schärft er ihm ein, es gehe in all den elenden Situationen darum, sich zu bewähren und Punkte zu sammeln. Am Ende aber darf der Sieger auf einem großen Panzer fahren. Mit unglaublich viel Phantasie und Witz gelingt es Guido tatsächlich, das Leben seines Sohnes zu retten.

Neben der berührenden (Lügen-)Geschichte transportiert der Film ganz beiläufig noch eine fundamentale Wahrheit: Gute Lügner haben oft eine ungeheure geistige Beweglichkeit und ein großes Einfühlungsvermögen. Sie sind intelligent, originell und oft sehr charismatisch. Auch können sie sich bestens auf ihr Gegenüber einstellen, wissen, was andere hören wollen, und können deren Verhalten im Vorfeld antizipieren. Das belegen nicht zuletzt ganz eindrücklich die Meister der Verstellung: die Hochstapler, die es schaffen, uns ganz ungeheuerliche Bären aufzubinden. Noch immer ist der Hauptmann von Köpenick ein Volksheld, dem es aus der Not heraus gelang, die Obrigkeit mit ihren eigenen Waffen – Uniform und Befehlston – zu schlagen. Oder denken wir an Karl May, der aus ärmsten Verhältnissen stammte und in der Gesellschaft seiner Zeit zunächst keine Chance hatte, seine besonderen Begabungen auszuleben. Also begann er, andere mit Lügen und kleinen Betrügereien über den Tisch zu ziehen, um ein wenig Geld zu machen. Er wurde erwischt und musste mehrfach ins Gefängnis. Dort nutzte er die Zeit, las unglaublich viel und schrieb bald selbst Geschichten. Schließlich gelang es ihm, seine blühende Phantasie in hoch spannenden Abenteuerromanen auszuleben. Er erfand Kara Ben Nemsi und Old Shatterhand, die seine Alter Egos wurden, oder den Indianerhelden Winnetou, und bereiste in Gedanken ganze Kontinente. Karl May eroberte die Welt von seinem Schreibtisch aus – was ihn allerdings nicht davon abhielt, öffentlich zu behaupten, dass er alles, was er beschrieben, auch persönlich erlebt hatte. Er wurde ein Starautor, seine Bücher verkauften sich millionenfach, und Karl May avancierte zum meistgelesenen deutschen Schriftsteller, möglicherweise auch deshalb, weil seine Geschichten aufzeigen, wie man sich selbst in aussichtsloser Lage noch retten kann. Erstaunlicherweise aber konnte er sich mit diesen Erfolgen nicht zufriedengeben, sondern musste auch im richtigen Leben weiter übertreiben. So legte er sich von eigener Hand einen Doktortitel zu und prahlte damit, dass er 1200 Sprachen beherrsche. Schon zehn Sprachen wären ja beachtlich gewesen, aber über 1000? Komischerweise hinterfragte das lange Zeit niemand. Alle waren von seiner Berühmtheit geblendet.

Hier zeigt sich erneut das Abhängigkeitsverhältnis zwischen dem Lügner und denen, die belogen werden (wollen). Es ist ein Wechselspiel, in dem beide ihre Rollen einnehmen; die, die lügen, aber auch die, die leichtgläubig sind oder einfach nur teilhaben wollen an Erfolg und Bewunderung. Nur so können Lüge und Betrug funktionieren. Sie sind angewiesen auf ein Gegenüber.

Der Hochstapler mit Skalpell und Spritze

Besonders attraktiv ist für Hochstapler immer wieder die Rolle des Arztes, weil sie Ehrfurcht und Respekt mit sich bringt. Den Halbgöttern in Weiß wird nach wie vor ein Vertrauensvorschuss entgegengebracht. Erinnern wir uns an Gert Postel, der sich mit seinen Lügengeschichten und ein paar gefälschten Urkunden ohne jegliches Studium vom einfachen Briefträger in einen Dr. med. Dr. phil. Clemens Bartholdy verwandelt hatte und so als Amtsarzt in Flensburg eine Anstellung fand. Später dann narrte er als Dr. Postel die Behörden in Sachsen, wurde geschätzter Oberarzt für Klinische Psychiatrie in Zschadraß und in dieser Funktion mehrfach von Gerichten als psychiatrischer Gutachter bestellt.

Die Buchhändlerin vor Ort in Colditz hat mir ihre erste Begegnung mit ihm folgendermaßen beschrieben: »Da flog die Tür auf, und er stürzte mit flatterndem weißem Kittel in meinen Laden, nahm keine Rücksicht auf die anderen Kunden und bestellte lauthals seine Bücher, weil er ja Chefarzt sei und arbeiten müsse, also keine Zeit habe. Allein schon die Nennung der exklusiven Buchtitel, die er haben wollte, flößte den anderen im Laden Ehrfurcht ein.« Postel machte – wie so oft – gezielt Eindruck und bezeichnet sich in seiner Autobiografie geradezu stolz als »hochgemut« und »herrisch«. Auch erklärt er dem interessierten Laien, dass es zum Betrug eigentlich nur wenig brauche: ein Telefon, eine gesunde Halbbildung und soziale Intelligenz. Ansonsten müsse man nur sagen, was die anderen erwarten. Bezeichnend ist auch, wie er die ministerielle Vortragskunst mit folgenden Charakteristika zusammenfasst: Ganze Sätze, präzise Formulierungen und schwammiger Inhalt.[3] Selbst Papst Johannes Paul II., mit bürgerlichem Namen Karol Józef Wojtyła, bekam keine göttliche Offenbarung, als der Blender Kontakt aufnahm, und ließ sich bezirzen. Das Foto ihrer Begegnung bildet den Auftakt in Postels Autobiografie.

Die Kette der vorgeblichen Ärzte, die von der Ausbildung her gar keine sind, reißt bis heute nicht ab. So hat es jüngst der siebenundzwanzigjährige Sascha St. mit nur einem Hauptschulabschluss als Dr. med. Sascha Schenk zum Anästhesisten und Notarzt bis an die Operationstische in Stuttgarter Kliniken geschafft und dann auch noch in die vornehme Paracelsus-Klinik in München-Bogenhausen. Die Stationen seines Werdegangs kreierte er zuvor mit der Haltung »Ich google, also bin ich« übers Internet. Danach stellte er die Anzeige »Assistenzarzt sucht neue Herausforderungen und Austausch« und sein Profil ins Businessnetzwerk XING ein. Eine zeitgemäße Art der Identitäts(er)findung, zu der wir im nächsten Kapitel ausführlich kommen.[4]

»Mundus vult decipi« – die Welt schreit danach, betrogen zu werden. Diese Tatsache hat auch Thomas Mann in seinem Buch vom Hochstapler Felix Krull beschäftigt. In seinen Notizen zum Buch steht: »Die Welt, diese geile und dumme Metze, will geblendet sein – und das ist eine göttliche Einrichtung, denn das Leben selbst ruht auf Betrug und Täuschung, es würde versiegen ohne die Illusion.«[5]

Regelmäßig finden wir nicht nur in der Literatur, sondern auch im richtigen Leben Beispiele für das Betrogenwerdenwollen, auch wenn wir dies nicht gern wahrhaben möchten. Jeder hat eine Vorstellung davon, wie ein Arzt oder erfolgreicher Banker aussieht, und neben der Sprache kommunizieren wir indirekt mit Mimik, Gestik, Körperhaltung oder senden mit unserer äußeren Erscheinung Signale aus. Der optische Eindruck ist in unserer von Bildern geprägten Welt mehr denn je entscheidend. Kleidung, Schmuck und ähnliche Accessoires vermitteln Status und Rang und führen, ob bewusst oder unbewusst, zu Reaktionen beim Empfänger.

Wir lassen uns alle täuschen und manipulieren, denn unser Gehirn ist eine Assoziationsmaschine. Wir hören etwas oder sehen jemanden, und schon fangen im Kopf die Verknüpfungs- und Einordnungsversuche an.

Assoziationsmaschine Gehirn

Betrüger, Lügner und Hochstapler nutzen geschickt zeitgemäße Assoziationsmuster aus. Bei genauer Betrachtung scheint unsere ganze Gesellschaft immer mehr dahin zu tendieren, das toll Inszenierte dem Realen vorzuziehen, das phantasiegeborene Dasein dem realen Leben – zum Beispiel als Protagonist im »Second Life«, wo beliebte Rollen die des Druiden, Vampirs oder Kriegshelden sind. Heute hat vor allem der Typus Erfolg, der Reichtum ohne Probleme, ewige Schönheit oder schnellen Ruhm (Superstar-Kult!) versprechen kann. Wir werden dabei zwar mit Unvorstellbarem konfrontiert, doch das Denken setzt aus, und wir vergessen zu fragen, ob das alles überhaupt stimmen kann.

Noch vor ein paar Jahrzehnten galten andere Werte. Da gaben sich Hochstapler bevorzugt als Adelige oder hochrangige Gelehrte aus. Aber ähnlich, wie sich die Gesellschaft wandelt, wandeln sich auch die Auftritte der Verstellungskünstler, damit sie akzeptiert werden. So wurde ab den Siebzigerjahren gern die Rolle als Opfer gewählt, möglicherweise als Gegenpart zur wachsenden Wohlstandsgesellschaft. Plötzlich kam es in Mode zu behaupten, man sei durch den Krieg oder die Nazizeit schwer geschädigt worden. Mit einer solchen Legende trat auch Binjamin Wilkomirski in die Öffentlichkeit, mit erschütternden Schilderungen von seiner Kindheit im Holocaust.[6] Solche krankhaften Lügner, die man auch »Pseudologen« nennt, wissen: Wer leidet, hat Anspruch auf Trost und Wiedergutmachung, gewinnt manchmal durch den Opferstatus sogar neue Freunde oder Weggefährten. Geschickt wird die Sogwirkung des Opferseins ausgenutzt;

nahezu zwangsläufig bekommt man Aufmerksamkeit, und kaum jemand traut sich, die Sache infrage zu stellen. In jüngster Zeit häufen sich Fälle von Menschen, die vorgeben, Opfer der Terroranschläge vom 11. September oder Opfer sexueller Übergriffe geworden zu sein.

Der Begriff »Pseudologia phantastica« tauchte 1891 zum ersten Mal bei dem Psychiater Anton Delbrück auf.[7] Es gibt nämlich gravierende Unterschiede im Vergleich zum bloßen Betrüger oder Hochstapler, die von der Lust an der List geleitet werden, die vorher kalkulieren, was sie tun – also andere zweckgerichtet täuschen, meist um Geld oder Vorteile zu ergaunern. Dagegen glauben die pathologischen Lügner tatsächlich selbst an ihre Geschichten. Sie können nicht zwischen Lüge und Wahrheit unterscheiden. Deshalb haben sie auch kein Bewusstsein dafür, dass ihre Darstellungen ausgedacht und erlogen sind. Solche »Pseudologen« belügen nicht nur die anderen, sie belügen vor allem und zuerst einmal sich selbst, was dazu führt, dass sie gar keinen Leidensdruck haben und nur schwer therapierbar sind. Verzweifelt sind meist nur die Bezugspersonen, die erkennen, dass die Behauptungen keinen Bezug zur Wirklichkeit haben. Bei einer Konfrontation weichen Pseudologen blitzschnell in eine neue Variante ihrer Geschichte aus oder wechseln den Aufenthaltsort.

Wenn man es mit psychologischen Fachbegriffen fassen will, geht es um das Ausleben einer narzisstischen Störung, hinter der ein krankhaftes Bedürfnis nach Geltung und Anerkennung steckt, das jedes Gefühl für Wahrheit und Augenmaß zunichtemacht. Dazu gehört auch das sogenannte Münchhausen-Syndrom, bei dem Patienten zwanghaft Krankheiten erfinden, um sich die Zuwendung des Arztes oder der Angehörigen zu sichern.

Längst aber ist offensichtlich, dass unsere ganze Gesellschaft narzisstisch geprägt ist, mit vielen Meistern der Blendung, die ihr Millionenpublikum auf Castingbühnen finden. Dazu passen die vermehrten Eingriffe in Äußerlichkeiten, weil die Nase, der Busen, der Bauch oder Po perfekt sein müssen – egal was es kostet, und sei es das Leben. Es ist der Versuch, etwas Besseres aus sich zu machen als das, was von Natur aus vorgegeben ist. Vergessen wird dabei die Innerlichkeit, die Seele und der Geist, genauso wie eine tiefere Auseinandersetzung mit dem menschlichen Dasein, zu dem auch Hinfälligkeit, Krankheit oder Tod gehören. Die aber passen nicht zur Welt des schönen Scheins. Immer schneller, immer höher, immer weiter – das gilt nicht mehr nur für den Leistungssport. Das menschliche Maß muss auch im Alltag optimiert oder mit Doping künstlich aufgeblasen werden.

Hinter all dem Glanz- und Gloriagehabe steht der schier unersättliche Wunsch nach (Selbstwert-)Erhöhung, und wer es nicht zu eigener Großartigkeit bringt, der sucht sich unter all den Superstars seine Projektionsfläche aus, über die eine Verschmelzung gelingen kann. Fällt jedoch die Hülle, so wie wir es bei Christian Wulff oder Karl-Theodor zu Guttenberg gesehen haben, dann implodiert der Bewunderte zum Nichts, und die Zuschauer ziehen sich mit Abscheu, Hass und Verachtung zurück, was in seiner Heftigkeit wiederum völlig unangemessen und würdelos ist.

Die Würde wird von Verleumdern mit Füßen getreten

Würde allerdings ist ein Verhaltensmaßstab, der im deutschen Alltag nur noch im Grundgesetz vorzukommen scheint. Ansonsten wird das Recht auf freie Meinungsäußerung immer häufiger dazu missbraucht, andere zu beleidigen und niederzumachen. Dabei gelingt das üble Spiel am besten, wenn die Verleumdung perfide in Halbwahrheiten gekleidet wird, garniert mit einem Schuss Empörung. Ein besonders geschickter Lügner wird immer einen Bezug zur Wahrheit herstellen, weil er ansonsten allzu leicht als Spinner enttarnt werden kann.[8] Bei ihm werden Tatsachen oder Versatzstücke der Wirklichkeit zu Bausteinen und so geschickt mit bösartigen Behauptungen kombiniert, dass ein glaubhaftes Lügengebäude entsteht, dem ein Gegenüber mühelos folgen kann. Der Verleumder provoziert eine bestimmte Interpretation, die dazu führt, dass andere ihm glauben, obwohl sie es besser wissen könnten, wenn sie noch eigenständig denken oder überprüfen würden. Dem perfiden Lügner gelingt es sogar, hinter einer Fassade der vorgeblichen Menschenfreundlichkeit, dem Belogenen eine falsche Entscheidungsgrundlage schmackhaft zu machen, genauso wie im Supermarkt hinter einer Fassade von Gesundheitsversprechen wertlose Ware steckt oder hinter der Supergeldanlage nur Schrottpapiere. So aber wird Meinung gemacht und manipuliert. Nicht selten wird dabei die Gemeinheit mit der Liebe zur Wahrheit oder Rechtschaffenheit maskiert. Ein Verleumder umgibt sich gern mit der Aura des Streiters für Gerechtigkeit.[9]

Wer selbst schon einmal Mobbing oder gar Rufmord erlebt hat, Diffamierung oder eine öffentliche Hetzjagd, wird dieses abstrakt geschilderte Vorgehen mit Beispielen konkretisieren können. Die Ketzerprozesse der Jetztzeit enden nicht mehr auf dem Scheiterhaufen, die Vernichtung einer Person findet auf Bürofluren statt, bei gesellschaftlichen Events und vor allem in den Medien. Ein Rufmord zieht dabei meist andere nach sich, wenn erst mal jemand zum Abschuss freigegeben ist. Menschen, die sich durch den Erfolg anderer zurückgesetzt fühlen oder einfach nur neidgetrieben sind, nutzen bei solchen Gelegenheiten ihre kleine Chance zu Häme und Missgunst aus. Lügen wird hier zum Gewaltakt, bei dem das Image von Menschen zerstört wird. Persönlichkeiten werden verbrannt. Es ist psychische Gewalt, die sich zum Leidwesen der Opfer viel schwerer nachweisen lässt als körperliche Attacken.

Um den Grad der Bösartigkeit einschätzen zu können, ist die Intention des Verleumders entscheidend. Die Frage nach der Gesinnung, mit der gehandelt wurde. »Die moralische Bewertung einer Lüge kann sich nicht auf äußerliche Situationsmerkmale beschränken, die zweifelsfrei feststellbar wären, sondern muss immer abschätzen, welche Einstellung der Lügner gegenüber dem Belogenen einnimmt.«[10] Es muss also die Frage nach dem Motiv gestellt werden. Und die Frage nach den Folgen.

Nun könnte man auf den Gedanken kommen, Lug und Betrug fänden vornehmlich in den unteren Schichten der Gesellschaft statt, wo man es besonders nötig hat, sich auf Kosten anderer zu profilieren. Doch neueste Studien zeigen, dass es vor allem sozial Höhergestellte sind, die dazu neigen zu schummeln und sich einen Vorteil zu verschaffen. Sie tendieren dazu, Wechselgeld, das sie zu viel erhalten haben, zu behalten. Stehlen im Büro das Toilettenpapier oder greifen nach den Bonbons, die ausdrücklich für Kinder bestimmt waren. Allerdings ist nicht der höhere soziale Rang der Grund für das unmoralische Verhalten, sondern die Einstellung der Probanden zur Gier: Angehörige höherer Schichten finden Gier weniger negativ. Sie sind schlichtweg darauf getrimmt, das Optimum für sich herauszuholen.[11]

Die schwierige Wahrheitsfindung vor Gericht

Darüber zu urteilen, ob jemand lügt oder die Wahrheit spricht, ist vornehmliche Aufgabe der Gerichte, die zudem beurteilen müssen, wie schwer ein Betrug wiegt und inwiefern er strafbar ist. Doch auch Richter sind nicht im Besitz eines speziellen Wahrheitswissens und verfügen nicht über die Gabe der Hellseherei. Ihre Basis ist zunächst nichts anderes als die gültige Gesetzgebung und Rechtsprechung. Deshalb ist die Wahrheitsfindung vor Gericht auch keine Suche nach einer übergeordneten Wahrheit, sondern es geht um die Wahrheitssuche im Rahmen dessen, was juristisch machbar ist. Sogar das, was ein Richter persönlich für wahr hält, muss – zumindest theoretisch – außen vor bleiben.[12]

Auch Anklage oder Verteidigung sind bei der Wahrheitsfindung keine objektiven Instanzen, sondern von ihren jeweiligen (Mandats-)Interessen geleitet. Sie profitieren davon, dass die Gesetzgebung Raum für Interpretationen lässt oder, wie es der Volksmund sagt: Die Gesetze sind wie Gummi, und wer die besten Anwälte hat, kann ihn in seine Richtung ziehen. Manchmal wird dann vor Gericht so lange hin und her argumentiert, bis von der Wahrheit nichts mehr übrig bleibt. Oder es werden falsche Fährten gelegt, weg von der Wahrheit. Es ist ein weitverbreiteter Irrtum, dass sich ein Anwalt überhaupt um die Wahrheit kümmern müsse. Letztlich muss er nur die Position und Rechte seines Mandanten vertreten und bestmöglich verhandeln.

Der Rechtsanwalt Max Alsberg hat es schon 1930 ganz prägnant für die Aufgabe des Strafverteidigers formuliert: Es gehe darum, den »hochgemuten, voreiligen Griff nach der Wahrheit zu hemmen«. Und in der Tat ist es, wenn die Wahrheit herausgeschält werden soll, in jeder Hinsicht gut, den vorschnellen Griff zu unterlassen und lieber genau hinzuschauen. Sonst kann es zu so absurden Begründungszusammenhängen kommen, wie sie der Kabarettist Dieter Nuhr in seiner Bühnenshow »Nur die Wahrheit« genüsslich zelebriert: Ein Täter, der einen Ermordeten zerstückelt, habe wohl nur Interesse an humanen Einzelheiten gezeigt … oder der, der die Leiche vergräbt, einen Hang zur Ordnungsliebe …[13]

Wie wenig Gerichte zur Wahrheitsfindung beitragen können und manchmal auch wollen, das haben in jüngster Zeit zwei spektakuläre Prozesse gezeigt: der eine gegen den bekannten Wettermoderator Jörg Kachelmann und der andere gegen den Kunstfälscher Wolfgang Beltracchi. Tatsache ist: Die Wahrheit werden wir in beiden Fällen vermutlich nie erfahren. Die Frage, was wirklich zwischen Kachelmann und seiner (Ex-) Freundin geschah, blieb auch nach monatelangen Gerichtsverhandlungen unbeantwortet. Und wie viele Kunstwerke

Beltracchi tatsächlich gefälscht und verhökert hat, auch das wird – so sieht es derzeit aus – für immer ein Geheimnis bleiben. Doch eins nach dem anderen.

Ein Schlachtfeld von demontierter Glaubwürdigkeit

Es war eine Sensation, als Jörg Kachelmann im März 2010, gerade von den Olympischen Winterspielen in Kanada zurückgekehrt, am Flughafen Frankfurt am Main wegen schwerer Vergewaltigung festgenommen wurde. Danach ging es hoch her im Land. Nur selten haben sich in der Geschichte der Bundesrepublik so viele Bürger darüber ereifert, wer schuldig oder unschuldig ist. Befürworter und Gegner formierten sich. Sympathien wurden verteilt und entzogen und von Anfang an viel mehr verhandelt als nur die mögliche Tat. Es ging um Sex und Macht, Liebe und Betrug und um alles, was dabei zählt zwischen Frau und Mann.

Gerichtsmediziner und Gutachter, Aussagepsychologen und Wahrheitsforscher bemühten sich zwar eifrig, das tatsächlich Passierte ausfindig zu machen; am Ende jedoch blieben nur Wahrscheinlichkeiten und Verdachtsmomente übrig sowie etliche unwahre Aussagen auf beiden Seiten. Kachelmann hatte versucht, wie schon vorher seine Geliebten, nun auch das Gericht zu manipulieren, indem er beispielsweise die jahrelange Beziehung zur Nebenklägerin auf das rein Sexuelle reduzierte. Aber auch seine Gegenspielerin, das mutmaßliche Vergewaltigungsopfer, hatte sich bei ihren Darstellungen mehrfach in Lügen verstrickt. Zur Urteilsverkündung schließlich sahen wir einen Mann mit weißem Hemd und in feinstem Zwirn, den wir bis dahin aus dem Fernsehen mit lässiger Kleidung und flapsiger Haltung kannten. Aufrecht stand er im Gericht und wirkte dabei zugleich wie erstarrt. Ein Mann, dessen Intimleben mit all seinen variantenreichen Extravaganzen und Betrugsgeschichten vor einer breiten Öffentlichkeit ausgebreitet worden war. Mit ihm im

Saal: die ganz in Schwarz gekleidete Nebenklägerin. Eine zierliche, in sich versunkene Frau, die sich über viele Jahre in den Kachelmann'schen Kosmos hatte einweben lassen und nun durch die Ermittlungen und den Prozess vor aller Augen aufs Schlimmste gedemütigt worden war.

Die behauptete Vergewaltigung konnte im Prozess weder bewiesen noch widerlegt werden. Deshalb war die juristische Konsequenz: »Non liquet« – nichts ist geklärt – und das Urteil folgerichtig: »In dubio pro reo« – im Zweifel für den Angeklagten. Dazu Jubel im Gericht und Beifall, aber auch Tränen und Wut. Der Richter äußerte seine Überzeugung, eine richtige Entscheidung getroffen zu haben, aber Befriedigung, hob er deutlich hervor, verspüre er nicht. Das hatte Gründe, die er nach der Urteilsverkündung ausführlich vortrug. Über weite Strecken stellte sein Plädoyer eine Mahnung an die Zuhörer und Medien dar, letztlich eine Mahnung an alle Skandalkonsumenten. Seine Worte lassen aufhorchen: »Wir entlassen den Angeklagten und die Nebenklägerin mit einem möglicherweise nie mehr aus der Welt zu schaffenden Verdacht, ihn als potenziellen Vergewaltiger, sie als potenzielle rachsüchtige Lügnerin.« Dass sie in einzelnen Punkten die Unwahrheit gesagt habe, bedeute nicht, dass sie deshalb insgesamt gelogen haben müsse, betonte der Richter Michael Seidling und machte klar: »Es ist ein weitverbreiteter Irrglaube, stets anzunehmen, dass jemand, der in einem Nebenpunkt lügt, auch im Kernpunkt die Unwahrheit sagt.« Für die Kammer sei die Nebenklägerin »keine rachsüchtige, vom Hass getriebene Frau«, hob der Richter hervor. An die Öffentlichkeit gewandt sagte er: »Bedenken Sie, dass Herr Kachelmann möglicherweise die Tat nicht begangen hat und deshalb zu Unrecht als Rechtsbrecher vor Gericht stand. Bedenken Sie aber auch umgekehrt, dass die Nebenklägerin möglicherweise Opfer einer schweren Straftat war.« Die Verdachtsmomente gegen den Angeklagten hätten sich im Verlauf des Prozesses zwar »abgeschwächt, aber nicht verflüchtigt«. Es bliebe das Gefühl gegenüber beiden, »ihren jeweiligen Interessen durch unser Urteil nicht ausreichend gerecht geworden zu sein«. Der Freispruch beruhe nicht darauf, dass die Kammer von der Unschuld Kachelmanns überzeugt gewesen sei und damit im Gegenzug von einer Falschbeschuldigung der Nebenklägerin. Es bestünden jedoch auch begründete Zweifel an der Schuld von Jörg Kachelmann. Und eine Tat, die nicht nachgewiesen werden kann, ist vor Gericht nun mal keine Tat.[14]

Zurück blieb nach über einem Jahr härtester juristischer Kämpfe ein Schlachtfeld von demontierter Glaubwürdigkeit. Die Glaubwürdigkeit des Wettermoderators war erschüttert, aber auch die seiner Exfreundin und nicht zuletzt die der Justiz. Denn schon vor Beginn der Hauptverhandlung lagen dem Gericht die Argumente und Fakten vor, die einen Freispruch nahelegten. Doch die Entschlossenheit zur Anklage hatte wohl den Mangel an Beweisen überdeckt. Das Gericht ließ sich offenbar zunächst von der Staatsanwaltschaft beeindrucken, für die ein Beschuldigter mit einem bunten Sexualleben und falschen Liebesschwüren genügend Indizien lieferte, um auch ein Vergewaltiger zu sein. Die über viele Jahre im Gericht erfahrene *Spiegel*-Reporterin Gisela Friedrichsen monierte berechtigterweise, nachdem das Urteil rechtskräftig geworden war: Der von Jörg Kachelmann schon schwer enttäuschten Frau hätte noch vor Beginn der Hauptverhandlung zur Wahrheit verholfen werden können und müssen. Denn nach dem Prozess war sie erneut ein Opfer – nämlich ein Opfer der Justiz. Das ist natürlich bitter, nicht nur für die Nebenklägerin, sondern für alle, ob Männer oder Frauen, die Opfer von sexuellen Übergriffen werden und erleben müssen, wie schwer hier die Beweislast ist. Auch die enttäuschte Geliebte zog am Ende eine ernüchternde Bilanz: »Solange wir in einem Täterstaat leben, ist es besser, als Frau den Mund zu halten«, sagte sie und bekannte, dass sie immer wieder Selbstmordgedanken habe. Die Anzeige habe sie richtig bereut, »als nach Jörg Kachelmanns Festnahme die Medienhölle losging und diese Hexenjagd im Internet«.[15]

Auch Richter Michael Seidling rügte den Druck der Öffentlichkeit und die vielen würdelosen Kommentare, die zum Teil »hinter der Fassade der Anonymität« im Internet schäbig und verwerflich ausgeteilt worden waren. Die Persönlichkeitsrechte des Angeklagten und des mutmaßlichen Opfers seien mit Füßen getreten worden. Vorschnelle Prognosen und einseitige Darstellungen waren dabei noch die harmloseren Verhaltensweisen. Schwerer wiegt, dass Details aus der Vernehmung mit Wollust breitgetreten wurden.

Im Frühjahr 2012 wurden daher auch drei Medien verurteilt, weil sie unangemessen in die Persönlichkeitsrechte von Jörg Kachelmann eingegriffen hatten und das Interesse der Medien zurückzustehen hat hinter dem Recht auf Schutz der Intimsphäre. Die veröffentlichten Details hätten in keinem Zusammenhang mit dem konkreten Tatvorwurf gestanden, und bis zu einer Verurteilung gelte zugunsten des Beschuldigten immer die Unschuldsvermutung – dies wurde von den Richtern in dem nachgelagerten Prozess noch einmal deutlich gemacht. Bizarr erscheint in dieser Sache nicht zuletzt die gerichtliche Auseinandersetzung, die einer der Paparazzi noch gegen den Wettermoderator angestrebt hatte. Genervt von der ständigen Verfolgung durch Kameraobjektive hatte Kachelmann ein Foto eines vor seinem Haus wartenden Fotografen über seinen Twitter-Account veröffentlicht. Der fühlte sich davon in seinen Rechten verletzt. Das Gericht jedoch erkannte darin einen wesentlichen Beitrag zur öffentlichen Meinungsbildung über die Umstände bei der Medienberichterstattung. Das Bild zeige den Fotografen bei der Ausübung seiner beruflichen Tätigkeit und sei somit ein Dokument der Zeitgeschichte.

So hoch hätte man die Latte gar nicht hängen müssen. Allein der gesunde Menschenverstand hätte bei diesem Kläger zu der Einsicht führen können: Wer anderen in ihrer Privatsphäre auflauert, sollte nicht klagen, wenn er dabei Teil der Berichterstattung wird.[16]

Selten haben sich Weisheit und Blindheit bei der Urteilsfindung vor Gericht so eindeutig gezeigt wie im Fall Kachelmann. Justitia hat abgewogen und Recht gesprochen, aber der Gerechtigkeit wurde nicht Genüge getan. Die Wahrheit ist gar nicht erst ans Licht gekommen. Eindeutige Beweise fehlten. Am Ende blieb es beim Ausgangspunkt: Aussage gegen Aussage.

Der Fälscher flog ausgerechnet wegen einer falsch etikettierten Tube auf

Im Fall des genialen Kunstfälschers Wolfgang Beltracchi hätte es genügend Beweise gegeben. 8000 Seiten Ermittlungsakten wurden an jedem der neun Verhandlungstage mit dem Rollwagen in den Saal geschoben, wo sie aber niemand mehr in die Hand nahm. Kein einziger Zeuge wurde gehört. Man gab sich zufrieden damit, dass man ein umfassendes Geständnis des Malers und seiner Komplizen über 14 gefälschte Bilder bekam, und verteilte dafür im Gegenzug milde Strafen. Der Fälscher selbst erhielt nur sechs Jahre Haft im offenen Vollzug, ins Gefängnis muss er nur zum Übernachten. Die Ermittlungen zu weiteren über 30 Werken wurden eingestellt. Insgesamt – so schätzen Insider – könnte Beltracchi sogar an die 200 Kunstwerke gefälscht und dann verkauft haben. Möglicherweise sind über die 16 Millionen Euro hinaus, die die Bande nachweislich für die gefälschten Kunstwerke eingenommen hat, noch ein paar weitere Millionen auf exotischen Konten versteckt.

Aber auch so hat sich die Sache für Beltracchi gelohnt. Im Zuge des Prozesses erhielt der Sechzigjährige viel Aufmerksamkeit, ja Bewunderung. Und die Jahre davor hat er in Saus und Braus verbracht: in einer Villa in bester Lage in Süddeutschland und auf einem Anwesen in Südfrankreich.

Er gönnte sich ein Luxusleben, das die meisten Künstler, die unter ihrem eigenen Namen malen, nie erreichen.

Keine Frage, Wolfgang Beltracchi, nach eigenen Angaben Sohn eines Restaurators und Kirchenmalers, ist begabt. Er verfügt über künstlerische Brillanz und substanzielle Kenntnisse zu Malart und Stil berühmter Künstler der Klassischen Moderne von Max Pechstein über Max Ernst bis hin zu Fernand Léger oder Heinrich Campendonk. Mit seinen wallenden Haaren und dem Musketierbärtchen sieht er nicht nur aus wie ein Ritter aus vergangenen Zeiten, er kann auch »alt« empfinden und vergangene Zeiten auf Leinwände bannen. Sein Vorgehen war dabei alles andere als unkreativ und simpel, nie hat er einfach nur vorhandene Originale täuschend echt nachgemalt, sondern er hat Bilder, die es im Œuvre der jeweiligen Maler nicht gab, hinzuerfunden. Sich in den jeweiligen Künstler und sein Werk hineinversetzt und dann Bilder kreiert, die im Werk dieses Künstlers nach seiner Ansicht nicht fehlen durften, »sozusagen kunsthistorische Leerstellen vollgemalt«.[17] Er selbst sagte: »Die Kunst ist es, ein Bild zu malen, das es nicht gibt, welches aber doch perfekt in das Werk passt.«[18]

Seine Motivation war hoch. Bei seinem Vater, der sich, so wird vermutet, weitestgehend als Anstreicher durchschlagen musste, hatte er gesehen, dass man es allein mit talentierter Malerei nicht weit bringen kann. Es braucht einen oder besser noch mehrere anerkannte Namen, um reich zu werden, schlussfolgerte er. Und weil Wolfgang Beltracchi ein Lebemann war, wollte er viel Geld haben. Der Kunstmarkt, der vorwiegend über berühmte Namen und Käufergier funktioniert statt über das Interesse am Künstler und seiner Kunst, machte es ihm demzufolge leicht. Man kann sagen, Beltracchi hat diesen dubiosen Markt mit seinen Fälschungen bloßgestellt. Er förderte diverse Eitelkeiten und Bestechlichkeiten zutage, die der Händler, der (angeblichen) Experten und Gutachter und nicht zuletzt der Sammler. Die Gewinnspannen, die mit scheinbar wertvollen Kunstwerken zu erzielen sind, liegen laut Polizeiangaben so hoch wie sonst nur im Drogen- oder Mädchenhandel. Wenn die Gruppe um Beltracchi ein angeblich berühmtes Bild für 800 000 Euro anbot, zahlte der Letzte in der Kette auch schon mal über sechs Millionen Euro dafür. Insbesondere die wohlwollenden Gutachter, die die Echtheit zu verifizieren hatten, konnten mit satten Provisionen auf den Verkaufspreis Kasse machen. Zweifel oder genaue Prüfungen wären da schlecht fürs Geschäft gewesen.

Es offenbaren sich Strukturen in diesem Markt, die in anderen Branchen undenkbar sind. Ähnlich wie bei der Mafia sind Diskretion und Verschwiegenheit von unschätzbarem Wert; sie rangieren vor Wissen und Aufklärung. Geld ist dabei Nebensache, weil die interessierten Käufer reichlich davon haben. Es ist Schwarzgeld, das mit Kunstwerken veredelt wird, oder die teuren Kunstwerke sind Steuersparmodelle. Nicht die Kunst steht im Vordergrund, sondern die Kapitalanlage. Ein gewisses spekulatives Risiko wird da in Kauf genommen.[19]

Doch wer gehofft hatte, all diese korrupten und fahrlässigen Praktiken des Kunstmarktes würden im Zuge des Verfahrens aufgedeckt, hat sich geirrt. Im größten Kunstfälscherprozess der Nachkriegszeit passierte etwas ganz Erstaunliches: eine Schuldumkehr. Der Schurke verwandelte sich in einen bemerkenswerten Helden. Die wahren Betrüger dagegen waren jetzt die betrogenen Sammler im Zusammenspiel mit Händlern und Experten, die allerdings noch keiner vor Gericht gestellt hat. Der, der bislang angeklagt war und verurteilt wurde, hat somit nur deren Geltungssucht an den Pranger gestellt.[20]

»Genial!« Dieses Wort wurde im Zusammenhang mit Wolfgang Beltracchi oft verwendet. Was soll man auch anderes sagen, wenn ein Krimineller es schafft, am Ende seines Prozesses aus vollem Herzen und mit einem Lächeln im Gesicht dem Richter »Danke« zu sagen. »Danke, dass das alles so fair und locker hier war.«[21]

Der Preis dafür ist jedoch hoch: Die Wahrheit wurde einem Deal geopfert. Die Wahrheitsfindung blieb wieder ein mal auf der Strecke. Und Wolfgang Beltracchi hat auch jetzt noch gute Tage. Er ist beliebt bei seinen Mithäftlingen und Gefängniswärtern, weil er so schöne Porträts zeichnen kann. Dank guter Führung könnte er in drei Jahren vorzeitig entlassen werden.[22]

Die Frage nach der Relevanz von Echtheit wird bleiben. Gerade in Zeiten des Internets erodieren die alten Werte von Autorenschaft und Authentizität.[23] Darum soll es im Folgenden gehen: Von der Welt des schönen Scheins hin zur tatsächlich nur virtuellen Welt, die aber immer realer daherkommt und weit in unseren Alltag hineingreift.

Das optimierte Ich im weltweiten Netz: Welches Leben hättest du gern?

Immer mehr Menschen kommunizieren übers Internet. Es heißt, wer offline lebt, wird irrelevant. Das erzeugt Anpassungsdruck, und der ist eine ideale Basis für Geschäftemacher. Es ist jedoch eine Lüge, dass aus der Welt ist, wer im Netz nicht vorkommt. Die Wahrheit ist: Mit dem Wissen über die Nutzer soll Profit erwirtschaftet werden. Was also passiert tatsächlich im Hintergrund, wenn Daten zu einer heiß begehrten Ware werden, zum neuen Öl im Kreislauf der Digital-Wirtschaft – wenn alles ausgespäht und öffentlich gemacht werden kann? Dass sich mit der weltweiten Vernetzung alles zum Guten wendet und die ganze Welt mein Freund wird, ist eine Vernebelung der Wirklichkeit. Schon jetzt haben wir ein Problem mit der Masse an Informationen und deren Geschwindigkeit. Wer überflutet wird, kann nichts mehr einordnen, verliert Souveränität und Kompetenz. Das schöne neue Leben in der virtuellen Community hat seinen Preis: Es verändert unser Realitätsbewusstsein und unsere Wahrnehmung.

Ein Zirkus kommt in die Stadt. Und wann, bitte, waren Sie das letzte Mal dabei? Kann es sein, dass es nur wegen der Kinder war, die sich noch an einem Clown und drei in der Manege herumlaufenden Ziegen erfreuen können? Oder anders gefragt: Würden Sie noch in einen Zirkus gehen? Wenn in diesen Tagen in der Großstadt Berlin ein Plakat für den »Zirkus Magic« wirbt und »Tiere, Menschen, Attraktionen« ankündigt werden, bleibt keiner aufgeregt stehen. Vielmehr wirkt das Plakat wie ein Relikt aus vergangenen Zeiten. Längst sind wir anders konditioniert. Alles, was heutzutage Aufmerksamkeit will, muss vorher in den Medien stattgefunden haben oder auf bekannten Bühnen, auf denen wir letztlich aber genau die Stars erleben, die uns schon vorher als prominent oder »mega-in« vorgestellt worden sind. Doch wer sich von den Medien einreden lässt, was wichtig ist, wird leicht beeinflussbar bis hin zur Hysterie und verlernt, ein eigenes Urteil zu bilden. Wird Opfer der Verführungskünste der Medienbranche, die unsere Selbstbestimmung überrumpeln können.

Das Medium aller Medien ist inzwischen das Internet, das uns Film und Fernsehen, Bücher und Zeitungen, Waren aller Art sowie Kontakte und Beziehungen liefert. Nach dem Motto: Sie haben sich gestern für festliche Bekleidung interessiert, hier kommen unsere Veranstaltungstipps für die nächsten vier Wochen inklusive Anbieter für Make-up und Styling. Und falls Sie noch einen passenden Partner brauchen, kein Problem …

Zum ersten Mal wird gerade eine Generation erwachsen, die ganz selbstverständlich mit Computer, Online-Zugang und Handy sozialisiert worden ist, angekabelt an die allzeit bereite Lieferwelt. Und kaum ist diese Generation im wahlfähigen Alter, gibt es die erste Internetpartei: »Die Piraten«, die eine neue Qualität von Vernetztsein praktizieren. Die twittern und bloggen und sich im ständigen Aktualisierungs- und Korrekturmodus befinden, deshalb auch »Generation Update« genannt. Mit deren Einzug in die Parlamente dürfen wir uns künftig auf eine Kultur der »Update-Demokratie« einstellen. Im besten Fall können dann Entscheidungen unmittelbarer vollzogen werden und falsche Entschlüsse oder irrsinnige Projekte bleiben nicht mehr starrsinnig lange unkorrigiert. Im schlechtesten Fall quasseln zu viele mit und blockieren sinnvolles Handeln.

Ein durchschnittlicher Zwanzigjähriger hat heute bereits eine Viertelmillion E-Mails oder SMS geschrieben und fast 10 000 Stunden vor dem Bildschirm verbracht, was ungefähr drei Jahren Leben entspricht. Neben den sozialen Netzwerken und diversen Internetangeboten laden ihn 500 Millionen Blogs zum Lesen ein. In jeder Minute werden ungefähr 48 Stunden Filmmaterial bei YouTube eingestellt, also doppelt so viele Stunden, wie Tag und Nacht ausmachen, und das in nur einer Minute. Wer bitte soll das alles anschauen? Natürlich, es sind sehenswerte Filme darunter, aber auch jede Menge blödsinniger Bildersalat.[1]

Mit dem digitalen Zeitalter sind wir nunmehr tatsächlich in einer Welt angekommen, in der es eine Überfülle an Informationen und Medienangeboten gibt. Das Problem ist nur, das Richtige auszuwählen, sich in dieser Welt zu orientieren und zu positionieren. Und was macht es mit uns, wenn »timeline« von Facebook eine fortlaufende und vollständige Kopie des Alltags in Echtzeit ermöglicht? Ein Dasein im »Livetickertakt«. Eine kuriose Gleichzeitigkeit von Leben im Leben und Abbild im Netz, schlicht eine digitale Dauerdokumentation des Lebens und seiner Beziehungen. Der eine oder andere mag dadurch auf die irrwitzige Idee kommen, dass er allein aufgrund der Abbildung seines Daseins im Netz Bedeutung erlangt hat.

Nahezu alles, was online praktizierbar ist, steht in der Spannung, entweder wertvolle Ausdrucks- und Benutzermöglichkeit zu sein oder wertloser Müll, der jedoch Zeit und Energie kostet. Und nichts von dem, was einmal im Netz präsent war, wird so ohne Weiteres wieder gelöscht. Bei den wenigsten Vorgängen darf man darauf hoffen, dass sie dem natürlichen Prozess des Vergessens anheimfallen. Das Computerhirn speichert alles. Ein Knopfdruck genügt, und es erinnert sich. Einen digitalen Tintenkiller oder Radiergummi gibt es nicht. Das Internet imitiert zwar das echte Leben, aber die Wirklichkeit, so wie wir sie kennen, ist es nicht, denn anders als im richtigen Leben bleibt nichts vor dem Blick oder Zugriff anderer geschützt, keine E-Mail und kein privates Profil.[2] Dieses Problem könnte zwar in Zukunft durch schärfere Gesetze und Kontrollen geregelt werden, aber es bleibt eine gigantische Beeinflussungsmacht. Und es bleibt die Frage nach der Wertschöpfung, die aus den privaten Daten und sozialen Netzwerken gezogen werden kann. Jeder vierte Deutsche ist derzeit bei Facebook aktiv, weltweit sind es 900 Millionen Nutzer, was einer Kaufkraft von weltweit 30 Prozent entspricht (2005 waren es »nur« 100 Millionen User). Als im Mai 2012 das Unternehmen an die Börse ging, belief sich der Gesamtwert von Facebook auf um die 105 Milliarden Dollar, mehr als die deutschen Traditionsunternehmen BMW, Deutsche Bank und Adidas zusammen. Und wieder hat eine kleine Gruppe Beteiligter – wie Gründer Mark Zuckerberg und seine Partner – innerhalb kürzester Zeit mehrere Milliarden gemacht. Erneut so ein Fall von wundersamer Geldvermehrung. Und selbst wenn die Aktie überbewertet war, die Milliardengewinne für ein paar wenige bleiben. Der Rest hat Pech gehabt und schmiert ab.

Mit Klicks zu Cash? Der langfristige Börsenerfolg von Facebook und ähnlichen Unternehmen wird von der Frage abhängen, womit künftig Geld verdient werden kann, wenn man Zugriff auf jeden siebten Erdenbürger hat. So beeindruckend die Nutzerzahlen auch sind, der Umsatz pro Mitglied lag beim Börsengang von Facebook bei mageren 1,21 Dollar. Alle Erwartungen richten sich damit auf den Werbemarkt, doch dort, wo es um Reklame geht, ist die Manipulation nicht weit. Zudem gibt es juristische Unwägbarkeiten. Unmittelbar nach dem Börsengang wurde Facebook vor einem kalifornischen Gericht wegen Datenschutzverletzungen angeklagt. Die Schadensersatzforderungen belaufen sich auf 15 Milliarden Dollar und werden sicher nicht deshalb eingefordert, weil das Unternehmen immer so fair und nett zu seinen Nutzern war.[3]

Innovationen, Irrtümer und irre Möglichkeiten

Die digitalen Kommunikations- und Interaktionsmöglich-keiten haben die größte Innovationswelle im Bereich der In-formations- und Wissensübertragung seit der Erfindung des Buchdrucks ausgelöst. Sie verändern unseren Alltag ähnlich gravierend wie vormals der Übergang vom Agrar- zum Indus-triezeitalter. Vor 150 Jahren ging es vom Land in die Stadt und vom Feld in die Fabrik. Jetzt zieht die Karawane weiter ins glo-bale Dorf, das über Datenleitungen und Bildschirm zugäng-lich ist. Doch wieder steht, wie bei allen Umbrüchen, die Frage im Raum: Wer kommt da tatsächlich mit? Es ist eine grandiose Überschätzung, davon auszugehen, dass wir uns so ohne Wei-teres in einem globalen Dorf heimisch fühlen könnten. Nicht zuletzt deshalb haben Magazine wie *Landlust,* in denen der pulsierenden Komplexität meditative Harmonie entgegentritt, Hochkonjunktur, oder Erinnerungsbücher wie *Erzähl mal,* die uns verorten wollen und Heimat simulieren.

Noch ist die technologische Entwicklung nicht abgeschlos-sen. Wir leben zwar schon weitestgehend mit den Optionen des mobilen Internets, aber die Verschmelzung von Mensch und Maschine ist nicht komplett. Doch die digital program-mierte Speichereinheit ist neuerdings schon in die Wolken ausgelagert, damit wir von überall her Zugang zu allen Daten erhalten können. Wir müssen keinen Stick und keine Fest-platte mehr mit uns herumschleppen.

Dazu nur drei Dimensionen, in Zahlen ausgedrückt, die die Entwicklung der vergangenen Jahre verdeutlichen und Indikator dafür sein können, wie es weitergeht: Schon im Jahr 2003 lag das Volumen der weltweit verfügbaren In-formationen bei fünf Exabyte. Ein Exabyte entspricht dem 20 000-Fachen der Library of Congress, wo immerhin 31 Millionen Bücher lagern.[4] Jetzt sind wir zehn Jahre wei-ter. Die Datenmenge jedes Einzelnen pro Jahr entsprach im Jahr 2005 einem zehn Meter hohen Bücherstapel, war also so hoch wie ein Mehrfamilienhaus. 2015 sollen es bereits 100 Meter sein, was der Höhe eines Bankturmes in Frankfurt am Main entspricht. Im Jahr 2003 wurden 31 Milliarden E-Mails verschickt, nur fünf Jahren später waren es schon 210 Milliarden.[5]

Es zeigt sich eine ungeheure Rasanz, die faszinierend und bedrohlich zugleich ist. Nicht zu Unrecht stellte der Wissenschaftstheoretiker Erhard Oeser fest: »Früher saßen starke Gehirne an schwachen Apparaten; heute sitzen schwache Gehirne an starken Apparaten.« Und ein Blogger, der sich »Spokker Jones« nennt, schrieb: »In 40 Jahren wird das Internet unter einer gigantischen Implosion der Dummheit kollabieren. Dann möchte ich sagen können: Ich war dabei!«[6]

Was aber ist das für eine Welt, die das menschliche Gehirn schwächen kann und die möglicherweise in der nächsten oder übernächsten Generation vor Dummheit implodiert? Nähert man sich der am Horizont aufziehenden Wirklichkeit, dann kann es auf keinen Fall darum gehen, die Technik und deren Möglichkeiten zu verteufeln. Das hieße, sich ebenso lächerlich zu machen wie einst Charles Duell, der ausgerechnet als Chef des US-amerikanischen Patentamts verkündete: »Alles, was erfunden werden kann, wurde bereits erfunden.« Das war 1899, und bekanntlich irrte er. Die technische Entwicklung ging weiter und wird auch in Zukunft weitergehen und die Menschen und die Gesellschaft weiter revolutionieren. Das Internetzeitalter verändert unsere Welt vermutlich in einem Ausmaß, wie wir es uns selbst mit kühnster Phantasie nicht vorstellen können.

Es könnte uns auch eine Lehre sein, dass selbst ein so genialer Ingenieur wie Gottlieb Daimler ausgerechnet in Bezug auf das Automobil, dessen Entwicklung er neben Carl Benz entscheidend mit vorangetrieben hat, völlig falsche Prognosen aufstellte, als er am Ende seines Lebens um 1900 verkündete: »Die weltweite Nachfrage nach Kraftfahrzeugen wird eine Million nicht überschreiten, allein schon aus Mangel an verfügbaren Chauffeuren.« Doch Daimler stand mit seinen Einschätzungen zum mobilen Verhalten bei Weitem nicht allein. Es war die Sicht der Allgemeinheit, den Durchbruch des Autos als Massenware zu bezweifeln. Auch der Präsident der Michigan Savings Bank verkündete 1903, 17 Jahre nachdem der Motorwagen erfunden und patentiert worden war: »Das Pferd wird es immer geben. Automobile hingegen sind lediglich eine vorübergehende Modeerscheinung.« Es kam anders. Allein bei uns in Deutschland besitzt jeder Zweite einen PKW, weltweit sollen es bereits über eine Milliarde Fahrzeuge auf den Straßen sein.

Genauso wie einst der Buchdruck oder die Mobilität die Gesellschaft nachhaltig auf den Kopf gestellt haben – davor gab es Gründe, das Volk über Jahrhunderte dumm und immobil zu halten –, verändern seit rund 30 Jahren die Computer unser Leben und Zusammensein. Wobei auch an deren Anfang beachtliche Irrtümer standen. So verkündete 1943 der CEO von IBM, Thomas Watson, einer, der es hätte besser wissen können: »Ich denke, dass es einen Weltmarkt für vielleicht fünf Computer gibt.« Auch hier kam es anders. Nachdem 1951 mit »UNIVAC« der erste kommerziell vermarktbare Computer in der Welt war, der übrigens über eine Million Dollar kostete, verkaufte IBM zwei Jahre später das Modell »650« insgesamt 1800 Mal. Es war der erste Computer der Welt, der für die Masse produziert wurde. Doch selbst das konnte den Präsidenten von Digital Equipment Corp., Ken Olson, 1977 nicht davon abhalten zu prognostizieren: »Es gibt keinen Grund dafür, dass jemand einen Computer zu Hause haben wollte.« Keine 40 Jahre ist das her, inzwischen stehen Computer selbst in den ärmsten Hütten der Welt.

Die Entwicklung verlief atemberaubend. Heute gibt es mindestens genauso viele Computer wie Fahrzeuge. Außerdem werden sie ergänzt durch das mobile Internet auf Millionen Smartphones, was die Kommunikations- und Interaktionsmöglichkeiten noch einmal potenziert. In Indien haben die Bewohner derzeit mehr Handys als Toiletten. In nur rund 47 Prozent aller Behausungen gibt es ein stilles Örtchen, während der Bedarf an Mobiltelefonen in fast 54 Prozent der Haushalte gedeckt ist. 2001 besaß nicht einmal jeder zehnte Haushalt ein Telefon, inzwischen sind es – Festnetz und Handy zusammengerechnet – rund 64 Prozent.[7] Riesige Absatzmärkte, doch die Internetgiganten befriedigt das natürlich nicht. Sie träumen vom Rest der Welt, den es zu erobern gilt.

Bei der Eröffnung der Cebit 2012 schwärmte der Vorsitzende des Google-Verwaltungsrats, Eric Schmidt, wie viel besser die Welt wäre, wenn nicht nur zwei Milliarden Erdenbürger, sondern alle sieben Milliarden online wären. Man darf davon ausgehen, dass er dies nicht uneigennützig vor sich hin gesagt hat. Er hat zwar in seiner Rede den Blick auf »mehr Innovationen, mehr Kreativität, mehr Miteinander-verbunden-Sein« gelenkt, aber gemeint hat er für seinen Konzern ganz sicher: mehr Absatz, mehr Daten und mehr Verflechtung. Auf die Kritik, dass der Internetriese – trotz massiver Proteste von Daten- und Verbraucherschützern – die Kundendaten von mehr als 60 Google-Diensten zusammengeführt hat, ging er dabei nicht ein. Diese Debatte findet er vermutlich kleinlich, weil sein Thema die große Zukunft ist, die riesigen Datenmengen aus aller Welt. Seine Pläne befassen sich damit, wie man auch noch den entlegensten Ort der Erde mit dem Internet verbinden kann. Und um das Geschäftsmäßige daran zu verdecken, erklärte er, wie die neuen Technologien einen Ausgleich in der Gesellschaft schaffen und wie wir alle immer gleicher würden. Sein Appell an das erstaunte Cebit-Publikum: »Lasst uns eine Welt bauen, in der jeder die Chance hat, sich zu verbinden.«[8] Das Internet als Heilsbringer für die Welt – das klingt sensationell. Wie wäre es, zunächst damit anzufangen, dass jeder eine Chance auf Nahrung und sauberes Wasser hat?

Allerdings, bei aller angebrachten Skepsis: Das Rad der Geschichte lässt sich nicht zurückdrehen, und die Computer sind aus dem Leben der modernen Industrienationen nicht mehr wegzudenken. Sie stehen in Betrieben und Schulen genauso wie im Büro oder zu Hause. Selbst ein Kinderzimmer ohne Computer mutet für die meisten wie ein Folterkeller der Langeweile an. Computer beherrschen die Wirtschaft, den Verkehr und die Wissenschaft und spielen auch im medizinischen Bereich oder bei militärischen Auseinandersetzungen eine zentrale Rolle. Informationen und Daten lassen sich in wenigen Sekunden abrufen, austauschen oder verbreiten. Datenleitungen sind so unentbehrlich geworden wie Wasserleitungen. Und wer einen Brief zur Post bringt, gilt fast schon als antiquiert, als würde man noch das Wasser am Brunnen vor dem Tore holen; nur drei Generationen zurück war das gang und gäbe.

Die Datensammelmaschine braucht Futter

In den USA verbringt derzeit jeder Bürger 7,5 Stunden am Tag im Durchschnitt mit digitalen Medien, bei uns in Deutschland sind es 5,5 Stunden. Überall um uns herum befindet sich geballte Rechenkraft, um Kontakte herzustellen und zu verwalten. Die persönlichen Daten, die wir dabei meist unbefangen hin und her senden, hinterlassen Bewegungsmuster, die ein wertvoller Rohstoff sind. Für das Wirtschaftsleben der Zukunft werden sie so wichtig sein wie heutzutage das Öl.[9] Unsere Privatsphäre – was wir denken, was wir lesen, was wir bestellen oder was wir anschauen –, alles wird verfolgt und dokumentiert, gesammelt und verknüpft, um daraus Nutzerprofile zu erstellen. Es geht darum, anhand unseres Verhaltens die besten Einstiegspunkte zu finden, um uns gezielt auf bestimmte Angebote und Produkte zu lenken. Wenn die Rechenmaschine zum Beispiel aus der riesigen Datenfülle weltweit errechnet hat, dass, wer am Freitag eine DVD bestellt, sich am Dienstag danach für die neuesten Abspielgeräte interessiert, werden wir just an diesem Tag – was für ein Zufall! – eine Fülle von Kaufoptionen geliefert bekommen, ohne diese erbeten zu haben.

Längst gibt es von uns einen digitalen Doppelgänger. Wir existieren noch einmal in Form von elektronischen Signalen. Letztlich wird unsere ganze Lebensführung in Datenmaterial verwandelt, das benutzt wird, um mit dem Wissen noch mehr Geschäft erzielen zu können. Wir werden reduziert auf Bits und Bytes und ausgeschlachtet. Eine der heißesten Fragen derzeit lautet, wie unser Gefühlsleben durch Mikroelektronik beeinflusst werden kann. Smartphones oder Tablet-PCs sollen viel mehr sein als technische Hilfsgeräte: Sie sollen uns ans Herz wachsen, uns besser kennen als wir uns selber, uns lenken und leiten. Noch ehe wir einen Wunsch formuliert haben, liegt ein Angebot abrufbereit für uns vor.

Mit Verblüffung haben Forscher festgestellt, dass bei der Berührung des Touchscreens im Gehirn genau die Zentren aktiviert werden, die für Beziehung und Liebesgefühle stehen. Wenn man das weiß, verwundert es nicht mehr, dass wir die Finger kaum noch vom Bildschirm lassen können und sich Entzugserscheinungen einstellen, wenn die digitalen Begleiter draußen bleiben müssen, was selten genug der Fall ist. Verstand und Wille werden hier zu ohnmächtigen Sklaven unserer Begierden. Außerdem gibt es psychologische Studien, die eruiert haben, wie uns der Computer ansprechen muss, damit wir ihn nicht mehr als Datenverarbeitungsautomaten wahrnehmen, sondern sympathisch finden – ihn wahrnehmen als dialogfähiges Gegenüber. Ziel ist es, dass wir eine menschliche Beziehung zu dem Gerät herstellen. Wir verlieren zunehmend das Bewusstsein dafür, dass der Computer lediglich eine Rechenmaschine ist, und empfinden ihn als unverzichtbaren Freund und Helfer. Unser Input wird dabei so verwertet, dass neuer Konsum-Output produziert werden kann.

Der nächste Schritt in der Entwicklung wird sein, unsere

Gefühle und Instinkte gezielt zu manipulieren. Dienten sie uns Menschen einst dazu, uns in der richtigen Welt zu orien tieren, so werden auch Emotionen künftig zur Ware, die man mit einem Klick bestellen kann. Der Bedarf ist da. In den letzten 40 Jahren hat sich die Anzahl der Menschen stetig vervielfacht, die ihre Gefühlslagen per Medikament beeinflussen.[10] Und wer sich nicht so recht vorstellen kann, wie das gehen soll, für den sei folgendes Szenario entworfen: Auf dem Weg nach Hause fragt uns unser bester Freund, der digitale Dienstleister, ein unglaublich fürsorglicher Avatar, welche Stimmungslage wir in der Wohnung vorfinden möchten. Im Angebot ist eine breite Palette zwischen »entspannt« oder »aufgeputscht«, und je nach eigener Auswahl wird die bildschirmgestützte Wohnung dann in »blauviolett« oder »rotorange« getaucht. Auf den Monitoren laufen dazu passende Filme und eine entsprechende Musik. Das Kühlschrankdisplay schlägt eine auf das ausgewählte Emotionsambiente abgestimmte Menüwahl vor mit Gewürzen und Drinks, die unserer Seele aufhelfen. Und je nach Wunsch wird das Bett in den Kuschelmodus gefahren oder eine Matte zum Sporttreiben ausgerollt. Vor den Fenstern erscheint ein betörender Sonnenuntergang oder eine Wetterlage, die zu Aktivitäten einlädt – alles gemäß der Bestellung. Hat man sich in der Wahl vertan, auch kein Problem. Innerhalb von wenigen Sekunden ist alles umprogrammiert. Und weil dahinter ein Geschäftsmodell steht, kostet das Ganze Geld. Je häufiger gewechselt wird, desto besser für den Verkäufer. Das Monats- oder Jahres-Abo gibt's – wie auch schon in der Kohlenstoffwelt – natürlich etwas preiswerter.

Auch ein anderer Weg ist denkbar, um uns online Gefühlslagen liefern zu können. Da das, was wir als Gefühle wie Angst, Liebe oder Schmerz bezeichnen, letztlich nichts anderes ist als elektrische Signale, die unsere Nervenzellen befeuern, könnten Hirnforscher im Zusammengang mit Chipherstellern es bald schaffen, einen implantierbaren Chip zu entwickeln, der die gewünschten Emotionen auslösen kann.

Das mag fiktiv klingen, aber unser Alltag wird mehr und mehr vom Zugang zum Internet dominiert. »Der Arm des Virtuellen reicht« schon jetzt »weit in den analogen Raum«.[11] Online-Anbieter und -Netzwerke dringen in immer mehr Lebensbereiche ein – bei der Arbeit, in der Freizeit, in vielen Belangen der Verwaltung. Ein Nebeneffekt dabei ist, dass immer mehr Konformität gefördert wird. Man wird durch den kollektiven Zwang dazu gedrängt, sich anzupassen, um sich nicht ins Abseits zu manövrieren. Da wollen wir lieber zugehörig sein, selbst wenn am Ende fünf Leute beieinander sitzen, die nicht miteinander reden, sondern mit ihren Geräten hantieren. Auch das ist eine neue Dimension des Online-Seins: Wir verhalten uns selbst im angestrebten sozialen Miteinander asozial. Wir sind mit Hunderten Freunden vernetzt, doch die reale Begegnung vom »Ich« zum »Du« gerät zur peinlichen Veranstaltung.

Aber nicht nur wir lassen uns von den Geräten dirigieren, auch die Maschinen werden mehr und mehr an uns Menschen angepasst. In zehn Jahren wollen ehrgeizige Entwickler ein virtuelles Menschenhirn fertig haben, das genauso wie das biologische funktioniert. Schon in einer Folge von »Star Trek – Das nächste Jahrhundert« gab es eine Episode mit Android Data, dem ein Sterblicher sein Wissen überspielt hatte. Plötzlich stand die Frage im Raum: Ist das noch eine Maschine oder schon ein Mensch? Mittel zum Zweck oder Zweck an sich? Was ist ethisch vertretbar? Solche Fragen könnten in Zukunft real auf uns zukommen. Wird die Maschine immer mehr zum menschlichen Gegenüber, könnte sie auch unsere Rechte auf Teilhabe und Gleichberechtigung einfordern.

Doch solche gesellschaftlich und ethisch relevanten Fragen kümmern die Entwickler und vor allem Verkäufer in der Regel nicht. Ihnen geht es lediglich darum, uns tiefer in das Netz der digitalen Wirtschafts- und Marketingwelt hineinzuziehen. 1994 lief das erste Werbebanner im Internet. Nur sieben Jahre später lag das Online-Werbebudget bereits bei 6,23 Milliarden Euro.[12]

Fortschritt ist jedoch nie folgenlos. Er bedeutet immer auch ein Sich-einstellen-Müssen auf neue Gefahren: die Gefahr der Übernutzung von Geschwindigkeit, die Gefahr der Abhängigkeit und die Gefahr der Identitätsverwirrung. Sich diese Gefahren vor Augen zu führen ist ein erster Schritt, um nicht blindlings ausgeliefert zu sein und so zum Opfer zu werden.

Geschwindigkeit plus Informationsdichte

Es gehört inzwischen zur alltäglichen Erfahrung, dass viel zu viele Informationen in solch einem Tempo auf uns einstürzen, dass wir nicht mehr in der Lage sind, diese in ihrer Gesamtheit aufzunehmen, geschweige denn zu bewältigen. Die gewohnten und über Jahrzehnte entwickelten Vermeidungsstrategien funktionieren nicht mehr. Was bedeutet das? Wer nicht von einer Fülle an Büchern überwältigt werden will, meidet die Bibliothek oder die Buchhandlung. Wen zu viele Journale überfordern, der macht einen Bogen um den Zeitungsladen. Wenn wir aber den Zugang zu Nachrichten und Wissen wie ein neues Organ ständig bei uns tragen oder überall Bildschirme hängen, können wir uns nicht mehr so einfach entziehen.

Auch werden wir ungeduldiger: Je schneller alles geht, desto nervöser werden wir. Es wird eine Anspruchshaltung gefördert, die auf alles sofort Zugriff haben will. Mensch-Maschine-Kolumnist Sascha Lobo hat dies ganz eindrucksvoll anhand der AGBs im Internet deutlich gemacht: »Die Annehmlichkeit, ein digitales Gut mit einem Klick bequem zur Verfügung zu haben, bezahlt man bei fehlender Kenntnis der Materie unter anderem damit, dass man Vereinbarungen großer Tragweite zustimmt, ohne sie auch nur zu kennen.« Die häufigste digitale Lüge sei zweifellos die Bestätigung: »Ja, ich habe die AGB gelesen« – ein Umstand, den viele Unternehmen bei ihren Geschäftspraktiken einkalkulieren dürften. Jede neue Version des Adobe-Readers wird heruntergeladen, ohne vorher nach den Konsequenzen zu fragen. Und bei all den Feldern, die ausgefüllt werden müssen, um eine Ware oder ein Ticket zu bestellen, ist man froh, wenn man das Kästchen zu den AGBs zügig abhaken kann.[13] Bereits in der Kohlenstoffwelt ist das Kleingedruckte ein probates Mittel, um Kunden zu überfordern. Selbst schuld, wer die unverständlichen Textmassen nicht gelesen hat; in der digitalen Welt potenziert sich das.

Deshalb ist es angebracht, für die Zukunft neue Fähigkeiten einzuüben, um zügig und möglichst auf einen Blick herausfinden zu können, welche Angebote es wert sind, wahrgenommen zu werden, und welche nur sinnlos Kapazitäten fressen. Wir brauchen eine neue Medienkompetenz, um uns schützen zu können vor den ständig aufblinkenden Aufmerksamkeitsattacken; um gelassen, aufmerksam und auf das Wesentliche zentriert zu sein statt ständig alarmiert. Nur so können wir der Fülle von Gedankenmoden und Gefühlstrends, die in immer kürzeren Abständen auf uns einwirken, etwas Eigenes entgegensetzen.

Hier willentlich Prioritäten zu setzen und Schutzmechanismen zu entwickeln ist wichtiger, als sich in Konkurrenz mit der Maschine zu setzen, denn wir brauchen in unserem Kopf nicht so viel Wissen abzuspeichern wie die Festplatte. Es gibt Sachen, die wir getrost in den virtuellen Raum auslagern können. Das, was uns der Computer über ein paar Klicks mitteilen kann, müssen wir oder unsere Kinder nicht mehr mühsam auswendig lernen. Dies sollten wir als Entlastung begreifen und uns auf das konzentrieren, was uns ausmacht und für unser Leben essenziell wichtig ist. Auf das, was uns begeistert, denn das ist der Schlüssel zum Lernerfolg.[14] Einem Computer fehlen solche Potenziale wie Kreativität, Humor oder Spiritualität, und wenn man ihm die Sinnfrage stellt, wird er Eingesammeltes und statistisch Ausgewertetes auswerfen. Oder er nennt die Zahl »42« – so wie im Roman *Per Anhalter durch die Galaxis* von Douglas Adams. Eine korrekt errechnete Antwort, die aber nicht befriedigen kann. »42« – diese Antwort integrierte Apple übrigens in die neue Sprachsteuerung »Siri« für das iPhone 4S. Der Nutzer erhält sie, wenn er die Frage stellt: »Was ist der Sinn des Lebens?« Damit ist bestens veranschaulicht, wie viel Klarheit eine Rechenmaschine liefern kann. Noch Fragen?

Gefahr der Abhängigkeit

Entscheidend aber ist, ob uns das Nutzen der digitalen Möglichkeiten fähiger macht, in der Realität zu bestehen und so zu leben, wie wir wollen – oder ob das Gegenteil geschieht. Denn es besteht auch die Gefahr der Abhängigkeit. Im September 2011 wurde eine Studie im Auftrag der Drogenbeauftragten der Bundesregierung veröffentlicht, die von rund 600 000 online-süchtigen Deutschen spricht. Dazu zählt man Menschen, die Entzugserscheinungen haben, wenn sie nicht online sein können, und die die Kontrolle bei der Nutzung verlieren. Menschen, die zwanghaft an das Medium gebunden sind und soziale Kontakte vernachlässigen. Das Netz macht es möglich: Man muss die eigenen vier Wände heutzutage nicht mehr verlassen. Alles, was gebraucht wird, kann ins Haus bestellt werden. Der neueste Drogenbericht vom Mai 2012 bestätigte den Trend: Zwar greifen immer weniger Jugendliche zu Alkohol, Zigaretten oder Drogen, aber die Zahl derer, die nach Internet-Games spielsüchtig sind, steigt dramatisch an. Der exzessive und pathologische Gebrauch von Computer und Internet sei bei jungen Erwachsenen besorgniserregend, hieß es.[15] Im Jahr 2008 wurde erstmals die Störung »Nomophobie« diagnostiziert, die Angst, ohne Handy und damit isoliert oder abgehängt zu sein. 66 Prozent der Briten sollen bereits darunter leiden.

Viele Spiele fördern gezielt die Abhängigkeit. Wenn die

Figuren mit steigender Spieldauer wertvoller werden oder aber ein Belohnungssystem von einer Etappe zur nächsten lockt, wird das Aufhören erschwert. So auch, wenn die Angst geschürt wird, etwas zu verpassen oder den Anschluss an Mitspieler zu verlieren, wenn man nicht mehr online ist. Die emotionalen Bindungen an die Computerspielewelt sind enorm. In China wurden deshalb neue Regeln eingeführt. Der Spieler erhält nach ein paar Stunden Spielzeit immer weniger Bonuspunkte, und erst nach einer fünfstündigen Pause wird der Status wieder zurückgesetzt. Gewieften PC-Spielern wird es trotzdem gelingen, das System auszutricksen, zum Beispiel mit unterschiedlichen Anmelde-Accounts. Sucht führt zudem oft nicht nur in den persönlichen, sondern auch finanziellen Ruin. Die Online-Welt verheißt uns zwar Spaß und Glück, aber das hat seinen Preis; auch Internetspiele kosten Geld.

Identitätsverwirrung in (a)sozialen Netzwerken

Auch unsere Identität wird durch das Internet auf vielfache Weise infrage gestellt. Wir sind soziale Wesen und auf Beziehung angewiesen, sonst sterben wir. Zum »Ich« werde ich erst durch die Spiegelung im anderen. Wenn aber die Ebene der realen Begegnung verlassen wird – wie soll ich mich für die anderen im Netz darstellen? So, wie ich bin? Oder nutze ich die Chance der nicht persönlichen Kontaktaufnahme, um mich so zu präsentieren, wie mich die anderen wahrnehmen sollen? Und wenn mich dann trotzdem keiner wahrnimmt, existiere ich überhaupt noch? Oder wenn die paar Hundert, Tausend oder Millionen von Klicks nicht meinen Seiten oder mir gelten, droht dann ein Absturz in die Bedeutungslosigkeit?

Die neue Währung in den sozialen Medien sind die »Likes«. Wer sie massenhaft bekommt, hat Glück gehabt. Aber wie verkrafte ich es, nicht so beliebt zu sein?

Das Verhältnis von Sein und Wahrgenommenwerden wird im Internetzeitalter völlig neu aufgestellt. Die wahre Identität des Menschen umfasst zwar mehr als Daten und Nutzerprofil, aber wen interessiert das noch, wenn das normale Leben und das Leben im Netz verschmelzen?

Natürlich, man ist nicht allein, selbst wenn man stundenlang alleine vorm Bildschirm hockt. Der Community-Gedanke ist in der Online-Welt allgegenwärtig und scheint sogar wichtiger geworden zu sein als Nationalität und Staatsbürgertum, wie es der Internet-Kritiker und Medienberater Andrew Keen feststellt: »Aber eine der großen Gefahren der aktuellen Debatte ist die Verherrlichung des Gemeinschafts-Phänomens, die leicht darüber hinwegtäuscht, wie schnell sich Internet-Gemeinschaften atomisieren, wie radikal die Welt einem Individualisierungstrend folgt und traditionelle Gemeinschaften zerstört werden.« Und er kommt zu dem entscheidenden Schluss: »Netzwerke sind nicht sozial.«[16]

Ganz im Gegenteil: Das Netz ist auch ein Ort großer Pöbelei. Inzwischen gibt es sogar zwei Arten von Öffentlichkeit – eine reale und eine virtuelle –, die unterschiedlich bespielt werden und dennoch aufeinander einwirken. Die Verhaltensregeln der realen Gesellschaft gelten dabei im Netz nicht mehr. Die De-Individuation durch die virtuelle Art der Kommunikation, die nicht von Angesicht zu Angesicht stattfindet, senkt die Hemmschwelle für Cyber-Mobbing und -Verlogenheit, vor allem, wenn die Nutzer anonym auftreten. Zudem erfinden manche auch mit ihrem Klarnamen Lügengeschichten und spekulieren darauf, dass niemand Offline-Nachforschungen anstellt. So wurden übers Internet auch schon vermeintliche Krebserkrankungen oder Leidenstagebücher öffentlich gemacht, um Aufmerksamkeit zu bekommen. Vielfach hat sich in den vergangenen Jahren gezeigt, dass im Zuge der neuen Online-Optionen übliche Umgangsformen und Ehrlichkeitsstandards aus dem analogen Offline-Leben beiseitegeschoben werden. Wir sind gefordert, uns dem zu stellen. Aber wer will das schon freiwillig, wenn man selbst noch nicht Opfer solcher Attacken geworden ist?[17]

Jeder, der heute in den analogen Medien und im realen Leben angeprangert wird, erfährt zudem ein weiteres Bashing im Internet. Vor allem unter Kindern und Jugendlichen ist das Online-Mobbing weitverbreitet. Jedes dritte Kind wurde bereits im Internet beschimpft und beleidigt. Die psychischen Belastungen sind enorm bis hin zum Gedanken an Selbstmord.[18]

Tatsache ist: Unsere Wahrnehmung und unser Realitätsbewusstsein verändern sich, wenn wir »Freunde zum downloaden« haben, die wir jederzeit wieder per Mausklick entsorgen können, sollten sie nerven. Diese schöne neue Welt, die wir per Befehlseingabe steuern können, ist zugleich viel kompetitiver als die uns bislang vertraute. Bei Twitter wird die Bedeutung des Nutzers darüber definiert, wie viele Follower er hat. Und auch bei Facebook und ähnlichen sozialen Netzwerken wird bewertet, wie viel Einfluss jemand auf andere ausübt. Es ist eine simple Welt des »Gefällt mir« oder »Gefällt mir nicht«, und jeder kann mitmachen. Kaum eine Webseite oder Sendung lädt heutzutage nicht dazu ein, eine Meinung zu äußern. Doch interessiert diese Meinung überhaupt irgendjemanden? Meist sind die Äußerungen genauso relevant wie die Fülle der Kommentare, die zu diesem und jenem abgesondert werden. Neben ein paar bemerkenswerten Aussagen findet sich jede Menge banaler Quatsch.

Anhand der Aufenthaltszeiten bei Texten lässt sich belegen, dass manch einer einen Artikel nur überflogen hat, was ihn jedoch nicht davon abhält, trotzdem eine Meinung mitzuteilen. Unsere neue Heimat, das weltweite Internet, unser globales Dorf wird dadurch zu einem »hässlichen Ort«.[19] Doch Verhaltensregeln lassen sich nicht global verordnen, und eine Software für ethische oder kulturelle Kompetenzen gibt es noch nicht.

Die optimierte Welt – ein Eintauchen in faszinierende Scheinexistenzen

Vielfach lädt uns die virtuelle Welt dazu ein, unser bloßes Sein zu überhöhen – in einer unendlichen Welt des schönen Scheins und der tausend Möglichkeiten, neu aufzublühen. »Virtuell« hat seinen Ursprung im Französischen und bedeutet so viel wie »scheinbar vorhanden«, man spricht auch von einer »erweiterten Wirklichkeit«. Virtuelle Realität meint ein über den Computer erzeugtes Beziehungs- und Angebotsnetz, das verschiedene Wirklichkeiten abbilden kann. Ziel ist es, alle Sinne so real wie möglich anzusprechen. Im Idealfall lässt sich die virtuelle Welt dann nicht mehr von der echten unterscheiden. Derzeit braucht es dafür noch Hilfsmittel wie Spezialbrillen oder Datenanzüge.

Flugsimulatoren in der Pilotenausbildung oder Operationen, die am Computer geübt werden können, sind sinnvolle Anwendungsbereiche für virtuelle Realitäten. Selbst Psychologen benutzen inzwischen Simulationen, um Patienten mit Flugangst oder anderen Phobien zu behandeln. Auch in der Architektur oder beim Maschinen- und Autobau werden computergestützte Simulationen eingesetzt, die den Bau von teuren Prototypen ersparen.

Um gänzlich in die virtuellen Welten abtauchen zu können, müssen allerdings unsere Sinne überlistet werden. Der Nutzer soll vergessen, dass er sich in einem künstlich erzeugten System befindet. Deshalb verwendet man zum Beispiel statt eines Bildschirms einen Datenhelm, um den Träger von der Außenwelt abzuschotten. Zusätzlich werden über die Lautsprecher im Helm passende Geräusche eingespielt, um die Illusion perfekt zu machen. Auch verdrahtete Ganzkörperanzüge werden eingesetzt, damit selbst die taktilen Sinne stimuliert werden können. Wieder ein anderes System erzeugt die virtuelle Welt optisch und akustisch in einem geschlossenen Cyber-Raum, in den man eintreten kann. Die

Wirkung ist ähnlich wie bei einer Geisterbahn, in der uns ja ebenfalls Wirklichkeiten vorgegaukelt werden, nur eben mit den Möglichkeiten der Kohlenstoffwelt. Im virtuellen Raum springen keine leibhaftigen »Gespenster« mehr herum, sondern es werden Bilder projiziert, die man mithilfe einer Spezialbrille dreidimensional wahrnehmen kann. In solch einem Raum können dann sogar mehrere Menschen ihre virtuellen Erfahrungen miteinander teilen.[20] So gelingt die vollständige Integration der menschlichen Wahrnehmung in eine künstliche Welt, was Sinn und Zweck der Sache ist. Ziel dieser Entwicklungen ist, dass wir uns in wenigen Jahren schon virtuell überallhin oder alles zu uns beamen können. Gelingt das, wird der Übergang vom digitalen zum virtuellen Zeitalter vollzogen.

Schon jetzt ist das Leben in virtuellen Gemeinschaften für viele alltägliche Realität. Es ist das Dasein in einer Parallelwelt, in der alles möglich ist. So eine Welt nannte man früher Märchen, heute heißt sie Internet. Ein Universum der unendlichen Möglichkeiten des Wissens, Wirkens und Auslebens. Diese Welt ist zwar virtuell, sie wird uns aber als reale Option verkauft, und längst kennt nicht nur die Hirnforschung die Kraft der Imagination. Ob wir uns etwas »nur« vorstellen oder ob wir es real erleben, es werden dieselben Hirnareale aktiviert. Für unser Gehirn hat beides die gleiche Relevanz.

Und wer kann widerstehen, wenn sich die Einladungen in die Cyberwelt lesen wie das Wunscherfüllungsprogramm für alles, was wir uns jemals erträumt haben? Die erste Begeisterungswelle für das »Second Life« und ähnliche Cyberspiele ist zwar abgeebbt, aber das bedeutet wahrscheinlich nur, dass bald eine zweite und dritte Welle anrollen wird, die noch verführerischer sein wird. Dieses zweite, dritte oder x-te Leben, das uns dann geboten werden wird, kommt alles andere als »gebraucht« oder abgestanden daher. Auch wenn es nicht das echte, reale Leben ist, sondern ein künstlich erzeugtes, wirkt es wie *die* große Chance, die keiner verpassen sollte. Uns wird eine Existenz ausgemalt, die im Vergleich zur realen »Kohlenstoffwelt« viel schöner, besser und großartiger ist. Ein Paradies, dessen Tür weit offen steht. Nur ein paar wenige Kostproben von den »Second Life«-Webseiten sollen das illustrieren. Dort heißt es: »Betreten Sie eine Welt mit unendlichen Möglichkeiten und leben Sie ein Leben ohne Grenzen, ganz nach Ihrer Vorstellung. Gemeinsam mit Menschen aus der ganzen Welt ... besuchen Sie einzigartige Orte ... reisen Sie zu Fuß ... in einem Auto, Panzer, Flugzeug oder auf einem fliegenden Teppich. Sie haben unendliche Möglichkeiten für die Fortbewegung ... Sie können auch einfach die Arme ausbreiten und losfliegen ... Sie werden so viele Leute treffen wie noch nie! Millionen Einwohner aus der ganzen Welt sind in Second Life zu Hause. Second Life ist ein Einkaufsparadies. Die Möglichkeiten sind endlos. Einkaufen: was und wann Sie möchten ... von Designer-Schuhen über Waffen aus dem Mittelalter, Jachten, Herrenhäuser, Raumschiffe bis zu unterirdischen Höhlen. Wenn Sie es sich vorstellen können, dann gibt es bestimmt jemanden, der es verkauft ... Kaufen Sie so viel ein, wie Sie möchten. Besitzen Sie Tausende verschiedene Outfits. Sie können sich in kürzester Zeit umziehen ... oder ändern Sie Ihr gesamtes Aussehen, wann Sie möchten und so oft Sie möchten ... Sie sind der Chef. Lassen Sie es Nacht oder Tag sein, fortlaufend regnen oder immer die Sonne scheinen. Auf Ihrem Land bestimmen Sie über Tageszeit und Gestaltung ...«[21]

Das eigene Ich und die reale Welt genügen nicht mehr

Es ist nur ein Spiel, kann man sagen. Eines von etlichen anderen »Multiplayer Online Games«, deren Zugang sogar meistens kostenlos ist. Unter den Favoriten findet sich neben »Second Life« zum Beispiel auch die Welt der Kriegskunst,

»World of Warcraft«, in der man wählen kann, ob man zu den Schurken oder Schamanen, zu den Elfen, Hexen oder Trollen gehören will. Es sind Spiele, die unsere Allmachtsphantasien bedienen und die schnöde Alltagsrealität öde erscheinen lassen. Die bevorzugte Figur im Spiel wird zum besseren Ich, mit dem sich auskömmlich leben lässt. Das eigene Ich genügt dann nicht mehr. Letztlich befördern diese Spiele die Angst, wie unbefriedigend es sein wird, wieder »nur« man selbst zu sein. Dagegen stehen die Optionen der virtuellen Welt, wo es allen Ernstes heißt: »Ein bisschen mehr Muskulatur hier, etwas Silikon dort. Bauen Sie sich so, wie Sie schon immer sein wollten ... Schöner als Brad Pitt, kreativer als Leonardo da Vinci und so erfolgreich wie Bill Gates: Werden Sie Bewohner der virtuellen Welt ... und erfinden Sie sich neu.« Was für eine wunderbare Wundertütenwelt, die man früher Schlaraffenland nannte. Eine Welt des Überflusses, wo die Sünden Fleiß und Anstrengung heißen. Endlos sind die Wahlmöglichkeiten, grenzenlos locken die Abenteuer. Alles geht. Die ganze Welt ist mein Freund.

Erneut entsteht so ein trügerisches Gemeinschaftsgefühl. Trügerisch deshalb, weil sich die freundschaftlichen Beziehungen nicht in der Alltagsrealität bewähren müssen. Genauso wie in der SIMS-Welt, wo sich Kinder und Jugendliche, die sich ihrem realen Familienleben entziehen möchten, eine »Familie nach Wunsch« erstellen können. Sie bestimmen über Personen, Eigenschaften und Vorgänge. Selbst der Tod von Vater, Mutter oder Geschwistern kann herbeigeführt werden. In diesem Zuhause sind sie die allmächtigen Herrscher, die über das Wohl und Wehe von nervenden Eltern oder Lehrern entscheiden. Sie sind die Schöpfer dieser Welt und klicken sie sich je nach Laune zusammen. Nur ein paar Eingaben, und es wird Tag oder Nacht, es regnet oder die Sonne scheint. Diese Welt gibt es zwar »nur« virtuell, aber es scheint die attraktivere der beiden zur Verfügung stehenden zu sein. Ist es da tatsächlich nur eine theoretische Befürchtung, dass Wahrhaftigkeit und Realitätsbewusstsein zunehmend irrelevant werden?

Nur wer genauer hinschaut, merkt, dass es auch hier, so wie in der realen Welt, letztlich vor allem um Statussymbole und Besitztümer geht. Wer kein Geld hat, der kann sich auch im virtuellen Leben weder die Klamotten für den unendlich großen Kleiderschrank noch die luxuriöse Traumvilla leisten. Unzählige Firmen bieten in der Online-Welt ihre Geschäfte an. Konsum und Kommerz sind der Dreh- und Angelpunkt. Wieder werden wir gelockt und verführt, damit andere Umsatz machen. Längst ist die virtuelle Welt mit dem realen Wirtschaftskreislauf verknüpft, sind die »Linden Dollars« im »Second Life« nur noch gegen echtes Geld zu bekommen. Auch im globalen Dorf herrschen die Gesetze von Marketing und Reklame. Da werden virtuelle Marken-Turnschuhe oder Nobelkarossen verkauft, und selbst die Deutsche Post eröffnete eine Filiale, über die man Grußkarten für die echte Welt bestellen und versenden kann. Zeitweise waren auch Parteien oder Organisationen wie Greenpeace mit virtuellen Geschäftsstellen präsent. Und auch eine Jobbörse verfolgte den Cross-World-Gedanken und erweiterte ihre Reichweite in die parallele Cyberwelt, offerierte Jobangebote speziell für das Second Life. Wen wundert es da noch, wenn plötzlich bei Bewerbungsgesprächen Fähigkeiten oder Erfahrungen genannt werden, die jemand (lediglich virtuell) als Krieger oder Schamane im Netz erworben hat?

Selbst die Kirche hat den virtuellen Raum als Missionsgebiet und pastorales Handlungsfeld für sich entdeckt. Die neuen Möglichkeiten zur Kommunikation kommen dem kirchlichen Auftrag, das Evangelium zu verkündigen, entgegen, verkünden die Amtsträger im Internet. Es können sich »virtuelle Gemeinden« bilden, und die geistlichen Angebote via Internet bieten einen niederschwelligen Kontakt zur Kirche an, jenseits der territorialen Gegebenheiten vor Ort, die vielleicht etwas dürftiger ausfallen. Nur einen einzigen Haken

hat die Sache, so die Bilanz nach einer Testphase: Eine ausge-
dehnte Online-Präsenz bedeutet zugleich einen erheblichen
Zeitaufwand. Bedenkt man die kirchlichen Personalressour-
cen, so dürfte diese Präsenz, wie auch in der wirklichen Welt,
nur mit einem starken ehrenamtlichen Engagement zu realisieren sein.[22] Sogar Seelsorgeangebote gibt es in der virtuellen
Welt. Das kann ein sinnvolles Angebot sein, aber auch eine
Gelegenheit, mit phantasierten Problemen oder ausgedachten Sünden seine Spielchen zu treiben.

So reizvoll vieles daherkommt, es ist angebracht, einen
Realitätsbezug herzustellen und einzuordnen, was die »Parallelwelt Internet« tatsächlich für uns leisten kann. Denn
zunächst einmal ist und bleibt die virtuelle Welt ein algorith-
musgestütztes Programm und softwarebasiert.

Doch ist das alltägliche Leben karg und trist, feiert der
Wille zum schönen Schein wilde Feste. Wohin das führt? Fest
steht bereits jetzt, in einer zunehmend virtuellen und mani-
pulierbaren Welt fällt es uns immer schwerer, den Realitäts-
gehalt ausfindig zu machen. Im Internet kann einem erst
einmal nahezu alles untergejubelt werden. Wahrhaftige und
verlogene Botschaften sind kaum voneinander zu unterscheiden. Außerdem ist es möglich, scheinbare Größe auszupro-
bieren und Selbstwirksamkeit zu testen – ähnlich wie es Thomas Mann in den Bekenntnissen des Hochstaplers Felix Krull
beschreibt. Mit Einbildungskraft reichlich ausgestattet, probierte sich Felix von Kindesbeinen an stundenlang und zäh in
der Rolle des Kaisers aus. Dann saß er – von seiner eigenen
Würde ergriffen – tränengerührt im Wägelchen und ließ sich
von der Magd umherfahren, die jedem Passierenden zu melden hatte, sie führe den Kaiser spazieren. Der »Krull-Faktor«
ist zeitlos und lebt weiter, die Möglichkeiten des Auslebens
haben sich jedoch mit dem Internet vervielfacht. Jeder kann
sich immer wieder neu erschaffen und die anderen daran
glauben lassen. Das Netz ist dafür ein ideales Biotop. Und so
wandert das wahre Leben zunehmend ins künstliche Netz,

in eine virtuelle Welt, die von der Realität irgendwann nicht mehr zu unterscheiden ist.

Und es wächst der Wunsch, andere Identitäten auszuleben. Manch einer lebt schon jetzt mehr im fiktiven als im realen Dasein. Spielend leicht entkommt man so seinem sozialen Status und kann in neue Erlebnis- und Erfahrungsebenen eintauchen. Die Sehnsucht nach Transzendenz ist in uns angelegt. Wurde sie früher durch Religion oder Mythen gestillt, können wir heute in die Virtualität transzendieren. Noch sind es »nur« digitale Entsprechungen unseres Lebens, die wir im weltweiten Web erleben. Vermutlich ist aber es nur eine Frage der Zeit, bis der digitale Doppelgänger das Kommando übernimmt.

Mit der Eroberung des Dreidimensionalen wird eine nahezu vollständige Simulation erreicht, ein Agieren im scheinbar realen Raum. Bald werden wir alle ständig online sein, und dann wird es kaum noch einen Unterschied geben zwischen Sein und Online-Sein. Das Online-Sein wiederum ist nicht mehr nur digitale Vernetzung, sondern der Eintritt in eine umfassend künstlich erschaffene Welt, zum Beispiel mittels holografischer Projektionen.

Es ist noch nicht entschieden, welche Formen diese neue Existenz tatsächlich annehmen wird. Wird sie uns umschließen, so wie gerade beschrieben, oder ist es ein Übergang des Menschen in eine neue Art des Daseins, bei der wir unsere Körperlichkeit verlassen und nur noch unser Bewusstsein in Form von elektrischen Signalen überleben wird? Das wäre dann die elektronische Unsterblichkeit.

Eine derartige Überwindung der körperlichen Grenzen, eine Art Entstofflichung, ist bislang reine Spekulation. Interessant ist allerdings, dass Menschen, die dem Tode nahe waren und zurückgeholt wurden, ihre Todeserfahrung ganz ähnlich beschreiben: Der Körper geht. Nur die Bewusstseinsinhalte bleiben, in sehr konzentriertem Zustand. »So konzentriert wie im Leben nie. Alle Inputs und Outputs sind zu sehen. Wie man etwas sinnlich aufgenommen hat, wie man es geistig verarbeitet hat, die Inhalte der linken und rechten Gehirnhälfte, all das ist zu sehen.«[23] Vielleicht erfährt das menschliche Leben, so wie wir es kennen, in der Tat einen Paradigmenwechsel. Wir gehen auf in Bites und Bytes. Oder sind das nur verrückte Hirngespinste?

Am wahrscheinlichsten ist im Moment, dass sich unser Leben künftig mehr und mehr in virtuellen Räumen abspielen wird, die wir peu à peu gar nicht mehr als »künstlich« empfinden werden. Aus dem Abbild der Realität könnte systematisch unsere neue Realität werden. Noch scheitert die perfekte Simulation an der Qualität der Abbildungen, was ganz wunderbar illustriert wurde von dem Künstler und Programmierer Clement Valla, der die Fehlbilder von Google Earth sammelte.[24] Dort sind abgeknickte Straßen zu sehen oder Straßen, die wie Papierbänder über Bergen und Wiesen liegen. Auch Brücken, die sich in die Landschaft hineinbiegen, oder Wege, die mitten durch einen See führen. Es mutet surrealistisch an, ist aber ein Abbild der Realität, so wie es die Programme wiedergeben. Der Hintergrund ist, dass der Konzern seinen Blick auf die Welt bislang aus zwei Datenquellen speist – aus Satellitenbildern und Landkarten – und deren Daten übereinanderlegt. Was dem Programm dabei fehlt, sind die Informationen über die Höhe der Verkehrswege. So kommt es zu den skurilen Ansichten unserer Erde.

Das alles kann man skeptisch sehen, und man kann sich persönlich zurückhalten. Aber schon jetzt ist es so: Wenn ein neues Gerät auf den Markt kommt, stehen ganze Gruppen unglaubliche 24 bis 36 Stunden lang in der Schlange, um die Ersten zu sein, die das neue iPad in der Hand halten. Bloße Zivilisationskritik ist da nicht angebracht, es muss um Bewusstwerdung gehen für das, was um uns herum passiert und was die Folgen sind; wie sich der Charakter unserer Gesellschaft verändern wird. Noch ist der Kampf nicht entschieden, ob wir künftig fremd- oder selbstbestimmt agieren werden.

Das große Thema auf der Cebit 2012 war »Managing Trust«, was man mit Vertrauensbildung übersetzen kann. Vertrauen schaffen in einer digitalen Welt – dieses Anliegen betonte auch Bundeskanzlerin Angela Merkel in ihrer Eröffnungsrede: »Wenn die grandiosen Möglichkeiten ... wirklich kommen, dann müssen wir sicher sein, dass man der Technik vertrauen kann.« Man kann aber der Technik an sich gar nicht vertrauen. Sie kann nur zuverlässig sein. Vertrauen kann man im besten Fall den Menschen hinter der Technik, den anderen Usern und Betreibern. Es ist eine Dreierbeziehung – zwischen mir und dem anderen und der Sache.[25] Und für dieses Vertrauen brauche ich Kriterien, damit ich mich nicht blind ausliefern muss, und ich muss wissen, was in und mit dieser Dreierbeziehung alles passieren kann.

Den großen Konzernen, daran besteht wenig Zweifel, geht es vermutlich um eine neue Welteroberung: Facebook mit den sozialen Netzwerken, Google mit dem totalen Wissen, Apple mit der totalen Mobilität, und Amazon mit der totalen Verfügbarkeit.[26] Es ist eine Welt der unendlichen Informationen, wobei wir drohen, im Datenmeer zu ersaufen. Es ist eine Welt der unbegrenzten Mobilität, wobei die entscheidende Frage ist, wohin wir tatsächlich damit kommen und ob wir das wirklich wollen. Und es ist eine Welt des ständigen Zugangs zu allem und jedem. Was wir begehren, muss nur angeklickt werden.

Das Internet kann uns also omnipotent machen. Das ist die Verheißung. Bis wir schließlich alles haben oder nutzen, was wir vorher nicht brauchten. Und wenn sich dann die virtuelle Welt über holografische Projektionsflächen gänzlich über die reale geschoben hat und uns alle Wünsche aus den Wolken geliefert werden – wie wollen wir dann noch Situationen auf ihren Wahrheitsgehalt hin einschätzen? Und das auch noch im globalen Maßstab?

Dummheit kann man auch als einen Mangel an Urteils-fähigkeit beschreiben. Vielleicht ist das der Moment, in dem das Internet vor Dummheit implodiert. Oder wie es der Psychologe George Pennington formulierte: Das Smartphone ist »der ewig ratternde Pürierstab im Denkbrei unserer Köpfe« – »das Sklavenband des 21. Jahrhunderts«.[27]

Noch aber ist das ganze System technisch nicht völlig ausgereift. Noch gibt es Systemabstürze, Datenausfälle oder grafische Darstellungen, die so viel an Lebensechtheit entbehren, dass unsere Enkel sie dereinst belustigt ins Online-Museum stellen werden, so wie wir heute Blechspielzeug und Zinnsoldaten. Bald aber müssen wir entscheiden, ob die Mensch-Maschine-Welt für uns ein Traum oder Albtraum ist, ob wir darin noch authentisch leben können oder nur noch gesteuert werden. Ob uns die Vervollkommnung des Mangelwesens Mensch bevorsteht oder seine Entfremdung vom Menschsein.

Drücken wir lieber die Escape-Taste? Oder gelingt es unserer Spezies, so wie Phönix aus der Asche wieder aus dem digitalen (Kapitalaufbereitungs-)Imperium kraftvoll und vor allem selbstbestimmt aufzuerstehen, sich über die Technik und deren Vermarkter zu erheben? Sie zu nutzen, wenn sie uns dienen, und nicht umgekehrt, dass wir ausgenutzt werden und nur Profitinteressen dienen? Oder ist die Rechenmaschine hier erneut einen Schritt weiter als wir und hat bereits erkannt, was wir wollen werden, und weiß unsere Erhebung zu verhindern? Dann doch bitte schnell eine Teleportation: »Energize me!« oder »Beam me up, Scotty!« – ins nächste Kapitel, bitte!

Wahrheit pro und contra: Realitätsermüdung und ein Rest Sehnsucht nach Wahrheit

Zeit, sich zu stellen: Was rettet uns, wenn das letzte Vertrauen verzockt ist und der Supercomputer, diese funktionstüchtige, aber seelenlose Rechenmaschine, das Kommando übernimmt? Wenn wir keine Kapazitäten mehr übrig haben, selbstständig zu erkennen, was ist und ob das überhaupt stimmen kann. Wenn wir zu Abhängigen derer geworden sind, die auf unsere Kosten leben (wollen). Denn jeder Betrüger lebt von denen, die sich betrügen lassen. Es ist ein Spiel mit unseren Sehnsüchten oder Ängsten – wenn die auf Angebote treffen, packt uns das. Aber packt uns gleichermaßen auch die Frage nach Substanz, Werthaltigkeit und Notwendigkeit? Wollen wir die Wahrheit wirklich noch wissen? Oder lassen wir uns lieber abspeisen?

Betrachtet man den Zustand unserer gegenwärtigen Gesellschaft, so verschärft sich der Eindruck, der Mensch entwickelt sich momentan zu einem vorgefertigten Teigling, dessen Lebensinhalt darin besteht, fertig aufgebacken zu werden. Wenn die Mikrowelle klingelt, haben wir das Ziel erreicht.

Weil aber alles die Folge einer Folge einer Folge ist[1], sollten wir uns fragen: Wo bitte fängt das alles an? Es fängt an in den Krippen und Kindergärten, bei den frühkindlichen Bildungseinrichtungen und später den Schulen und Universitäten, die einstmals traditionelle Denk- und Forschungswerkstätten waren, inzwischen aber zu Controllingagenturen umformatiert worden sind. Mit didaktisch aufbereiteten Bildungsplänen wird nur noch normiertes Wissen schematisch abgefragt, fern jeder den menschlichen Geist erfrischenden Erkenntnisblüte und fern von Kreativität und Erfinderlust. Diverse Exzellenzinitiativen haben sogar das bislang »wissenschaftsfremde Hochstapeln salonfähig gemacht«. Universitäten, die Geld brauchen, müssen »Verkaufsstrategien« entwickeln.[2]

Der freie Raum zum Spielen für Kinder hat sich seit den Siebzigerjahren um 90 Prozent reduziert. Die grüne Wiese und die Bäume zum Toben mussten Parkplätzen oder Shoppingcentern weichen.[3] Wer in einem solchen System unauffällig gedeiht und geschmeidig funktioniert, hat beste Chancen auf gute Noten und später auf Karriere. Selbstständiges Denken und die Förderung von Intelligenz werden durch Wissenskontrolle ersetzt, durch die Wiedergabe von vorher auswendig gelernten Bildungsbestandteilen. Der Mensch wird passend gemacht, als sei er schon Teil einer Maschine. Doch wem die Blume genügt, die zwischen dem Asphalt erblüht, der fragt nicht mehr, wie schön eine Sommerwiese aussehen kann.

Die hoch ehrgeizige »Tigermum« Amy Chua und ähnliche Erziehungsberater haben Hochkonjunktur. Bei ihnen werden Kinder wie Rennhunde aufs Siegen dressiert und abgerichtet. Das Kuscheltier wird zur Strafe verbrannt, denn um Beziehung geht es nicht – es geht um Gehorsam. Auch Spaß und Glück sind in dieser Erziehung nicht vorgesehen, weil sie im globalen Konkurrenzkampf störend sind und nicht effizient. Gelehrt wird, dies sei noch angemerkt, auch nicht der Umgang mit dem Scheitern. Es erscheint als überflüssige Übung und steht deshalb nicht auf dem Plan im Funktionsraum der modernen Menschwerdung.[4]

Erst Ende März dieses Jahres wurde eine neue Milieu-Studie publiziert, die belegt, dass Jugendliche in Deutschland den wachsenden Druck spüren, frühzeitig ihr Leben auf Erfolg zu trimmen, Leistung zu erbringen und dabei keine Zeit zu verschwenden. Deshalb wünschen sie sich empathischere Lehrer. In den Antworten zeigt sich aber auch – im Vergleich zu den Vorjahren – eine neue soziale Kälte. Angst vorm sozialen Abstieg führt bereits unter Jugendlichen aus der gesellschaftlichen Mitte zu einer Abgrenzung nach unten hin. Unten, das ist dort, wo die desillusionierten Altersgenossen aus der prekären Lebenswelt mit dem Rücken zur Wand stehen und nicht einmal mehr Wünsche benennen.[5] Die Bandbreite, in der sie sich bewegen, schwankt zwischen »Langweilig!« und »Leider geil!«.

Eine neue soziale Kaltfront zeigt sich da am Horizont, wenn schon Kindern und Jugendlichen die Charaktereigenschaften eines Computers antrainiert werden statt Menschlichkeit.[6] Ein Computer reagiert präzise, logisch und organisiert, ist aber frei von Emotionen und kann keine kreativen Ideen entfalten. Der Mensch dagegen kann bis zum Ende des Regenbogens träumen, kann sich in eine Situation einfühlen, sensibel für Veränderungen sein und Gott sei Dank auch unglaublich unlogisch. Wäre dies dem Menschen nicht möglich, hätte keine einzige Siegermacht den Deutschen nach dem Ende des Zweiten Weltkriegs helfen mögen. Herzlose Sieger hätten nur nach dem alttestamentarischen Prinzip »Auge um Auge, Zahn um Zahn« reagiert.

Für eine gemeinsame Zukunft in Europa und der Welt könnte es überlebenswichtig werden, auch die Menschlichkeit unserer Kinder auszubilden, nicht nur deren Funktionstüchtigkeit. Wissen sammeln, ordnen und wieder auswerfen können, wir hatten es schon, die Computer viel besser als wir. Es wird also immer sinn- und aussichtsloser, an dieser Stelle mithalten oder in Konkurrenz treten zu wollen. Umso mehr wäre es angebracht, ergänzend zum Computer die menschlichen Stärken zu stärken. Aber wer vermittelt unseren Kindern, die nicht mehr in Banden auf der Straße spielen, sondern einsam vorm Bildschirm daddeln, die Fähigkeit, in einem sozialen Netz tatsächlich Beziehungen zu flechten, und zwar solche, die gut für sie sind? Wer ermöglicht den Raum zur persönlichen Selbstentwicklung, die sie selbstständig und stark für das eigene Leben macht und widerstandsfähiger in einer Welt des Scheins oder der Lügen?

Übergehen wir diese Bedürfnisse, sind die Konsequenzen nicht fern, denn ein Kind, das durch die Maschen der Schule fällt, fällt oft auch durch die Maschen der Gesellschaft.[7] Wir sind entsetzt über Kinder oder Jugendliche, die plötzlich zu Amokläufern werden, obwohl sie aus scheinbar intakten Familien kommen und vor ihrer Tat nie auffällig waren. Der Familientherapeut Jesper Juul hat erkannt, dass wir viel zu oft nur auf das äußere Verhalten schauen und zu wenig darauf, wie es jemandem innerlich geht, was er fühlt und wie die Beziehungen zu anderen oder zu den Eltern aussehen.[8] Schaut man sich die genauer an, öffnen sich teilweise Abgründe von Einsamkeit und Beziehungslosigkeit.

Doch sich dem zu stellen ist anstrengend und fordert uns als ganzen Menschen. Da ist es einfacher, Scheuklappen aufzusetzen und sich zu erregen über Dioxin in Hühnereiern, was wichtig ist, aber nicht ausreicht, weil das System dahinter die Ursache ist. Solange sich hier nicht grundsätzlich etwas ändert, werden wir Giftstoffe immer wieder dort finden, wo sie nicht hingehören, wie zum Beispiel auch Chemieausdünstungen in den Plastikteilen der Kinderwagen oder schädliche Weichmacher, die noch immer in genügend Kinderutensilien zu finden sind.[9] Weil es ermüdet, sich solchen Realitäten zu stellen, kann die Lüge ungehindert Regie führen.

In einer Gesellschaft des Eindrucksmanagements führt die Lüge Regie

Noch leben wir im Goldrausch der gesteigerten Möglichkeiten und überhören die Warnsignale, weil das Leben uns dadurch leichter erscheint. Aber es gibt Anzeichen dafür, dass wir mit dieser Einstellung nicht wirklich befreiter und zuversichtlicher werden, vitaler und sozial kompetenter. Die

Kosten für psychische Erkrankungen steigen seit Jahren an: zwischen 2002 und 2008 um 32 Prozent. Die Produktionsausfälle wegen derartiger Fehltage werden auf fast 26 Milliarden Euro geschätzt.[10]

Kein Wunder, denn auch wenn wir nicht explizit unzufrieden sind, so sind wir doch kaum je zufrieden. Wir können nie ankommen, weil wir eigentlich schon wieder weiter sein müssten, weil Neues lockt. Wir sind ständig getrieben und aufgepeitscht von den noch nicht genutzten Angeboten. Sie lenken uns ab von den in uns schlummernden, ureigenen Intentionen und Potenzialen, die zu leben uns tiefgründig befriedigen könnte.

Weil wir zu einer auf Äußerlichkeiten fixierten Verkaufsgesellschaft mutiert sind, in der sich um uns herum Medien, Politik, Werbesensationen und Gewinnmöglichkeiten marktschreierisch aufdrängen, sind auch wir herausgefordert, unseren Marktwert ständig zu überprüfen und anzupassen. Uns mittels Selbstmarketing zu optimieren. Wir entwickeln Mediencharaktere, und die wichtigste Frage ist nicht mehr: Wer bin ich? Sondern: Wie werde ich wahrgenommen? Es geht um Eindrucksmanagement, um Kompetenzdarstellungskompetenz. Die weithin populären Castingshows sind ein eindrucksvoller Beleg für diesen Trend. Survival of the fittest – das darwinistische Auswahl- und Konkurrenzprinzip hat auf der Bühne zwar Glamourstatus angenommen, aber das verdeckt nur die Härte des Geschäfts. Der »Prozess des knallharten Aussiebens« ist in unserer medienfixierten Gesellschaft sendetauglich geworden. Der »einsame Sieger« wird zum Rollenvorbild. Früher tröstete noch der Pfarrer von der Kanzel, dass wir alle – trotz unserer Makel und Fehler – von Gott Angenommene und Geliebte sind, und die Leute strömten in die Kirche, weil sie diesen Zuspruch nicht verpassen wollten. Heute schauen wir uns im Fernsehen an, was wir schon im Alltag zu spüren bekommen, dass das Leben nur wenige Gewinner kennt.[11] Die anders daherkommenden Kultur- und Bildungsformate werden als »tröstende Sinnfetzen« in die Nacht verbannt.[12] Doch wen empört das noch? Der Protest einer breiten Masse der Bevölkerung findet nicht statt, der signalisieren würde, dass man das so nicht mehr haben will. Oder hat uns der Kapitalismus inzwischen tatsächlich sprachlos gemacht, hat uns auf die knallharte, trockene Erde des globalen Verwertungskreislaufs geschmissen und uns die Geborgenheit einer Heimat genommen – erst die Wurzeln rausgerissen und dann auch noch die Zunge?[13]

Der Religionsphilosoph Martin Buber hat 1973, in einer Phase der radikalen Neuorientierung in Westdeutschland – wie sie jetzt vermutlich erneut ansteht –, in seinem Buch *Das dialogische Prinzip* und dort im Kapitel über Sein und Scheinen zwei Arten des menschlichen Daseins unterschieden. Das Leben vom Wesen her und das Leben bestimmt von dem Bild, wie einer erscheinen will. Die Lüge, stellte er fest, vollzieht sich hier nicht an einem Tatbestand, sondern an der Existenz selber. Weil wir eben nicht mehr leben, wie wir sind und wie es uns entsprechen würde. Weil wir ein Leben anstreben, wie es uns medial vorgegeben oder von uns erwartet wird. Buber erkannte darin den Angriff auf die zwischenmenschliche Existenz. Er wusste, dass es kein Leichtes ist, von den anderen in seinem Wesen bestätigt zu werden, und dass sich genau deshalb »der Schein zur Aushilfe« anbietet. Und dann macht er folgende Rechnung auf: »Stellen wir uns zwei Bildmenschen vor, die beide sitzen und miteinander reden – nennen wir sie Peter und Paul –, und zählen wir die Figurationen nach, die dabei im Spiel sind. Da sind erst mal der Peter, wie er dem Paul erscheinen will, und der Paul, wie er dem Peter erscheinen will; sodann der Peter, wie er dem Paul wirklich erscheint, Pauls Bild von Peter also, das gemeiniglich keineswegs mit dem von Peter gewünschten übereinstimmen wird, und vice versa; dazu noch Peter, wie er sich selbst erscheint; zu guter Letzt der leibliche Peter und der leibliche Paul.« Und dann die Pointe: »Zwei lebende Wesen und sechs ... Schein-gestalten, die sich in das Gespräch der beiden mannigfal-tig mischen! Wo bliebe da noch Raum für die Echtheit des Zwischenmenschlichen!«[14]

Das macht deutlich, zu welchen Verwirrungen eine Ver-kaufsgesellschaft führt, die in immer mehr Lebensbereichen von jedem Menschen Eindrucksmanagement verlangt.

Zeit für eine neue Aufklärung heraus aus der selbst verschuldeten Konsum-Unmündigkeit

Statt um (Selbst-)Marketing müsste es um den tatsächlichen Wert gehen. Dann wäre es auch nicht mehr möglich, uns billig abzuspeisen. Uns billig produzierte Nahrungsmittel als angeb-liche Gesundmacher anzudrehen oder gefälschte Kunstwerke als Originale von Campendonk. Doch wer gar nicht erst wis-sen will, ob etwas stimmen kann, gibt schon der Verlogenheit Raum. Das Gegenteil würde bedeuten, zu hinterfragen und zu überprüfen: Hat etwas tatsächlich den Wert, den es bean-sprucht? Und daran anschließen könnte sich die Frage: Brau-chen wir das alles überhaupt? Oder noch genauer: Was davon brauchen wir? Ein großer Teil der Wahrheit wird klar, wenn wir überlegen: Wem eigentlich nützt das Ganze? Es wird also Zeit für eine neue Aufklärung, für den Auszug des Menschen aus seiner selbst verschuldeten Konsum-Unmündigkeit.

Das, was wir konsumieren, prägt uns. Die Anbieter legen dabei Wert darauf, dass es uns nie zufrieden macht, denn das würde ja das Ende des Wachstums bedeuten. Wir müssen begreifen, dass es in einer Wirtschaft, die auf ständige Pro-fitmaximierung angelegt ist, gar nicht um die Befriedigung unserer Bedürfnisse gehen kann. Bedürfnisbefriedigung, das ist nur die Maske, der Vorwand, die Täuschung. In Wahrheit sollen unsere Bedürfnisse immer wieder neu entfacht wer-den, damit uns die Industrie weiter mit dem versorgen kann, was uns erneut hungrig macht. Ernährt wird lediglich unser »konsumistischer Geschmack«, mahnt Thomas Assheuer im Feuilleton der *Zeit*. Vorgegaukelt werden uns »Dabeisein und Lebendigkeit«.[15] Doch wer nicht mehr wissen will, was ist, öffnet diesem Lügen und Betrügen die Tür.

Es hat Folgen, wenn wir verlernen zu hinterfragen. Wenn wir nicht mehr wissen wollen, was wir vielleicht sogar noch wahrnehmen. Was übrigens das Geheimrezept von Sherlock Holmes ist: sich bewusst zu machen, was man wahrgenommen hat, und sich nicht ablenken zu lassen auf der Suche nach dem Täter. Wenn wir aber das toll Inszenierte dem Realen vorziehen, verwirrt das den Erkenntnisblick. Dann hat jeder Täter die Chance, uns auf falsche Fährten zu lenken.

Die Ökonomie ist zu einer Welt aus Zahlen und mathematischen Analysen verkommen, diagnostiziert auch der Tscheche Tomáš Sedláček, Chefökonom der größten tschechischen Bank.[16] Aber Zahlen können keinen Sinn stiften und keine Werte vermitteln, sie haben keine Tragfähigkeit im menschlichen Miteinander und werden uns deshalb auch nicht aus der Krise helfen können. Noch nicht einmal verlässliche Prognosen können die auf Zahlen fixierten Wirtschaftsfachleute liefern. Kaum einer hat die gigantischen Finanzkrisen vorausgesehen, und kaum einer weiß, wie die überschuldeten Staaten rein rechnerisch zu retten sind.

Auf einer Reise durch 4000 Jahre Menschheitsgeschichte vom Gilgamesch-Epos über das Alte Testament bis hin zu den griechischen Philosophen erforscht Sedláček deshalb das ökonomische Handeln zu Beginn der Menschheitsgeschichte und macht deutlich, dass Wirtschaft immer an Moral und Ethik gekoppelt war. Das klassische Verhältnis aus Basis und Überbau, bei der die Ökonomie das Fundament ist und die Geisteswissenschaft nur das Dachgeschoss, so wie es heutzutage praktiziert wird, ist daher umzudrehen. Das Geistige soll nicht länger die Schlagsahne auf dem Marktwirtschafts-

Kuchen sein, auf die man notfalls auch verzichten kann. Das wirtschaftliche Handeln muss vielmehr vom Geist getragen und geleitet werden. Nur so kommt man, wie Tomáš Sedláček überzeugend aufzeigt, wie Josef in Ägypten zu einer vorsorgenden Wirtschaftspolitik und kann in den sieben fetten Jahren für die sieben mageren Jahre haushalten. Das tun, was wir heute gern und leider inflationär »nachhaltiges Wirtschaften« nennen, ohne dass es umfassend realisiert werden würde. Nachhaltiges Wirtschaften hieße, nicht allein die Zahlen in den Mittelpunkt zu stellen, sondern den Menschen mit seinen Bedürfnissen und die Frage nach der Qualität des menschlichen Miteinanders. Dann wäre Profit auf Kosten anderer oder auf Kosten der Natur keine Maxime mehr. Es ginge um Ausgewogenheit. Denn eins steht fest, und der Ökonomen Tibor Scitovskys hat es zugespitzt: »Was an der Wirtschaft nicht stimmt, stimmt an der Gesellschaft nicht.«[17] Oder drehen wir es um: Was in der Gesellschaft schlecht läuft, läuft falsch in der Ökonomie.

Dies hieße in der Konsequenz: Nicht mehr alles den sogenannten Gesetzen des Marktes zu unterwerfen, sondern den Markt auf menschliche Rahmenbedingungen zu begrenzen. Die Frage ist, ob wir als Menschen die Kraft dafür aus uns selber schöpfen können und ob diese Menschlichkeit und Angemessenheit zum allgemeinen Konsens reichen. Denn wir leben in einer Jetztwelt und haben keine für alle verbindliche himmlische Adresse mehr, die uns für den Verzicht auf Egoismus und Gier belohnen könnte, uns einen neuen Sinn eröffnen würde, der über uns und unsere Interessen hinausreicht. Was aber soll dann unseren Verzicht auf die Gier motivieren? Was könnte etwas über unsere Gier Hinausreichendes eröffnen? Wenn es nichts mehr außerhalb unseres Selbst gibt, müssen wir die Weisheit und Stärke in unseren menschlichen Dimensionen finden, uns strecken und recken, um eine Haltung zu bekommen.

Oder rettet uns die Haltung, zu sagen: Wer so lebt, wer

Blödsinn anschaut, wer Blender wählt, wer sich wertlose Nahrungsmittel oder Behandlungen aufschwatzen lässt oder wer seine Zeit in virtuellen Welten vertrödelt – wer so lebt, ist selbst schuld und hat es nicht besser verdient. Die Analyse in den vorangehenden Kapiteln hat gezeigt, wie weit und wie systematisch wir uns Schritt für Schritt in Medien, Wirtschaft oder virtueller Welt von der Wahrhaftigkeit entfernen. Sie trägt und stärkt uns nicht mehr. Sie provoziert allenfalls noch interessierte Gleichgültigkeit. »Das zentrale Kriterium … ist nicht mehr Kritik, Wahrheit oder Schönheit, sondern das Gelingen einer möglichst heiter vertriebenen Zeit«, kann man angelehnt an Diedrich Diederichsen formulieren.[18]

Mit dieser Haltung aber lässt man sich gern etwas vorgaukeln oder gaukelt selbst gleich mit, weil aufregende Lügen mehr verheißen als nüchterne Wahrheiten. Und so nutzen die Lügner unsere Vorliebe für das billige und bequeme Leben aus. Nutzen aus, dass wir lieber zur schnellen Lüge statt zur anstrengenden Wahrheit greifen. Zur Wahrheit, dass gute Lebensmittel ihren Preis haben, dass nur unseriöse Geldanlagen astronomische Renditen versprechen und dass wahrhaftige Politik nicht zwingend mit unseren Wählerwünschen übereinstimmen kann.

Die Dosis macht das Gift

Weil aber nun einmal die Liebe zum schönen Schein offenbar tief in uns verankert ist, schwingen wir uns noch ein letztes Mal auf, um auch eine Lanze für die Welt des Scheins zu brechen. Vielleicht ist es uns sogar erst danach möglich, sie auf den Platz zu verweisen, wo sie hingehört. Ihr nicht den ganzen Raum zu öffnen, sondern nur die Vorratskammer, für den Moment, wenn der Bedarf da ist. Denn es wäre zu einfach und vermutlich auch aussichtslos, nach einer Analyse der Verlogenheit ab sofort nur noch Wahrhaftigkeit zu verlangen. Wir sind als Menschen krumm und schief in die Welt gestellt, wie es Walter Kempowski ausdrückte, und aus dem Paradies Vertriebene, sodass es wesensmäßig zu uns Menschen gehört, der Wirklichkeit auszuweichen. Sich in Scheinwelten zu flüchten macht nicht nur vieles leichter, sondern manches sogar erst erträglich. Es gibt diese Erzählungen von Jugendlichen, die sich die Pulsadern aufgeschlitzt hätten, hätten sie nicht in Scheinwelten abtauchen können, als sich die Eltern wieder einmal so fürchterlich angebrüllt haben. Die Flucht in Phantasiewelten kann die seelische Gesundheit bewahren: in eine Welt wie in die von Harry Potter, wo (wieder einmal) der Kampf Gut gegen Böse ausgetragen wird, in der Dementoren versuchen, ihren Opfern die Seele auszusaugen und alles, was ihnen einst Glück und Kraft gegeben hat. Solche Geschichten vermitteln wie früher die Märchen: Dieser Kampf ist ernst und kann ein Kampf auf Leben und Tod sein. Aber es ist ein Kampf, den man bestehen und überleben kann. Heldentypen und Actionfiguren, Märchengestalten und Feenreiche können uns dazu animieren, auch an unsere eigenen Kräfte zu glauben. Manchmal helfen schon Kostümbälle oder Faschingsfeiern, uns punktuell von unserem eigenen Dasein loszulösen, uns in Fröhlichkeit und Leichtigkeit zu kleiden, die der erdenschwere Alltag nicht hergibt. Der schöne Schein also nicht als billige und alltägliche Ablenkung, sondern als Ventil und Entlastung, um sich nicht immer der Realität stellen zu müssen. Als Kraftquelle und Inspiration, um auf neue Gedanken zu kommen. Phantasie-Flucht-Welten haben jedoch heutzutage Hochkonjunktur. Dagegen ist prinzipiell nichts einzuwenden. Nur, wie bei allen Drogen macht die Dosis das Gift.

Die Welt des Scheins ist letztlich wie ein Geschmacksverstärker zu betrachten. Das Gehirn wird schon mit dem ersten Bissen manipuliert. Doch wenn man sich Zeit beim Essen lässt und länger kaut, fangen die Chips an, wie Pappe zu schmecken – letztlich also wie das, was ihrer Substanz entspricht. Und weil es zu schade wäre, würde unser Leben nur noch nach Pappe schmecken, lohnt es sich vielleicht doch, lieber ehrlich zu sein. Sind wir also ehrlich! In Wahrheit wollen wir nicht belogen werden.

Wie lässt sich Wahrheit erfassen?

Fragen wir zunächst, ob Wahrheit teilbar ist. Im ersten Moment könnte man meinen, was für ein komischer Gedanke. Aber warum reden wir dann von der halben oder ganzen Wahrheit, von der einfachen oder komplizierten und von der reinen oder schmutzigen? Warum unterscheiden wir die taktische Wahrheit von ein bisschen schwindeln, flunkern oder schönreden, und das wiederum vom dreisten Leugnen oder davon, jemandem einen Bären aufzubinden? Wieso trennen wir die wissenschaftliche von der gefühlten Wahrheit, die mit Studien bestätigte von der, die durch Erfahrungen oder Intuition erworben wird?

Wohl deshalb, weil Wahrheit nicht nur ein abstrakter Begriff ist, sondern immer im Kontext steht. Als abstrakter Terminus ist Wahrheit unkonkret und schwer fassbar. Ebenso als generelle Anspruchshaltung oder blankes Gebot. Man kann dann zwar so wie der Kirchenvater Augustinus im 4. Jahrhundert nach Christus oder der Philosoph Immanuel Kant im 18. Jahrhundert allgültig die Wahrheit einfordern, aber erst wenn die konkreten Bezüge bekannt sind, wird abschätzbar, ob diese Forderung überhaupt umsetzbar ist, und vor allem, ob sie tatsächlich auch umgesetzt werden sollte. Wenn es konkret wird, hängt die Frage nach der Wahrheit immer vom Auge des Betrachters ab.

Das illustriert ganz wunderbar die Geschichte von den fünf Blinden, die jeweils eine Aussage treffen sollen, wie ein Elefant aussieht. Da sie das Tier an sehr verschiedenen Stellen betasten, kommen sie auf fünf gänzlich verschiedene Elefanten-Beschreibungen. Der eine beschreibt die Haut an den Beinen, der andere die Stoßzähne, der nächste den borstigen Schwanz. Alles richtig aus der Perspektive des jeweiligen Betrachters, aber das große Ganze wird damit nicht erfasst. Keine einzige der fünf Beschreibungen würde vollständig erklären, wie ein Elefant aussieht. Es wären nur an sich gültige Teilwahrheiten. Teilwahrheiten aber sind nicht zwangsläufig eine Lüge. Denn den Lügner erkennt man immer daran, dass er die Wahrheit kennt und sich gegen sie entscheidet.

Ob es sich also um die Wahrheit handelt oder nur um Teilwahrheiten oder gar um eine komplette Lüge, ist immer eine Frage des vorhandenen Wissens und der Haltung, die man wählt, und es ist eine Frage der Perspektive, von der aus man urteilt. Wahrheit kann somit sehr eng gefasst sein oder weit. Sie kann nur einen kleinen Ausschnitt betreffen oder versuchen, große Zusammenhänge sichtbar zu machen. Im Zeitalter von Google und Internet leben wir mit Blick auf die ganze Welt, die äußerst komplex ist. Dennoch erreichen uns inzwischen ganz selbstverständlich tagtäglich Nachrichten und Geschichten. Weil der Zugang so schnell und so einfach ist, vergessen wir, welche Schwierigkeiten es mit sich bringt, sich zu den globalen Geschehnissen in Beziehung zu setzen. Schwierig genug ist ja an sich schon unser facettenreiches Selbst, mit dem wir zwar von Beginn an leben, das sich uns aber dennoch nicht gänzlich erschließt. Immer klafft die Lücke zwischen Selbst- und Fremdwahrnehmung. Mit Blick auf die ganze Welt wird dieses Gefüge noch einmal größer dimensioniert.

Und es gibt noch mehr Hürden, die uns die Wahrheit in den Weg stellt. Man könnte meinen, sie lege es darauf an, uns zu zeigen, wie schwer das Suchen und Finden tatsächlich ist und dass ein Irrtum naheliegt, wenn man meint, sie im Vorübergehen erhaschen zu können. Was ich zum Beispiel über zwei oder drei Menschen oder auch Sachverhalte wahr aussagen kann (diese Deutschen haben blonde Haare), wird für eine größere Gruppe schon nicht mehr stimmen. Oder wenn Christian Wulff als Ministerpräsident im Landtag auf Nachfrage angab, keinen Kredit von einem Geschäftsfreund angenommen zu haben, dann ist das nicht ganz falsch, weil er bei der Antwort wohl ausschließlich an dessen Frau dachte, die den Darlehensvertrag abgeschlossen hat. Aber es war mehr eine Ausrede als die ganze Wahrheit. Denn in Wirklichkeit steckte hinter dem Privatkredit, wie es schließlich Stück für Stück ans Licht kam, natürlich sehr wohl der Unternehmer Egon Geerkens. Was deutlich zeigt: Wahrheitsansprüche sind schnell dahingesprochen, können aber ebenso schnell an Glaubwürdigkeit verlieren und wertlos werden, wenn sich ein neuer Kontext auftut.

Auch Zauberer lenken unseren Blick auf das, was wir wahrnehmen sollen

Wahrheit kann auch verschleiert werden. Das ist die klassische Aufgabe von Pressesprechern oder Diplomaten. Sie dürfen nicht lügen, dennoch zugleich auch nicht alles sagen. Geschickt wie ein Zauberer versuchen sie den Blick und die Gedanken auf etwas hinzulenken, was wir wahrnehmen sollen, was ihrer Botschaft entspricht. Zugleich versuchen sie, uns dabei unbemerkt wegzuführen von dem, was verborgen bleiben soll. Ob es gelingt, hängt nicht nur von der jeweiligen Kunstfertigkeit bei der Verführung oder Verschleierung ab, sondern auch davon, wie transparent die Schleier sind, die den Kern der Sache verdecken. Und natürlich spielen auch die Verführbarkeit und Lenkbarkeit des Gegenübers eine Rolle.

Wer sich ungeschickt anstellt, muss damit rechnen, dass das, was verborgen bleiben sollte, offenbar wird und die Schleier gelüftet werden. Dann liegt die nackte Wahrheit auf dem Tisch – schamlos enthüllt.

Einer der einflussreichsten und zugleich skrupellosesten Politiker während und nach der Französischen Revolution war Charles-Maurice de Talleyrand, von dem es heißt, dass er die Gabe besaß, stets die Wahrheit zu sagen und dennoch immer zu täuschen. Er beherrschte die Kunst der Diplomatie perfekt, was ihm nicht zuletzt dazu verhalf, diverse Regierungswechsel zu uberstehen. Er wusste nicht nur, dass die Sprache dem Menschen gegeben ist, um seine Gedanken zu verbergen. Er beherrschte diese Vorgehensweise selbst virtuos, was sich auch an folgendem Bonmot zeigt: »Ein Diplomat, der *ja* sagt, meint *vielleicht*, der *vielleicht* sagt, meint *nein*, und der, der *nein* sagt, ist kein Diplomat.«

Wer die Wahrheit sucht oder einfordert, muss also akzeptieren, dass es damit nicht so einfach ist. Das sollte uns nicht entmutigen, aber es sollte uns klar sein. Manche Skeptiker oder Philosophen hinterfragen die Wahrheitsfindung sogar grundsätzlich. Sie stellen zur Debatte, ob es *die* Wahrheit überhaupt gibt. Oder ist sie nur ein Konstrukt? Etwas, worauf wir uns kollektiv geeinigt haben? Das sind spannende Fragen, aber hier soll es nicht um Kohärenz-, Korrespondenz- oder Konsenstheorien gehen. Auch nicht um diskursive Verifizierungen, wie sie zentral für philosophische Zirkel sind. Sondern hier steht die Frage nach Wahrheit und Wahrhaftigkeit im Raum, als die wesentlichen Grundlagen für menschliches und gesellschaftliches Zusammensein. Wahrheit und Wahrhaftigkeit als hohe Güter, die aber ähnlich wie Freiheit oder Gerechtigkeit zunächst abstrakt bleiben – ein Ideal darstellen. Ist man jedoch dem Gegenteil ausgeliefert – also der Lüge oder der Unfreiheit oder Ungerechtigkeit –, lernt man diese Güter zu schätzen. Als abstrakter Begriff aber ist Wahrheit genauso wenig attraktiv wie Freiheit oder Gerechtigkeit.

Die Wahrheit hat oft einen bitteren Geschmack, aber eine süße Lüge vergiftet

Wahrheit ist – im Unterschied zur Welt des Scheins – kein Geschmacksverstärker, sondern ein Grundnahrungsmittel. Wer sich und andere zu lange mit Lügen ernährt, schadet der Verdauung und bekommt Blähungen, die einen unangenehmen Geruch verbreiten. Lügen und Betrügen deformiert den

Charakter und zersetzt menschliche Beziehungen. Kinder, die mit widersprüchlichen Ausagen aufwachsen, mit sogenannten Doublebind-Botschaften, laufen Gefahr, psychisch schwer gestört zu werden. Denn Vertrauen und Geborgenheit sind überlebenswichtig. Es ist sogar das Vertrauen in die Wahrhaftigkeit menschlicher Aussagen, das die Lüge überhaupt erst möglich macht: Erst das Vertrauen in die Wahrhaftigkeit des anderen ermöglicht es, dass wir einer Lüge Glauben schenken. Doch zugleich zerstört die Lüge, wenn sie offenbar wird, das entgegengebrachte Vertrauen, das eigentlich die Basis für das Akzeptieren der Lüge war. Wenn wir aber nicht mehr mit der Wahrhaftigkeit des anderen rechnen können, wissen wir auch nicht mehr, was wir glauben oder hoffen dürfen. Wie furchtbar, wenn man ständig mit der Frage im Kopf leben muss, wem oder was man noch trauen kann. So könnte man das Geschäft mit der Lüge nicht zuletzt auch wirtschaftlich betrachten. Dann zeigt sich, dass Lügen auf lange Sicht betrachtet anstrengender ist, als die Wahrheit zu sagen. Man muss sich selbst unter Kontrolle haben und den anderen einschätzen können; man muss sich merken, was man behauptet hat. Die Wahrheit, die ja gewusst wird, muss unterdrückt und verheimlicht werden.

Vertrauen ist immer ein Geschäft auf Gegenseitigkeit. Vertrauensverlust führt zu Krisen in Beziehungen, in Gesellschaften sogar zu Revolutionen. Bundestagspräsident Norbert Lammert hat schon im Herbst 2011 vom »besorgniserregenden Vertrauensverlust der politischen Klasse« gesprochen und später hinzugefügt, dass wir einen massiven Vertrauensverlust »ja leider« flächendeckend haben. Er betreffe »auch die Medien, die Kirchen, die Schulen, die Gewerkschaften, ja selbst den Sport. Von Wirtschaft und Banken gar nicht zu reden.«[19]

Besteht also Anlass zur Verzweiflung? Vielleicht, aber Verzweiflung hilft nicht. Nehmen wir lieber die darin versteckte Fähigkeit zur kritischen Distanz. Distanz zu dem, was sich aufdrängt und darstellt als etwas, das den Anspruch erhebt, es müsse so und nicht anders sein. Nehmen wir unsere Bereitschaft, uns nicht nur abfinden zu wollen, und leisten Widerstand. Es besteht Anlass zur Achtsamkeit. Anlass, genau hinzusehen, denn eine Lüge funktioniert nur so lange, wie jemand sie glaubt.

Wie lässt sich verlorenes Terrain zurückerobern?

In Rom gibt es einen Wahrheitsmund, La Bocca della Verità, ein beliebtes Ziel für Touristen. Das Relief aus Marmor, einem Gesicht ähnlich, befindet sich am Eingang der Kirche Santa Maria in Cosmedin und soll im Mittelalter der Wahrheitsfindung gedient haben. Wer der Lüge verdächtigt wurde, musste seine Hand in den Mund legen und einen Eid auf die Wahrheit schwören. Wer log, dem würde die Hand abgebissen – glaubte man.

Wir sind zu aufgeklärt, um an einen Wahrheitsmund zu glauben, der den Lügner überführt. Uns tröstet auch kein Gottesglaube mehr, der hoffen lässt, dass auf die Lüge eine göttliche Strafe folgen wird, und sei es erst nach dem Tod, wenn für den Lügner oder Betrüger der Zugang zum himmlischen Paradies versperrt bleibt und die Qualen der Hölle warten. Wir müssen uns, wenn wir die Mythen, Götter und Wundermünder beiseitegeschafft haben, anders helfen. Entgöttlicht, aufgeklärt und auf uns selbst bezogen, bleibt uns »nur« unsere Verantwortlichkeit als Menschen in einer Menschengemeinschaft. Die menschliche Verantwortung als Bezugsrahmen und zugleich Begrenzung für die tausend Offerten der Freiheit. Doch es sieht nach den Streifzügen durch unsere verlogene Gesellschaft so aus, als ob wir noch nicht aufgeklärt genug wären für solch ein »vernünftiges Verhalten«. Deshalb unterliegen wir im System der Lügner und Lügen, das nur seine eigene »Spielregel« kennt. Soll das so bleiben? Falls nicht, auf zur nächsten Seite.

Am Ende: Das Schlusswort – was sonst

»Hallo, hier spricht Ihr Engel«, antwortet es auf der anderen Seite der Leitung. Gewählt wurde die Handynummer eines Gottesboten in Jeans und mit Umhängetasche, der an der St.-Johannes-Kathedrale im niederländischen 's-Hertogenbosch steht. Ein Künstler hat sich den Spaß erlaubt, diese Figur zwischen all den anderen Heiligen und Ehrwürdigen zu platzieren, die ansonsten an der Fassade aufgereiht sind. Mit Handy am Ohr und lässig gekleidet, sorgt dieser Gesandte Gottes derzeit für Aufsehen. Ein Vermittler zwischen Himmel und Erde mit Standleitung zu Gott – was für eine wundersame Sache. Sogar einen Twitter-Account soll der Engel bedienen, wobei gemunkelt wird, dass ihm Apple-Gründer Steve Jobs – inzwischen auch Himmelsbewohner – beim Umgang mit der noch ungewohnten Seelsorgetechnik behilflich ist. Ab 23 Uhr ist übrigens Schluss mit Anrufen. Dann will das Göttliche seine Ruhe haben und nur noch in seinen Träumen über die Menschen wachen, die sich tagsüber gemeldet haben.[1]

Das wäre natürlich was, so eine Engel-Hotline, die man fragen könnte, was Lüge und was Wahrheit ist, und mitten in dieser Plauderei würden einen Geistesblitze treffen, die erhellen, wie wir zu einem guten Leben finden können. Doch bislang steht so ein Himmelsbote nur in 's-Hertogenbosch. Deshalb müssen wir uns selbst helfen und ohne diese Hoffnung dennoch auf Hoffnung setzen, wenn wir nicht im Negativen verbleiben wollen.² Wenn wir einen Weg suchen im Dschungel der Verlogenheit.

Dabei können wir auch nicht auf einen »Deus ex machina« zurückgreifen – einen Gott, wie aus der Maschine oder neuzeitlich ausgedrückt per Handy geordert –, so, wie er auf den Bühnen der Antike als Retter erschien, wenn verzwickte Situationen oder Konflikte zu lösen waren. Vorstellbar ist allerdings, dass ein derartiger »Gott steht mir bei«-App demnächst gegen eine kleine Spende angeboten wird. Dennoch bleibt es dabei: *Wir* sind herausgefordert, die anstehenden Probleme zu lösen und Entscheidungen zu treffen, und dafür brauchen wir Kompetenzen, die uns zukunftsfähig machen. Alte Denkgewohnheiten, die im Zuge der Industrialisierung die Oberhand gewonnen haben, reichen nicht mehr. Der Wandel zur Kommunikations- und Wissensgesellschaft verlangt, dass wir uns im Kopf umstellen. Doch noch sind wir geprägt durch ein mechanistisch-maschinenhaftes Denken, inzwischen perfektioniert durch Computer, die ungeheure Datenmengen verarbeiten können und nahezu alle Abläufe rasant beschleunigt haben. Dieses mechanistisch-maschinenhafte Denken hat den Menschen und die Welt wund laufen lassen, weil es lediglich rational rechnet, plant und konstruiert, dabei aber nicht zu erkennen oder gar zu berücksichtigen vermag, was es alles zerstört. Rücksicht auf menschliche Bedürfnisse oder auf die Bedürfnisse der Natur spielt sich auf anderen Ebenen ab. Deshalb sind emotionale und ethische Kriterien – die immateriellen Faktoren – verkümmert, die sich mit Zahlen und in Bilanzen (bislang) nicht messen oder evaluieren lassen. Genau das könnte eine neue Herausforderung sein für Controller, Unternehmensberater und Gewerkschaften.

Denn es ist an der Zeit, den Menschen wieder in den Mittelpunkt zur rücken – der mehr ist als Bits und Bytes und den man allein mit Quartalsberichten und Zielvereinbarungen nicht erfassen kann. Der, wenn er nicht nur zu Disziplin, Gehorsam und Funktionierenmüssen erzogen wird, mit unglaublich liebenswerten, kommunikativen und sozialen Fähigkeiten ausgestattet ist (es sei denn, er ist psychisch krank) und der sensationelle kreative Potenziale entfalten kann, die Wachstumssprünge ermöglichen, von denen die Industrie und Politik nur träumen kann, wenn sie es noch kann. Im Grunde seines Wesens ist der Mensch keine abgestumpfte Maschine – er ist ein Wesen, das nach Kultur verlangt und nicht nur nach Unterhaltung. Kultur, die anfängt beim Nutzbarmachen der Erde – beim Gärtnern – und über den Biergarten bis hin zur Hochkultur reicht. Der Mensch ist auch ein Wesen, das nicht nur berieselt werden will, sondern sich ausdrücken möchte. Sonst wären wir Affen geblieben, die mit Bäumen zufrieden sind und denen das gegenseitige Lausen genügt.

Nur der Mensch ist in der Lage, die Welt nach seinen Vorstellungen neu zu ordnen, verbesserte Lebensbedingungen aufzubauen und sein Umfeld seinen Bedürfnissen anzupassen. Nur er kann in der digitalen Welt die Fülle der Informationen gewichten, auswählen, was tatsächlich nützlich ist, und für Innovationen sorgen, die Wirtschaft und Gesellschaft voranbringen können. Doch der von der Rasanz der letzten Jahrzehnte im World Wide Web erschöpfte Mensch muss erst noch lernen, mit Informationsströmen, Nervenstärke und Hirnmasse zu arbeiten statt nur mit Muskeln und Körperkraft, wie es die Industrialisierung erforderte. Es ist an der Zeit, denn wir befinden uns in einer globalen Abschwungphase, die nach einer neuen Ausrichtung verlangt. Und erst wenn wir uns selbst aufschwingen, wird auch wieder eine Aufschwungphase kommen. Vertrauensverlust, der die Folge einer Kultur des Scheins und Schwindelns ist, war schon immer die Basis für Umbrüche oder Revolutionen. Wie könnte auch die nächste friedlich vonstattengehen? Wer hat diesmal den Schabowski'schen Zettel in der Hand und sagt, dass das Neue und bislang Undenkbare »ab sofort« Gültigkeit hat und umgesetzt werden kann?

Die Ursachen und die Folgen

Veränderung kann nur mit der Wahrnehmung dessen beginnen, was ist: Wo stehen wir? Und wie kamen wir bis dorthin? Das waren die konkreten Fragen in diesem Buch, die mit Blick in verschiedene gesellschaftliche Bereiche beleuchtet wurden. Neben der Grenzziehung, dass es dabei um die Wahrhaftigkeit als Basis für das gesellschaftliche Zusammenleben gehen sollte (nicht um eine philosophisch abstrakte Wahrheitsreflexion), steht nunmehr die Frage im Raum, was passiert, wenn die Wahrheit mehr und mehr auf der Strecke bleibt: in den Medien, in der Politik, in der Wirtschaft, im Internet – schlichtweg in allen grundlegenden Lebensbereichen. Was sind die Folgen, wenn sich um uns herum ein umfassendes Illusionstheater aufbaut, in dem wahlweise getrickst oder dreist gelogen wird? Und wenn dann auch noch der, dem das leichtfüßig gelingt, die meisten Vorteile hat – was bedeutet das? Was macht es mit uns, wenn sich systematisch eine Schwindelkultur etabliert, bei der die Sprache nicht mehr der Verständigung dient oder dem Trost, sondern ein Blasebalg ist. Sprache als Mittel zum Zweck, um ein Feuer des Begehrens zu entfachen und um jeden Auftritt zur blendenden und beifallheischenden Darbietung werden zu lassen. Und danach bleiben wir leer und trostlos zurück.

»Scripted Reality« – Wahrheit nach Drehbuch –, das heißt, der Boden der Tatsachen genügt nicht mehr, sondern alles um uns herum will und muss mehr sein: die Information zugleich eine Empörungsbotschaft, das Essen ein Cholesterinheiler, der Arzt ein Wunscherfüller und die Geldanlage ein Reichmacher. Doch wie viel Fassade ist verkraftbar und kulturell akzeptabel, damit wir nicht verrückt werden?

Zudem stellt sich die Frage: Welchen Halt gibt es in einer

Welt, in der die Kulissen jederzeit einstürzen können? Und fast noch wichtiger: Wie lässt sich verlorenes Terrain zurückerobern? Das zu klären ist der tiefere Sinn der Streifzüge durch ein verlogenes Land, wie sie in diesem Buch unternommen wurden. Alles andere wäre ein bloßer Aufschrei.

Das erschreckende Ergebnis am Ende dieser Streifzüge ist, dass es sich in puncto Lügen und Betrügen nicht mehr nur um Einzelphänomene handelt. Um krankhafte Hochstaplerexistenzen, die uns lustvoll irritieren und amüsieren, allerdings immer die Ausnahme und niemals die Regel sind. Das Erschreckende an der aktuellen Gesellschaftsanalyse ist: Die Scheinexistenzen und substanzlosen Angebote haben Systemcharakter angenommen. *Darum* ist der Wurm in unserem Leben, und *deshalb* fühlt es sich so falsch an.

Das Jonglieren mit Pseudowirklichkeiten ist, wie sich gezeigt hat, Mittel zum Zweck geworden, um (Verkaufs-)Erfolg zu haben oder Bewunderung zu ernten: als Politiker oder als Medienmensch, als Anbieter von Waren oder medizinischen Leistungen oder als virtuelle Person im Internet. Und das System aus Lügen und Betrügen ist bestens vernetzt. Die gegenseitige Lobbyarbeit funktioniert. Einer stärkt das Ansehen des anderen. Kritische Distanz wird nur als Ritual vorgeführt, ansonsten lebt das nahezu mafiöse Kartell vom gegenseitigen Sich-etwas-Zuschustern, Sich-Decken und Schweigen.

Für den, der da mithalten oder an Bord der großen Versorgungsschiffe bleiben möchte (in Unternehmen, Ministerien, Sendern oder Verlagen), bedeutet das, Systemkompetenz zu entwickeln – sich geschickt und geschmeidig einzureihen in die Riege der Blender. Dazu gehört, frühzeitig zu erkennen, was das reibungslose (Vermarktungs-)Miteinander stören könnte, und Missstimmung gar nicht erst aufkommen zu lassen. In diesem Miteinander von Industrie und Politik, Politik und Medien, Medien und Prominenz gebiert ein Erfolg den nächsten allein durch die gegenseitige Anerkennung und

Aufmerksamkeit, nicht zuletzt warmgehalten durch wechselseitige Einladungen. So wird selbstreferentiell die Notwendigkeit des Seinmüssens oder So-sein-Müssens aus dem Bereits-Etabliertsein oder Bereits-Prominentsein erklärt. Der Rest ist, wie jeder in den unzähligen Gesprächsrunden und Foren beobachten kann, vor allem eins: Geblubber.

Nach dem benannten Strickmuster bildet sich in unserem Land gerade eine glamouröse Parallelgesellschaft inklusive Machtgehabe und Statussymbolen und abgetrennt von der sonstigen gesellschaftlichen Wirklichkeit. Über die wird nur noch von der Logenposition aus geredet oder berichtet. Oder man spricht diese andere Seite der Gesellschaft an, wenn man etwas zu verkünden hat oder erreichen will. Ansonsten aber schottet man sich ab, damit das verlogene System unter sich bleiben und erhalten werden kann. Zugangsbarrieren sind – trotz allen Transparenzpalavers – eine Notwendigkeit. Ein solches System kann keinesfalls durchlässig sein, denn dann würde es sich der Gefahr der Bloßstellung aussetzen.

Am Ende aber, nachdem wir ähnlich einem Geologen mit Helm und Kopflampe im Verborgenen hinter den Kulissen geforscht haben, lassen sich Goldadern der Erkenntnis finden und zutage fördern: Es gibt *Ursachen* der Verlogenheit und Scheinexistenz und *Folgen*. Es lassen sich aber auch *Auswege* ableiten. Die Krise von heute könnte der Konjunkturaufschwung von morgen sein. Selbst aussichtslose Situationen lassen sich drehen.

Doch bevor es losgeht, sei ganz ausdrücklich betont, was auch für den Rest des Buches gilt – schon damit sich nicht die Falschen auf den Schlips getreten fühlen: Ja, es gibt verantwortlich agierende und wahrheitsliebende Medienmacher, Politiker, Wirtschaftsleute, Ärzte und Anbieter in diversen Bereichen von den Nahrungsmitteln bis zum Internet. Dennoch sind alle eingeladen, sich mit dem Geschriebenen auseinanderzusetzen. Das hat Nebenwirkungen, schadet aber nicht.

Im Wesentlichen sind es vier Ursachen, die uns anfällig für die moderne Lügerei machen:

1. Die Technisierung unseres Alltags in rasanter Geschwindigkeit führt dazu, dass wir kaum noch Schritt halten können. Dennoch sind wir herausgefordert, so zu tun als ob und uns durch den Alltag zu mogeln. Sei es die neue Software am Arbeitsplatz oder die Gebrauchsanweisung für ein gerade gekauftes Handy – die Bedienung erschließt sich nicht. Die breite Palette der Informationstechnologie ist für die meisten von uns nicht mehr zu beherrschen. Trotzdem ist es nicht ratsam zuzugeben, dass man den Anforderungen nicht gewachsen ist. Auch empfiehlt es sich nicht, zu kapitulieren. Man würde riskieren, einen Makel angeheftet zu bekommen oder zu den Abgehängten zu gehören, Opfergeruch auszusenden, der bei anderen Killerinstinkte weckt. Also passt man sich lieber an, so gut es eben geht. Spielt das Spiel der Technikeuphorie mit, die große Lüge von der angeblichen Erleichterung, obwohl die Aneignung immer mehr Stress mit sich bringt und enorme Zeit kostet.[3]

Um Missverständnissen vorzubeugen: Es geht hier nicht um Technikfeindlichkeit oder Pessimismus gegenüber der Moderne. Ganz im Gegenteil: Wahre Technikliebe ist zutiefst daran interessiert, dass der Mensch auch mitkommen kann. Was wären die Entwickler ohne begeisterte Anwender? Wir aber werden durch die Rasanz gezwungen, Kompetenz vorzutäuschen. Müssen mehr bewältigen, als wir können. Und für die Durchdringung einer Sache bleibt kaum noch Zeit. Wir nutzen, was wir können, auch wenn wir es in seiner Gesamtheit nicht begreifen. Wir sind gezwungen, uns Kommunikationswegen auszuliefern (E-Mail und Internet) oder Geschäftspraktiken anzuvertrauen (soziale Netzwerke), ohne sichergehen zu können, dass wir dabei tatsächlich gut aufgehoben sind, was fast schon religiöse Dimensionen annimmt.

Doch wenn wir Technik nutzen, deren Folgen wir nicht im Griff haben, spielen wir mit dem Risiko von Fukushima, auch wenn sich das Zerstörungspotenzial nicht unmittelbar zeigt. Natürlich gibt es einen Unterschied zwischen Informationstechnologien und Atomkraftwerken. Aber wenn wir mit den offensichtlichen Risiken der nuklearen Strahlung bereits so fahrlässig umgehen, wie viel mehr vernachlässigen wir dann die Risiken, die sich hinter der scheinbar harmlosen Vernetzung verbergen? Wenn wir erst einmal völlig abhängig davon sind und Cyberterroristen zuschlagen, könnte es zu spät sein, das zu begreifen.

2. Auch die Ökonomisierung aller Lebensbereiche fördert den (Selbst-)Betrug. Es gilt das Diktat von Profit oder (Verkaufs-)Quote, alles folgt den Prioritäten Wachstum und Effizienz. Man kümmert sich um Bilanzen und Zahlen; was fehlt, ist die Rückbesinnung auf Menschlichkeit. Solange es nicht offensichtlich gegen Gesetze verstößt, ist es in materiell orientierten Zeiten legitim, alles, und sei es das Schwachsinnigste, damit zu rechtfertigen, dass es Geld einbringt. Auf Teufel komm raus geht es in nahezu allen Bereichen um Gewinnmaximierung, auch wenn es der Umwelt oder den Menschen schadet. Selbst geistige oder künstlerische Leistungen sind nur noch dann etwas wert, wenn sie »etwas abwerfen«, und sei es ein nachweisbarer »Benefit«. Dabei werden wir von den Cleversten der Branche an der Nase herumgeführt, weil wir nicht mehr beurteilen können, was ein Original und was eine Fälschung ist. Weil wir nicht mehr wissen, ob ein mit Diamanten besetzter Schädel ein Kunstwerk ist oder schlicht eine freche Provokation. Eine Provokation des Künstlers mit Blick auf die Damen und Herren, die mit diamantbestückten Fingern nach ihrer Kreditkarte greifen, um für Kunst, die »in« ist, zu bezahlen, weil sie selbst »in« sein wollen und ansons-

ten hoffen, dass sich »*das Teil*« später gewinnbringend weiterverkaufen lässt. Zugegeben, ein Klischee – aber die sind manchmal wunderbar passend und helfen, eine Sache deutlich zu machen.

Auch Bildung lohnt sich nur noch dann, wenn man im Geschäftsleben damit reüssieren kann. Ansonsten wird der eigene Kopf besser abgeschaltet, weil das systemkompatibler macht und unangreifbarer. Lemminge wurden noch nie zur Rechenschaft herangezogen, anders als die Vertreter einer eigenen Meinung, die den Mut hatten, ihren Kopf aus der Masse herauszustrecken.[4]

Diese Art der Ökonomisierung bringt es mit sich, dass der Auftritt eines Topmodels oder Sportstars mehr wert ist als die Arbeit einer Lehrerin oder Krankenschwester, weil die Verwertungskette, die hinter den Prominenten steht, mehr und schnelleren Gewinn einbringt. Und ebenso gehört zur Ökonomisierung, dass man die, die nur etwas können, was viele andere auch beherrschen, zu unwürdigen Niedrigstlöhnen arbeiten lässt. Man lässt Leistungen zu Billigkonditionen erbringen, obwohl man weiß, dass keiner von einer derartigen Bezahlung leben kann. Aus anderen rauspressen, was geht, ist Stil nicht mehr nur in Unternehmen, sondern auch in Sendern und Verlagen, die gern ethische Standards einklagen und für sich selbst lukrative Verträge fordern – ansonsten aber beim Fußvolk Kosten sparen, um Rendite zu erwirtschaften oder als Sparmeister gut dazustehen.

Was immer uns verkauft werden soll, ob faule Fonds als tolle Geldanlagen oder Fraß als Nahrung, zentral ist nicht mehr die Frage nach Redlichkeit, sondern es gilt, Gewinn zu machen und rauszuholen, was der Markt hergibt. Und das, was der Markt hergibt, wird gemacht. Erst werden wir geködert, dann sind wir die Beute.

Auch unser Alltag ist inzwischen durchdrungen von einer ständigen Geschäftigkeit. Weder der Feierabend noch der Sonntag sind für die meisten heilig. Ein klingelndes oder piepsendes Handy ist ohnehin immer dabei, egal ob im Kino, Konzert oder Theater. Die Frage aber ist: Wer fühlt sich wirklich wohl dabei? Und vor allem: Ist es das wert?

3. Um über das schnöde Gewinnstreben hinwegzutäuschen, wird kräftig mit Marketing manipuliert: Produkte oder Stars werden mit Bedeutung aufgeladen, die den Verkauf anheizen soll. Man interessiert sich für ein Auto, weil der Star es fährt, und meint, über die Marke mit ihm verbunden zu sein. Oder die Werbung zeigt mir ein Lebensgefühl, nach dem ich mich sehne – fröhliche Freunde, am Tisch versammelt zum gemeinsamen Essen –, und ich kaufe danach das Fertiggericht, weil mir suggeriert werden konnte, dass ich mit dem Kauf der Ware auch dieses Lebensgefühl erwerben kann. Lebensmittel sind dann auch keine schlichten Lebensmittel mehr, sondern wollen mehr sein, zum Beispiel Gesundmacher oder für Kinder der Zugang zu Spaß und Abenteuer.

Ganz nebenbei wird in dieser alles und jeden durchdringenden Verkaufsgesellschaft ein pöbelnder Prolet zum Scharfrichter darüber bestellt, ob jemand Talent hat und groß rauskommen kann. Wieder wird das Banale zum Bedeutenden aufgeblasen. In dieser Castingwelt ersetzt das Geltungsuchende Inhalt und Substanz. Gewünschtes wird vorgegaukelt, aber nur selten tatsächlich erfüllt. Fragt jemand nach? Wohl eher selten.

Die Manipulatoren sorgen dafür, dass wir möglichst nichts von all dem bemerken und zu hörigen Sklaven werden. Sie wissen, was sie von uns wollen, vergessen aber, sich selbst zu fragen, ob sie auch einlösen können, was sie uns großmäulig versprechen.

Doch wollen wir, frei nach Bertolt Brecht, wirklich so leben: Jeden Morgen auf den (Auswahl-)Markt gehen, wo Lügen verkauft werden? Oder hat uns das nur jemand erfolgreich eingeredet?

4. Diese Verstrickung in Technisierung und Geschwindigkeit, Ökonomisierung und Effizienz und die damit verbundenen Manipulationen führen zu Überforderung und Erschöpfung. Wir werden müde und lassen uns zur Entlastung in eine infantile Versorgungshaltung zurückfallen. Es ist eine narzisstische Infantilität, die nach Erfüllung der Bedürfnisse auf kürzestem Weg verlangt, ohne Aufschub aushalten zu können, und die auch keine Rücksicht auf andere nehmen kann. Ähnlich wie bei einem Kleinkind ist Impulskontrolle nicht (mehr) möglich, auch keine Frustrationstoleranz. Alles muss sofort möglich sein. Geduld ist Zeitverschwendung. Wir lassen uns emotional mitreißen und dabei den Verstand lahmlegen, denn Verstehensaufwand verdirbt die gute Laune. Lieber bespaßt statt gefordert sein, lieber Rührseligkeit statt Aufklärung.

Wem all das entgegenkommt und wer ohnehin keine Lust hat, etwas zu ändern, der muss einfach nur seine Wahrnehmung an das System anpassen, und alles ist paletti. Für die anderen ist es an der Zeit, Korrekturen einzuleiten.

Eine Zivilisation der Flatulenz – doch wollen wir so leben?

Das Lügen und Betrügen, Täuschen und Tricksen hat in unserer Gesellschaft systemisches Ausmaß angenommen. Aufgebläht sind nicht nur die Selbstdarstellungen, sondern Blasen entstehen neuerdings überall: Finanzblasen, Medienblasen, Politikblasen, Sprechblasen, Versorgungsblasen ... Sie haben zur Überschuldung der Welt geführt und zur Überforderung des Selbst. Es drängt sich der Eindruck auf, dass wir zu weit gegangen sind. Es übertrieben haben. Wir sind zu einer Zivilisation der Flatulenz geworden. Doch das Bläh-System wird sich fortsetzen – solange es eben geht –, weil wir den Zusammenbruch fürchten und ihm vor allem (noch) nichts Neues entgegensetzen können. Es ginge um nichts

Geringeres als einen neuen Gesellschaftsvertrag. Um Verlässlichkeit statt Blähungsblasen, um Sinnzusammenhänge statt Informationsmüll.

Aber sind wir an Wahrheit tatsächlich noch interessiert, auch wenn sie unbequem ist und uns rüttelt und schüttelt? Oder nur noch an unserer eigenen Zukunft, dass wir abgesichert sind und versorgt, egal, wie die Folgen aussehen? Nach uns die Sintflut? Gab es ja schon einmal. Danach ging es auch weiter, irgendwie.

Oder dürfen wir glauben: Wo die Gefahr ist, wächst das Rettende auch – weil wir doch nicht so blöd sind, uns alles bieten zu lassen?

Auch Auswege gibt es

Analysen liegen nunmehr genug auf dem Tisch, jetzt gilt es, das Formulieren von Auswegen zu wagen. Wie kann ein Neuanfang aus einem System der organisierten Lüge und Verantwortungslosigkeit aussehen?

Die folgenden Vorschläge sind einfach und klingen simpel. Doch vergessen wir nicht, dass es auch ein einfacher Satz war – der auf dem Schabowski-Zettel –, der den Startschuss zum Wunder Mauerfall gab. Und zu schweigen, aus Angst, etwas allzu Simples zu sagen, ist wohlfeil und wäre feige. Zudem ist das kompliziert Formulierte nicht zwangsläufig hilfreicher. Dennoch ist es riskant, Lösungen anzubieten. Eine Steilvorlage für missgünstige Kritiker, deren Prinzip es ist, ein Werk zu nehmen und die Nase zu rümpfen. Dabei schütten sie allzu oft das Kind mit dem Bade aus, halten sich an das Unvollkommene und disqualifizieren damit zugleich das Gute. Daher an dieser Stelle die Einladung: Wer es besser weiß, ist willkommen, seine Konzepte zu präsentieren (Kontaktformular über www.angela-elis.de). Bis dahin gilt: In einer verfahrenen oder verwirrenden Situation ist die Rückbesinnung auf simple Verhaltensweisen nicht das Schlechteste und manchmal sogar das Einzige, was einen Neuanfang ermöglicht. Krisenberater und Therapeuten wissen das. Für einen gesamtgesellschaftlichen Veränderungsprozess wird es möglicherweise nicht reichen, aber es kann ein anregender Anfang sein. Deshalb soll im Folgenden wenigstens schemenhaft antizipiert werden, was sich ändern müsste. Jeder kann seine eigenen Wegweiser aus dem Dilemma ergänzen. Oft entsteht Neues ja nur deshalb nicht, weil es nicht vorgestellt werden kann. Deshalb soll der Versuch unternommen werden, es vorstellbar und handhabbar zu machen.

1. Es müssten Grundsatzentscheidungen getroffen werden: Was soll mehr zählen – die Ökonomie oder menschliche Werte? Egozentriertes Wachstum um jeden Preis oder sozialethisches Gestalten? Der grandiose Wohlstand einer Minderheit, zu der wir bewundernd aufschauen können am Rand des roten Teppichs, oder ein besseres Leben für die breite Masse? Soll die Wirtschaft dem Menschen dienen oder der Mensch der Wirtschaft? Diese Fragen können wie eine Schablone auf konkrete Situationen angewandt werden, und garantiert ergeben die Antworten – je nach Ausrichtung – unterschiedliche Vorgehensweisen bei der Lösung von Problemen. Es ist höchst erhellend, sich verschiedene Varianten der Prioritätensetzung auszumalen und über deren jeweilige Konsequenzen nachzudenken. Dann liegt tatsächlich eine Entscheidungsgrundlage auf dem Tisch, und wir können geklärt und sicher den Weg gehen, den wir gehen wollen.

Und für jeden persönlich empfehlen sich die Fragen: Soll zählen, was mir fehlt – oder wie wäre es zur Abwechslung einmal mit der Auflistung dessen, was ich schon habe? Soll es darum gehen, was ich alles sein könnte – oder wer ich bin?

2. Wir könnten wieder nach den Wurzeln fragen: Was war einst Sinn und Zweck von Medien und Politik, Gesundheits-

wesen und Internet? Weshalb konnten sie sich etablieren? Inwiefern haben sie uns vorangebracht? Daraus lässt sich ableiten, welche Funktion Medien, Politik, Ernährung oder Finanzen in unserem Leben haben sollen. Welche Rolle und welchen Einfluss gestehen wir ihnen – ab heute – zu? Es wäre ein Prozess, bei dem die guten von den schlechten Erbsen getrennt werden könnten oder das gute Gewebe vom Krebsgeschwür. Nur so wird es gelingen – wenn Altes weichen soll –, eine neue Wertebasis zu erarbeiten, die neuen Sinn stiften und beim Beschreiten neuer Wege helfen kann.

3. Für die Medien könnte künftig ein Verdummungsverbot gelten, vor allem für die privaten. Für die Ausführungsbestimmungen hieße das, die Konsumenten nicht mit reißerisch aufgemachten Pseudowirklichkeiten in die Irre zu leiten. Zudem sollte die Rundfunkgebühr (ab 2013 Haushaltsabgabe) auch für die nehmenden Hände ihren Preis haben, und dazu müsste gehören, nicht mehr einzelne Stars oder Führungskräfte mit Luxusvergütungen überzubezahlen, sondern in der breiten Programmfläche Qualität und vertretbare Arbeitsbedingungen zu realisieren. Und wenn – wie es immer so schön heißt – die Zukunft des öffentlich-rechtlichen Rundfunks sichergestellt werden soll, dann doch bitte nicht als Besitzstandswahrung, sondern tatsächlich im Sinne des Programmauftrags. Was hieße: lieber weniger Programme und Kanäle, dafür aber bessere Sendungen. Statt unverbindlicher Talks sinnstiftende Gespräche. Statt überbordender Krimi-Flut lebensnahe Filmgeschichten. Statt Seifenopern oder Schlagerparaden-Volksmusik bis zur Hirnverödung intelligentes Bildungsgut. Statt Unterforderung der Zuschauer, die auch immer zu einer Unterforderung der Journalisten führt, Mut zu »Hirnlust und Kapiertrieb«.[5]

Und weil man mit Veränderungen am besten bei sich selbst anfängt, gilt für die Zuschauer: Nicht nur berieseln lassen, sondern Ansprüche formulieren. Falls das Niveau dann doch wieder zu wünschen übrig lässt: Nicht vorm Bildschirm hängen bleiben. Dann lieber: TV aus! PC aus! Und ab in die Natur oder zu Freunden. Durchatmen und vielleicht mal wieder tagträumen. Es wird uns zufriedener machen als blöde Zeit vorm Bildschirm.

4. Politiker sollten nicht darauf setzen, dass das Wohl der einflussreichen Lobbys schon das Wohl der Bürger nach sich ziehen wird. Statt auf das Gespenst der unsichtbaren Hand zu vertrauen, lieber das Heft des Handelns in die Hand nehmen. Entschlossen Rahmen und Regeln setzen, statt auf Selbstregulierung und Freiwilligkeit zu hoffen, die die gesellschaftlichen Interessen schon irgendwie zum Ausgleich bringen werden. Das verlangt Stehvermögen statt Karrieregeschlängel. Deshalb brauchen wir keine ochsentourangepassten Puzzle-Figuren oder Erlösung verheißende Heilsbringer, wir brauchen bürgernahe und gebildete Experten, die Ahnung haben und sich nicht nur von Lobbyisten die Ohren vollquatschen lassen.

Zudem sind erneut unsere Qualitäten als Bürger gefragt: Statt »jubeln und glorifizieren« oder »meckern und demontieren« muss es darum gehen, sich zu engagieren.

5. Die Ernährungsbranche muss abspecken. Wir brauchen keine mit Werbebotschaften aufgeblähten Lebensmittel in Hülle und Fülle, die letztlich im Müll landen, oder überteuerte Mogelpackungen, die sich beim zweiten Blick als billige Ramschware herausstellen. Es reicht, uns anständig zu versorgen. Es geht um Nahrungsmittel, deren Produktion weder der Natur noch den Tieren schadet noch uns. Es geht um Information statt Desinformation und Etikettenschwindel. Und für die Bürger gilt das Prinzip Eigenverantwortung – sich nicht vom Preis oder der Reklame korrumpieren lassen, sondern: erst informieren, dann konsumieren.

6. Wir sollten unser gut gedachtes Gesundheitssystem nicht kaputt machen lassen durch überflüssige Therapien oder Behandlungen, die der Geldschneiderei dienen. Den Patienten zu helfen und möglichst zu heilen ist die ureigene Aufgabe der Medizin. Dabei kann es nicht um Wunscherfüllungsmedizin gehen – noch schöner, noch schlauer, noch älter. Zudem muss sich das System der falschen Anreize für die Leistungserbringer ändern und der Verwaltungsaufwand reduziert werden. Patienteninteressen müssen vor Lobbyinteressen rangieren. Der Appell an die Eigenverantwortung der Versicherten ist nützlich und gut, wenn es um die Stärkung von Eigenverantwortung geht. Verlogene Appelle, die lediglich das Ziel haben, Kosten abzuwälzen, demoralisieren den Willen zur Selbstverantwortlichkeit der Bürger.

7. Auch die Finanzwirtschaft hat eine Entschlackungskur nötig. Es würde genügen, für einen funktionierenden Wirtschaftskreislauf zu sorgen. Brot- und Buttergeschäfte also, die der Allgemeinheit nützen, statt wüster Spekulationen, die andere in den Ruin treiben. Das Verhältnis von Mensch, Wirtschaft und Geld muss neu aufgestellt werden. Aus einem Schuld- und Ruinverhältnis, das verbrannte Erde hinterlässt, müsste wieder ein Vertrauensverhältnis entstehen. Geldgeschäfte würden dann nicht mehr gemacht, um den anderen abzuzocken, sondern weil man sich aufeinander verlassen kann.

Die Finanzwirtschaft müsste zudem viel besser mit der Politik kooperieren, wo es darum geht, Regeln zu schaffen, die ihrer Flatulenz entgegenwirken. Zumindest aber bräuchten wir eine Bankenaufsicht, die willens und in der Lage ist zu verhindern, dass Banker episodisch und weltweit für Gammelprodukte, Verwüstung und Elend sorgen.

8. Auch in der virtuellen Welt ist Transparenz überfällig. Jeder sollte wissen und einschätzen können, worauf er sich einlässt und mit welcher Münze er für die Dienste bezahlt. Lohnend

ist auch, einen Gedanken darauf zu verschwenden, inwiefern uns die virtuelle Welt auf ein Leben reduziert, das uns vom Zauber des Realen entfernt, vom persönlichen »Du und ich« und vom physischen Dasein im Hier und Heute. Auch eine Berührung »in echt« kann für Gänsehaut sorgen – für was genau sind also Datenanzüge mit stimulierenden Sensoren nützlich?

Demaskieren wir so die Blender, die behaupten, unser Bestes zu wollen, und dabei nur ihre eigenen Interessen oder unser Geld meinen. Es kann nicht darum gehen, Sachen zu verteufeln oder Lebensstile vorzuschreiben. Es muss darum gehen zu hinterfragen und Zusammenhänge aufzuzeigen – nur so können wir verlorenes Terrain zurückerobern. Nicht zuletzt sollte auch unsere Bereitschaft zur Koabhängigkeit einkalkuliert werden; auch sie hat ihren Anteil am Lügengeschäft. Unsere Bereitschaft, uns etwas vorgaukeln zu lassen.

Haben wir stattdessen den Mut, uns des eigenen Verstandes zu bedienen: informiert, kritisch, gebildet. Klären wir unsere Wertvorstellungen wie Redlichkeit und Fairness, Vertrauen und Verlässlichkeit. Lernen wir Neinsagen. Dazu gehört auch der Mut, die allmächtigen und allwissenden Mobilgeräte, die derzeit zu Ersatzorganen mutieren, bei Nichtgebrauch abzuschalten. Entziehen wir uns dem ständigen Reagierenmüssen, zumindest für ein paar geschützte Momente am Tag.

Was wichtig ist, wird uns erreichen. Was getan werden muss, sollten wir einfach tun, anstatt nach tausend alternativen Optionen Ausschau zu halten. Und selbst wenn wir uns mehr und mehr mit Rechenmaschinen vernetzen (lassen): Unser Menschsein zeichnet sich vor allem dadurch aus, dass wir Geist und Seele haben und soziale Wesen sind. Wir können nicht allein mit einem Gerät glücklich werden. Zum Glück gehören immer auch die anderen und die Umwelt.[6] Und für unser Innenleben reicht es nicht, nur Batterien wiederaufzuladen oder die Software zu wechseln.

Eine soziale Ökonomie funktioniert nur, wenn Gewinnstreben und Geldverdienen kein Freibrief dafür sind, ethische Verhaltensstandards systematisch zu unterlaufen. Und der viel beschworene Fortschritt erscheint manchmal wie eine Büchse der Pandora: Am Anfang stehen Neugier und Entdeckerlust, doch mit dem Benutzen kommen Unglück und Leid. Tüftler und Entwickler wollen das menschliche Leben verbessern – das ist die attraktive Seite. Aber dann rattern die Maschinen den Menschen davon, dann wird – um es am Extrem deutlich zu machen – Technik zum Kriegsgerät, dient die digitale Kommunikation der Beherrschung und Manipulation. Das ist die andere Seite. Will man das Pandorahafte des Fortschritts ausschließen, kann das nur gelingen, wenn man den Fortschritt – den unendlichen Erfinderreichtum – immer wieder dem menschlichen Maß unterordnet. Was zum Beispiel bedeuten könnte, im Trubel der Geschäftigkeit, im Wahnsinn der Konsummöglichkeiten, eine Kultur der Besinnung zu fördern und zu stärken.

Zumindest wir freiheitsverwöhnten westlichen Wohlstandsbürger haben die Chance, zwischen zwei Arten von Wachstum zu wählen: Wachstum ausgerichtet nach Werten, die für Maßhaltung sorgen – oder Wachstum anhand von ausgeklügelten Verkaufsstrategien und Gewinnberechnungen, die ins Unersättliche führen. Erwerb und Konsum dienen dann nicht mehr der Erfüllung und Befriedigung, sondern produzieren ewig unzufriedene Menschen, die immer noch mehr haben wollen. Menschen, die konsumieren, um Anstrengung und Stress zu entgehen, und dabei doch nur wieder in einen neuen Kreislauf aus Stress und Anstrengung hineingezogen werden. Menschen, die nur noch Zerrbilder ihrer selbst sind. Deren innere Verfasstheit sich in frustrierten und fratzenhaften Gesichtern spiegelt.

Machtgetriebene Herrscher oder Diktatoren haben sich zu allen Zeiten Untertanen geschaffen, die in der Lage sind, gefühllos und fern vom eigenständigen Denken zu agieren.

Ein Heer von Ausführenden, die gelenkt und gesteuert werden können – so wie die Roboter oder mobilen Rechenmaschinen in der Jetztzeit. Uns solchen Gestalten auszuliefern könnte bedrohlich werden.

So, wie es die Soziologen in Bezug auf die Lügner ermittelt haben, kann man es auch für Gut und Böse sehen: Zehn Prozent der Menschen sind wahrhaft gut, zehn Prozent sind unfassbar böse, aber die breite Masse schwankt dazwischen hin und her. Wie sie zum Guten hin bewegen? Vermutlich helfen Einsichten in diese Zusammenhänge – wozu dieses Buch einen Beitrag leisten will – und die Fähigkeit zu Freundschaft und Liebe sowie das Interesse am Wohl des Ganzen. Doch ob der Mensch letztlich aus sich heraus dazu in der Lage ist? Oder braucht es den Bezug zu einer äußeren Instanz? Zu einer Instanz, wie Gott es ist, oder zu einem anderen Prinzip des Geistes, einer humanistischen Weltanschauung, mit deren Hilfe sich der Mensch über seine egoistischen Triebe hinausschwingen kann?

Mir persönlich hat die Botschaft des Christentums, dem wir in Europa besonders verbunden sind, immer wieder wertvolle Impulse gegeben: Dieser Christus, der dem Schwachen Beachtung schenken konnte und daraus Stärke zog. Der die Niederlage aushielt und nachfolgend in eine Auferstehung und Erlösung verwandelte. Am Ende könnten Glaube, Hoffnung und Liebe – diese drei – in der Tat reichen, um die Welt in einen besseren Ort zu verwandeln. Aber natürlich gibt es auch andere Weisheitslehren oder religiöse Weltanschauungen, die wesentliche und sinnstiftende Botschaften bieten. Allerdings versiegen in einer auf Äußerlichkeiten getrimmten Casting- und Selektionsgesellschaft starke innere Quellen, und die Fragen nach dem tieferen Sinn des Seins werden zunehmend irrelevant.

Wenn man an einem solchen Punkt angekommen ist, fallen einem manchmal – wie zufällig – passende Texte in die

Hände, und ein solcher ist das Neujahrsgebet des Pfarrers von St. Lamberti in Münster aus dem Jahre 1883:

Herr, setze dem Überfluss Grenzen –
und lasse die Grenzen überflüssig werden.
Lasse die Leute kein falsches Geld machen,
aber auch das Geld keine falschen Leute.
Nimm den Ehefrauen das letzte Wort –
und erinnere die Ehemänner an ihr erstes.
Schenke unseren Freunden mehr Wahrheit –
und der Wahrheit mehr Freunde.
Bessere solche Beamten, Geschäfts- und Arbeitsleute,
die wohl tätig, aber nicht wohltätig sind.
Gib den Regierenden ein besseres Deutsch –
und den Deutschen eine bessere Regierung.
Herr, sorge dafür, dass wir alle in den Himmel kommen,
aber nicht sofort.

Eins ist jedenfalls sicher: Der Moment der Veränderung könnte ein magischer sein …

Und danach kann der Prozess beginnen, der diesen Moment in sich bewahrt und weiterträgt in die Breite des Lebens. Aus der Ohnmacht heraus könnten wir zum Handeln befähigt werden. Wir könnten als Menschen wachsen. Statt nur viel zu haben, könnten wir so sein, wie es uns guttut. Wir könnten ein neues Bewusstsein für unser Leben und Verbrauchen erwerben. Es gibt dafür großartige Vorschläge und Projekte. Leider führen sie noch ein Nischendasein. Wir Bürger könnten diese Schätze heben und zu Stützen einer veränderten Gesellschaft werden.

In der Psychotherapie braucht es vier Schritte, wenn Veränderung möglich werden soll: Zum Ersten muss wahrgenommen werden, was ist. Dann geht es darum, die (zumeist bitteren) Wahrheiten fühlen zu lernen, auch wenn dies mit Traurigkeit und Leid verbunden ist. Ein Prozess, vor dem wir zurückschrecken und den wir lieber verdrängen. Der dritte Schritt ist das Einordnen, wohin gehört was. Wovon kann ich mich distanzieren? Was in mein Leben sinnvoll integrieren? Am Ende eröffnet sich erst dadurch ein neuer Weg mit neuen Handlungsoptionen und Verhaltensweisen.

Was jetzt ansteht, ist mehr als eine Einzeltherapie, vonnöten wäre ein gesamtgesellschaftlicher Therapieprozess. Interessanterweise hat auch der Schriftsteller und Künstler Peter Weiss in seiner *Ästhetik des Widerstands* herausgearbeitet: dass Widerstand mit Wahrnehmung beginnt. Der erste Schritt wäre also getan. Realitätsverweigerung als Konfliktvermeidung taugt nicht mehr.

Eine Gesellschaft ohne Utopie wird fade (Christa Wolf) – vom Glück, ein Bürger zu sein

Die große deutsche Schriftstellerin Christa Wolf suchte in ihren Werken »zeitlebens den Anschluss an das, was sie für wahr hielt«, zu finden, auch wenn es wehtat. In dem wunderbaren Buch *Kein Ort nirgends* schrieb sie von der »obdachlosen Individualität« und der schmerzlichen Sehnsucht, ein geistiges Gegenüber finden zu wollen.[7]

Am Ende ihres Lebens mahnte sie noch einmal: »Je bequemer wir leben, auch durch die massenhafte Herstellung zum Teil überflüssiger Industriewaren, desto näher kommen wir der Zerstörung unserer Welt.« Und dann sagte sie, dass dies vielleicht der Grund sei, warum sie noch öffentlich spreche: »Wir müssen das Dilemma unserer Gesellschaft endlich diskutieren ... Wir müssen schon mutig sein!« Und ansonsten: »Heiter, freundlich, souverän das Leben genießen, von sich selbst und von den Mitstreitern eine moralische Anstrengung verlangen, ohne sich zu verkrampfen, erkennen, wie viel von dieser Anstrengung scheinbar erfolglos bleibt, und doch nicht bitter werden, sondern der Aufklärung verpflichtet bleiben.«[8]

Vielleicht ist es kein Zufall, dass wir inzwischen einen vielfach beliebten Bundespräsidenten haben, der ebenfalls in der DDR sozialisiert wurde. Der Theologie studiert und als Pfarrer gearbeitet hat und sich als Protestant der lutherischen Tradition verbunden fühlt, dem »Hier stehe ich, ich kann nicht anders«. Joachim Gauck erscheint wie ein Glücksfall, weil er sich so unbefangen wie authentisch als leidenschaftlicher Verfechter von Freiheit und Demokratie präsentieren kann, obwohl ihm das Schicksal nicht nur die Sonnenseite gönnte. Seine Leidenschaft wurzelt vielmehr in schmerzlichen Erfahrungen, die er – wie viele andere auch – zu DDR-Zeiten machen musste. Er hätte genug Gründe gehabt, zu verbittern. Doch gerade weil er unter Unfreiheit und bösartiger Willkür gelitten hat, weiß er Freiheit und Demokratie als Chance und Aufgabe zu schätzen, vor allem in einer Zeit, in der Freiheit vordergründig als selbstverständlich erscheint und es doch nicht ist. Wer erfahren hat, wie es sich anfühlt und welche Konsequenzen es haben kann, in einem System gefangen zu sein, in dem man sich nicht kritisch äußern darf und in dem jeder Andersdenkende verfolgt, aussortiert oder weggesperrt wird, der kann von ganzem Herzen zum Bürgersein ermuntern, zum Verantwortlichseinwollen. Und dies vor allem in einer Zeit, in der man den Eindruck gewinnen muss, dass Konformität und Opportunismus schon wieder zur Voraussetzung für eine Karriere geworden sind. Einer Zeit, in der man zwar vorgeblich einen kritischen Verstand entwickeln soll, aber tatsächlich nicht wohlgelitten ist, sollte man seine Meinung auch sagen (wollen). In der es komfortabler ist, sich im Sinne der vorgegebenen Haltung anzupassen, zu täuschen, zu lügen und zu betrügen, wenn man an Bord der Versorgungsschiffe bleiben möchte.

Bürger sein heißt für Joachim Gauck, Gestalter und Mitgestalter sein. Erst recht in einer Gesellschaft, in der Vertrauen verloren gegangen ist, das nur durch neue Offenheit und Klarheit zurückgewonnen werden kann.[9]

Wie also wäre die Welt, wenn sie gut wäre? Warum nicht

an dieser Stelle eine Pause machen und darüber nachdenken und erst dann den Schluss lesen?

Noch sind wir nicht an einem »point of no return« angekommen, am Ende einer Sackgasse ohne Umkehrmöglichkeit. An der Stelle, wo eine Wende zum Besseren nicht mehr möglich ist. Noch können wir den Schein vom Sein unterscheiden. Noch sind die Kriterien im Raum, Angebote beurteilen zu können – egal ob aus Medien, Politik, Wirtschaft oder Lebensmittelbranche. Noch ist es Zeit für Lösungen. Wir könnten »Die Ersten von morgen« sein, statt die Letzten von vorgestern.[10]

Aber wenn wir uns nicht selbst ermächtigen, wenn wir uns nicht selbstbestimmt von den Tausenden falschen Verführungen der Scheinwelten abgrenzen, haben wir die Endstation bald erreicht. Dann sind wir eine Betrüger Republik Deutschland und gärtnern in einem verlogenen Land ...

... und jetzt der Abspann: Wie viel faszinierender könnte es dagegen sein, auf Entdeckungsreise zu gehen, so wie einst Kolumbus – etwas zu wagen gegen das etablierte System und die gängigen Meinungen. Den eigenen Kurs bestimmen und aufbrechen – trotz aller Strapazen und Hindernisse, die kommen werden. Einen neuen (See-)Weg ausprobieren und einen exotischen Kontinent entdecken. Wie soll der Hafen aussehen, den wir ansteuern? Und wie das Land dahinter? Ein Land, das ein Leben ermöglicht, das unserem Dasein als Menschen mit seinen überreichen menschlichen Möglichkeiten würdevoll entspricht.

Danksagung

Zwei großartige Menschen haben alle meine bisherigen Bücher als Erstleser und Impulsgeber begleitet: Michael und Winfried – ihnen gilt mein besonderer Dank. Es ist ein Glück, euch zu kennen. Danken möchte ich auch Margit Schönberger und Karl Heinz Bittel für ihre Ermunterung und Begleitung über mehr als zwei Jahre. Für die fachliche Beratung danke ich den Mitarbeitern von foodwatch, dem BMELV, Prof. Ulrich Blum, Prof. Hans Stoffels und Dr. Petra Garlipp. Für anregende Gespräche möchte ich mich bedanken bei Angela Hörig, Doro Weber, Tamara Dietl, Michael Esser und Thomas Schmid. Herzlich danke ich auch meiner Lektorin Dr. Ulrike Strerath-Bolz, die ein Beweis dafür ist, dass substanzielle Arbeit auch Freude machen kann. Und ich danke natürlich dem Piper Verlag, der das Buchprojekt unterstützt hat, besonders Anne Wiedemeyer und Kristin Rotter. Weil niemals alle genannt werden können, die an so einem Prozess beteiligt sind, möchte ich zumindest noch meiner Familie danken, die mir immer wieder den Freiraum zum Schreiben ermöglicht hat. Das ist ein großes Geschenk und macht mich glücklich.

Nachdem ich zuerst zwei Bücher zum Thema Ost-West und danach die Lebensgeschichte der Autopionierin Bertha Benz geschrieben habe, hätte es nahegelegen, bei Lebensgeschichten zu bleiben. Aber dann hat mich das Thema Lüge und Wahrheit, Fassadenpersönlichkeiten und Illusionstheater, Sein und Schein nicht mehr losgelassen. Und da Bücherschreiben eine äußerst zeitintensive Angelegenheit ist, manchmal wie ein Marathon mit Höhepunkten und Durststrecken, kann ich nur zu Themen arbeiten, die mich fesseln – nicht zuletzt an den Schreibtisch. Möge dieses Buch für viele Leser eine Anregung sein und dazu beitragen, magische Momente zu entdecken.

Anmerkungen

Am Anfang: Das Vorwort – was sonst

1 *Brand eins*, 04/12, S. 8 und 153
2 *Zeit online*, www.zeit.de/gesellschaft/2012-05/drogen-bericht/komplettansicht
3 *Der Spiegel*, 28/2011, S. 149

Einmal in die Zukunft und zurück: Fassadenpersönlichkeiten erobern mit hohlen Angeboten den Markt

1 (5)
2 *Bild*, 18.7.2011, Titelseite; *Süddeutsche Zeitung*, 9.9.2011, S. 30
3 *Bild*, 17.2.2012
4 *Berliner Zeitung*, 4.5.2012, S. 26
5 Stiftung für Zukunftsfragen: *Forschung aktuell*, Newsletter Ausgabe 235, 32. Jahrgang, 28. Dezember 2011
6 *Der Spiegel*, 12/2012, S. 47
7 *FAS*, 19.2. 2012, S. 21
8 *Süddeutsche.de*, 12.1.2012, Ingo Schulze

Täuschungsexperten und Meister der Verstellung: Lügen ist menschlich und manchmal tierisch gut

1 Vgl. *GEOkompakt*, Nr. 25, »Gut und Böse«, S. 139
2 Patrick van Veen: *Hilfe, mein Chef ist ein Affe*, Albrecht Knaus Verlag, München 2011
3 *GEOkompakt*, Nr. 25, »Gut und Böse«, S. 141

4 Der Evolutionsbiologe Robert Trivers schreibt im jüngsten Buch *Deceit and Self-Deception* zum ersten Mal über den evolutionären Nutzen der Lüge: »Wir sind Lügner durch und durch«; vgl. *Die Zeit*, 8.12.2011

5 (4)

6 *Der Spiegel*, 51/2011, S. 120

7 http://www.lizzynet.de/wws/2895652.php und http://www.3sat.de/page/?source=/nano/bstuecke/09381/index.html

8 *Kurier.at*, 8.11.2010, Interview mit Peter Stieglitz

9 (2), S. 15

10 *Süddeutsche Zeitung*, 26./27.2. 2011, und *Wirtschaftsblatt.at*, 8.10.2010

11 *GEOkompakt*, Nr. 25, »Gut und Böse«, S. 141

12 *Journal of Sex Research*, www.blick.ch/love/liebe/auch-maenner-taeuschen-ihn-vor [am 16.11.2010]

13 Paul Ekman: *What the Face Reveals: Basic and Applied Studies of Spontaneous Expression Using the Facial Action Coding System (FACS) (Series in Affective Science)*, Oxford University Press; (dt.) *Gefühle lesen – Wie Sie Emotionen erkennen und richtig interpretieren*, Spektrum Akademischer Verlag, München 2004; *Ich weiß, dass du lügst: Was Gesichter verraten*, rororo Verlag, Hamburg 2011

Was gut klingt, glaube ich: Mediale Schlachtfeste oder schnöde Wirklichkeit?

1 3sat: »scobel«, Oktober 2010, T. Skalski

2 *Die Welt*, 21.12. 2011, S. 28

3 *Der Spiegel*, 25/2012, S. 77

4 Infografik »How Social Media is Running our minds«, von AssistedLivingToday aus unterschiedlichen Quellen zum Einfluss von Social Media auf das Gehirn zusammengefasst, http://www.thomashutter.com/index.php/2012/04/social-media-die-nutzung-von-social-media-beeinflusst-unser-gehirn

5 *Medium Magazin*, März 2012, S. 22 f., Ernst Elitz

6 *FAZ*, 26.11.2010, S. 39

7 Studie der Gesellschaft zur Förderung des internationalen Jugend- und Bildungsfernsehens in Kooperation mit der nordrhein-westfälischen Landesmedienanstalt, 15.12.2011.

8 *FAS*, 28.11.2010

9 *Die Zeit*, 12.5.2011, S. 51

10 (18), S. 39 und 41

11 *Spiegel Online*, 15.12.2011: www.spiegel.de/kultur/tv/fake-dokus-im-fern-sehen-wenn-der-zottel-lehrer-mit-der messie-mutter-a-803846.html, Stefan Niggemeier

12 Ebd.

13 *Spiegel Online*, 12.3.2012: www.spiegel.de/panorama/justiz/tv-show-mit-todeskandidaten-in-china-letzte-worte-a-820745.html

14 *Spiegel Online*, 22.3.2007: www.spiegel.de/kultur/literatur/0,1518,472979,00.html

15 *Tagesspiegel*, 24.7.2011

16 *Medienforum*, 14.11.2011

17 Theodor W. Adorno: *Philosophie der neuen Musik*, geschrieben im Exil 1940 bis 1948, 1949 erschienen im Suhrkamp Verlag, Frankfurt am Main 2003

18 *Medium Magazin*, Januar/Februar 2012

19 *Spiegel Online*, 22.3.2007: www.spiegel.de/kultur/literatur/0,1518,472979,00.html

20 *persoenlich.com* 21.10.2010: www.persoenlich.com/news/show_news.cfm?newsid=91229

21 *persoenlich.com* 17.8.2010 und http://de.wikipedia.org/wiki/Tom_Kummer

22 Regisseur Miklos Gimes über Tom Kummer, über den er den Film »Bad Boy Kummer« drehte, in *persoenlich.com*, 21.10.2010

23 *Welt am Sonntag*, 17. Juni 2012, S. 23, Medienexperte Professor Josef Hackforth

24 *Zeit Magazin*, 29.9.2011, Harald Martenstein

25 *Medium Magazin*, Januar/Februar 2012, S. 33, Norbert Bolz

Lügen für die Wahrheit sind wie Bomben für den Frieden: Posen-Politiker in verteilten Rollen

1 *Spiegel Online*, 25.3.2011: www.spiegel.de/politik/deutschland/bruederles-atom-patzer-opposition-laestert-ueber-ruecktritt-beim-bdi-a-753184.html

2 Die Schlagzeile der *taz* vom 25. März 2011 wurde vom Verein Deutsche Sprache als Schlagzeile des vergangenen Jahres gekürt (aus *Sprachnach-richten* Nr. 52, Dezember 2011)

3 *Spiegel Online*, 25.3.2011: www.spiegel.de/politik/deutschland/bruederles-atom-patzer-opposition-laestert-ueber-ruecktritt-beim-bdi-a-753184.html

4 *Süddeutsche Zeitung*, 7.–9.4.2012, S. 11

5 Nach Oliver Hassencamp, z.B. über http://www.unmoralische.de/zitate2/Oliver_Hassencamp.htm

6 Monika Hohlmeier in »Markus Lanz«, 27.3.2012

7 *FAS*, 9.4.2011

8 Interview »Tagesthemen«, Tom Buhrow am 4.1.2012 nach Interview Wulff in ARD und ZDF; Thomas Knipp, Brunswick Group und ehemals *Handelsblatt*

9 *Der Spiegel*, 14/2012, S. 140

10 (5), S. 90 und 133

11 *FAZ*, 2.4.2012

12 *Der Spiegel*, 15/2012, S. 112

13 *Stern*, 5/2012, S. 70

14 Vgl. Stephan Porombka: *Felix Krulls Erben, Die Geschichte der Hochstapelei im 20. Jahrhundert,* blumenkamp verlag, Göttingen 2008, S. 44; Dr. Erich Wulffen, Staatsanwalt in Dresden seit April 1899

15 *Stern*, 5/2012, S. 33 ff.

16 *Süddeutsche.de*, 7.1.2012, Hans Leyendecker

17 *Junge Welt*, 12.1.2012, S. 23

18 *Zeit Magazin*, Nr. 13/2011, S. 40, Roger Willemsen

19 (5)

20 *FAZ*, 1.3.2011, S. 2

21 *Die Zeit*, 3.3.2011, S. 33f.

22 *Spiegel Online*, 27.2. 2011

23 *Süddeutsche Zeitung*, 9./10.4.2011, S. 3

24 Ebd.

25 Ebd.

26 *FAZ*, 2.3.2011, S. 3

27 »Hart aber fair«, 12.12.2011

28 *Der Spiegel*, 42/2010, S. 35

29 *FAZ*, 2.3.2011, S. 3; (15), S. 203

30 (15), S. 366; *Zeit Online*: Das Guttenbergkomplott, 24.2.2011; *Welt Online*, 13.2.2011, Torsten Kraul

31 *Welt Online*, 13.2.2011, Torsten Kraul

32 *Medium Magazin*, Januar/Februar 2012, S. 26; Eckart Lohse und Markus Wehner: *Guttenberg. Die Biographie,* Droemer-Knaur, München 2011

33 *Die Zeit*, 20.4.2011, S. 50

34 *Bunte*, 11/2011, S. 40

35 *Spiegel Online*, 5. Februar 2012: Gekaperte Homepage, Hacker küren Guttenberg zum Kuchenminister

36 *Spiegel Online*, 27. März 2012: Phänomen Piraten, Angst vor dem Volk im Netz, Sascha Lobo

37 Zitat Max Winde aus: *Spiegel Online*, 27.3.2012: Phänomen Piraten, Angst vor dem Volk im Netz, Sascha Lobo

Mit Lügen Fraß verkaufen: Über Essen, das angeblich schön, schlau und schlank macht

1 Bundesministerium für Ernährung, Landwirtschaft und Verbraucherschutz (BMELV), 13.3.2012
2 Valentin Thurn, Autor, Regisseur und Produzent von »Taste the Waste«
3 *Süddeutsche Zeitung*, 25.7.2012, S. 11
4 Ebd.
5 (9), S. 110 ff.
6 (9), S. 11, 12 und 86; BMELV
7 (9) und (10); weitere Infos über www.foodwatch.de
8 *FAS*, 19.2.2012, S. 40
9 www.abgespeist.de/der_goldene_windbeutel_2012/index_ger.html
10 (9) und (10); weiterführende Infos über www.foodwatch.de
11 Verbraucherzentrale, *Lebensmittelklarheit.de*, Stand 10.2.2012
12 (11), S. 289
13 (9) und (10)
14 (11)
15 (11), *Vom Verzehr wird abgeraten*, S. 15 und 224 f.
16 (11), *Vom Verzehr wird abgeraten*, S. 67 und 102
17 Bundesministerium für Ernährung, Landwirtschaft und Verbraucherschutz (BMELV), Pressemitteilung Nr. 146 vom 24.5.12; aid infodienst, Ernährung, Landwirtschaft, Verbraucherschutz e. V., Berlin, Stand: 31.05.2012; www.aid.de
18 (9) und (10)
19 *Der Spiegel* 4/2012, S. 132
20 *Spiegel Online*, 8.3.2012: www.spiegel.de/wirtschaft/service/lebensmittel-foodwatch-kritisiert-etikettenschwindel-bei-light-produkten-a-820132.html
21 *foodwatch.de*: 16 Prozent; *Lebensmittelklarheit.de*: 12 Prozent; *lebensmittelwarnung.de*:7 Prozent; *abgespeist.de*: 6 Prozent
22 Musiol/Munzinger/Sasserath gemeinsam mit der *Lebensmittel Zeitung*: http://www.lebensmittelzeitung.net/studien/pdfs/367_.pdf

Patient oder Profit: Über Ärzte, die als Kaufleute mit Gewinnmaximierung behandeln

1 (20), S. 203

2 Vgl. *Zeit Magazin*, 16.5.2012, S. 13 ff.

3 (20), S. 10 und 143

4 Sechster MLP-Gesundheitsreport des Allensbacher Instituts für Demoskopie und der Bundesärztekammer für den Finanzberater MLP

5 *Der Spiegel*, 15.8.2011: Arzt Ulrich Thiem, Marienhospital in Herne – Studie an mehr als 2100 Menschen im Alter über 70 Jahren; vgl. auch (20), S. 26

6 *Der Spiegel*, 26/2012, S. 74

7 www.mezis.de

8 *Der Spiegel*, 7.11.2011: Gigantischer Spielraum, Markus Grill

9 Vgl. u.a. *Spiegel Online*, 29.3.2012

10 Vgl. Michael de Ridder: *Wie wollen wir sterben?*, DVA, München 2010; Gian Domenico Borasis: *Über das Sterben*, Beck, München 2012

11 *Zeit Magazin*, 16.5.2012, S. 13 ff.

12 (20)

13 *Der Spiegel*, 15.8.2011: Vorsicht, Medizin!, Jörg Blech

14 Ebd.

15 *Zeit Magazin*, 16.5.2012, S. 24

16 *Der Spiegel*, 15.8.2011: Vorsicht, Medizin!, Jörg Blech

17 http://www.focus.de/gesundheit/arzt-klinik/klinik/medizin-die-klinik-verkommt-zum-marktplatz_aid_499570.html: Interview mit Reiner Gradinger, Unfallchirurg und Ärztlicher Direktor am Klinikum rechts der Isar der TU München

18 Wissenschaftliches Institut der AOK. Ähnlich die Umfrage der Gmünder Ersatzkasse GEK unter 200 Versicherten

19 Jörg Blech: *Die Krankheitserfinder. Wie wir zu Patienten gemacht werden*, Fischer, Frankfurt am Main 2003; *Heillose Medizin. Fragwürdige Therapien und wie Sie sich davor schützen können*, Fischer, Frankfurt am Main 2005

20 www.stern.de/wirtschaft/familie/igel-wenn-die-arztpraxis-zum-basar-wird-599533.html

21 Ebd.

22 *Bild*, 26.1.2012, S. 4

23 (5); http://de.wikipedia.org/wiki/Gesundheitssystem_Deutschlands

24 Carlos A. Gebauer: *Der Gesundheits-Affront*, Lichtschlag Verlag, Düsseldorf 2009

25 Pascal Breuer/Anja Krüger: *Die verlogene Politik. Macht um jeden Preis*, Droemer-Knaur, München 2010

Wenn Lügen bittere Realität werden: Geldvernichtung mit Luftschlössern und Selfenblasen

1 *Der Spiegel*, 16/2012, S. 24, Isaiah Berlin
2 (31), (32)
3 *Literaturen* 02/2012, S. 23, Joseph Vogel
4 (15), S. 12
5 (21), S. 10
6 *Der Spiegel*, 11/2012, S. 77, und 17/2012, S. 70–76
7 *Der Spiegel*, 2.1.2012: Staatsfinanzen, Alexander Jung
8 *Der Spiegel*, 50/2011
9 *Handelsblatt*, 29.2.2012, S. 6. Für das Jahr 2011 sah es für ihn zwar schlechter aus, aber reich ist er immer noch.
10 Geraint Anderson: *Cityboy: Geld, Sex und Drogen im Herzen des Londoner Finanzdistrikts*, Piper, München 2010
11 (12)
12 *Der Spiegel*, 12/2012
13 *Handelsblatt*, 29.2.2012, S. 64: Too big and too connected to fail
14 *mallorcazeitung.es*, 10.2.2012
15 *Abendzeitung München*, 7.12.2010, und (13)
16 *Spiegel Online*, 12.3.2009
17 *Literaturen* 02/2012, S. 19, Alexander Kluge
18 *Der Spiegel*, 50/2011
19 *Welt am Sonntag*, 13.3.2011, S. 34
20 *Welt am Sonntag*, 13.3.2011, S. 34 ff.
21 (3), Marc Frey, S. 25
22 (3), Staatsanwalt Dieter Haike, S. 338
23 (3), S. 122
24 (3), S. 138
25 (3), S. 160
26 (3), S. 277–298
27 (3), S. 327
28 (3), S. 364
29 (14)
30 *Spiegel Online*, 15.11.2010: www.spiegel.de/spiegel/print/d-75159731.html
31 Ebd.
32 Ebd.
33 Ebd.
34 *Spiegel Online*, 21.6.2010, ehemaliger Abteilungsleiter Eric Cordelle im Prozess gegen Kerviel: www.spiegel.de/wirtschaft/unternehmen/brisante-aussage-chef-von-skandalhaendler-kerviel-fuehlte-sich-ueberfordert-a-701915.html

35 *Spiegel Online*, 15.11.2010: www.spiegel.de/spiegel/print/d-75159731.html

36 *FAZ*, 16. Juni 2012, S. 42: Die Maschinen beginnen zu handeln, Norbert Kuls

37 *Spiegel Online*, 1.3.2012: www.spiegel.de/wirtschaft/0,1518,archiv-2012-061,00.html

38 *Wiener Zeitung*, 20.10.2010

39 *Welt Online*, 20.10.2010

40 *Psychologie heute*, 39. Jahrgang, Heft 3, S. 30–33, und *Der Spiegel*, 39/2011, S. 78. 28 Profihändler wurden durch Computersimulationen und Intelligenztest geschleust. Besonders schockierend sei bei der Auswertung laut einem der Teamleiter, Thomas Noll, gewesen, dass es den Händlern gar nicht so sehr um die sachliche Frage ging, wie sie den höchsten Profit erzielen können, sondern das Ziel war vor allem, mehr zu bekommen als der Gegner und das Gegenüber möglichst nachhaltig zu schädigen und zu zerstören.

41 *Der Spiegel*, 7/2012, S. 111: Crash der Alpha-Männchen

42 (5), S. 148

Die Lizenz zum Tricksen: Warum der voreilige Griff nach der Wahrheit nichts nützt

1 (1), S. 7

2 http://www.nietzsche.tv/die-froehliche-wissenschaft.html und http://www.therapie-kreativ-baer.de/fileadmin/user_upload/newsletter/Bilder/BaerComment%205.pdf

3 (22), S. 27, 89 und 117

4 *Der Spiegel*, 21/2012, S. 124, Beate Lakotta

5 (19), S. 52

6 Weitere Informationen über http://de.wikipedia.org/wiki/Binjamin_Wilkomirski und http://www.zeit.de/1998/39/199839.wilkomirski_.xml

7 www.tagesspiegel.de/weltspiegel/gesundheit/pseudologen-dichtung-und-wahrheit/1688348.html

8 (2), S. 22

9 (1), S. 113

10 (2), S. 124

11 www.fr-online.de: psychologie-forscher-beweisen-geld-verdirbt-den-charakter, 11. März 2011

12 *Der Spiegel*, 22/2011, S. 56 ff.: Unrecht im Namen des Volkes, Sabine Rückert; und 50/2011, S. 36 f.

13 CD über http://www.nuhr.de

14 *Spiegel Online*, 31.5.2011: Urteil in Mannheim, Julia Jüttner; *Spiegel*

Online, 7.10.2011: Kachelmann-Urteil, Ein richtig freier Mann – endgültig, Gisela Friedrichsen. Der Freispruch Jörg Kachelmanns ist rechtskräftig, der Fall jetzt endgültig erledigt: Die Exfreundin des Wettermoderators und die Staatsanwaltschaft haben ihren Revisionsantrag zurückgezogen.

15 *Focus Online*, 15.6.2011: Jörg Kachelmann: Jetzt spricht die Ex-Geliebte
16 *Medium Magazin*, Januar/Februar 2012, S. 60, Stephan Zimprich
17 *FAS*, 2.10.2011, Peter Richter, und ebd., 28. Oktober 2011, Niklas Maak
18 *Der Spiegel*, 10/2012, S. 131
19 *Die Zeit*, 17.11.2011, S. 61, Stefan Koldehoff und Tobias Timm; ebd., 6.10.2011, S. 55, Hanno Rauterberg
20 *FAS*, 2. Oktober 2011, Peter Richter
21 *FAS*, 28. Oktober 2011, Niklas Maak
22 *Spiegel Online*, 27. Oktober 2011: Urteil im Kunstfälscher-Prozess, Gutgelaunt im Gefängnis, Michael Sontheimer
23 *Die Zeit*, 6. Oktober 2011, S. 55, Hanno Rauterberg

Das optimierte Ich im weltweiten Netz: Welches Leben hättest du gern?

1 *Der Spiegel*, 48/2011, S. 53
2 Vgl. *Welt*, 28.3.2012: Alles, was ihr mailt, kann öffentlich werden, S. 27
3 *Der Spiegel*, 19/2912, S. 127
4 (7), S. 111
5 (6), S. 127
6 *Die Zeit*, 21.12.2007: »Ich blogge, also bin ich« – ein Gespräch mit dem Medienwissenschaftler Geert Lovink, Thomas Gross
7 *Spiegel Online*, 14.3.2012
8 *HAZ*, 5.3.2012, Dirk Schmaler
9 *The European*, 3.2.2012, Andrew Keen
10 *Die Welt*, 23.3.2010, S. 7
11 *Die Zeit*, 29.9. 2011, S. 50, Nina Pauer
12 *Welt am Sonntag*, 11.12.2011
13 *Spiegel Online*,13.03.2012, Sascha Lobo
14 (6), S. 201, S. 129, und (26)
15 *Zeit Online*, 22.5.2012
16 Andrew Keen, Internet-Kritiker, Hochschuldozent, Berater für Medienunternehmen, Buchautor und Blogger, lebt mit seiner Familie in Berkeley, Kalifornien; *Focus Online*, 11.05.2010
17 *Der Spiegel* 13/2012, S. 23, Interview Norbert Lammert
18 http://www.welt.de/106335434, 19.05.12: Psychokrieg im Netz, »Geh doch sterben, du scheiß Opfer«, Alexandra Zykunov

19 Andrew Keen, 2012 erscheint sein zweites Werk *Digital Vertigo: An Anti-Social Manifesto*

20 Ingo Neumayer, 16.12.2010, »Planet Wissen«

21 Leicht orthografisch redigiert aus den Webseiten von Linden Lab

22 Erzbischöfliches Seelsorgeamt Freiburg: www.kirche-in-virtuellen-welten.de

23 FAS, 19.2. 2012, S. 23, Peter Nadas

24 www.clementvalla.com

25 (2), S. 68

26 *Der Spiegel* 49/2011: Die fantastischen Vier

27 *Der Spiegel* 27/2012, S. 70

Wahrheit pro und contra: Realitätsermüdung und ein Rest Sehnsucht nach Wahrheit

1   *Der Freitag*, 7.7.2011, Christoph Hein

2   *FAZ*, 16.6.2012, S. 1: Der Exzellenz-Konformismus, Heike Schmoll

3   Herbert Renz-Polster: *Menschenkinder*, Kösel, München 2011, S. 54

4   Herbert Renz-Polster: *Menschenkinder*, S. 94; Amy Chua: *Die Mutter des Erfolges: Wie ich meinen Kindern das Siegen beibrachte*, Nagel & Kimche 2011

5   Sinus-Jugendstudie unter www.vbw-bayern.de/AktionsratBildung

6   (6), S. 81

7   Herbert Renz-Polster: *Menschenkinder*, S. 107

8   *Der Spiegel*, 11/2011, S. 46

9   Herbert Renz-Polster: *Menschenkinder*, S. 37

10 *Der Spiegel*, 27/2012, S. 73. Im Jahr 2010 waren es noch vier Milliarden: *Die Welt*, 12.8. 2010, S. 9

11 *Der Spiegel*, 12/2012, S. 144 ff.: Am Ende des Ellenbogens, Markus Brauck, Alexander Kühn

12 *Die Zeit*, 7.7.2012, S. 46: Schock der Bilder, Thomas Assheuer

13 Nach Heribert Prantl, Rede an Oskar Negt zur Verleihung des August-Bebel-Preises, *FAZ*, 3.5.2011, S. 32: Brav gearbeitet, wackerer Maulwurf!

14 (27), S. 277–281

15 *Die Zeit*, 7. Juli 2012, S. 46: Schock der Bilder, Thomas Assheuer

16 (24)

17 *Zeit Online*, 1.2.2012, Elisabeth von Thadden, Camillo von Müller

18 *Die Zeit*, 7.7.2011, S. 46: Schock der Bilder, Thomas Assheuer; Diedrich Diederichsen: Eigenblutdoping, dazu: http://www.single-generation.de/pop/diedrich_diederichsen_eigenblutdoping.htm

19 *Stern*, 12.1.2012, Interview mit Norbert Lammert

Am Ende: Das Schlusswort – was sonst

1 *Spiegel Online*, 8. März 2012: Kirchenstatue mit Handy, Hendrik Ternieden

2 Frei nach Karl Barth

3 (5); Thomas Rietzschel bestätigt interessanterweise diesen Trend in seinem jüngst erschienenen Buch

4 Frei nach Warren Buffet, aus: (7), S. 164

5 Mehr dazu über den Hirnforscher Professor Gerald Hüther, der sich mit der Frage beschäftigt, wie wir erfolgreich lernen können: www.geraldhuether.de und (26)

6 (25), S. 74

7 *FAZ*, 1.12.2011, Nachruf auf Christa Wolf: Schwäche wusste sie in Stärke zu verwandeln, Ingeborg Harms

8 *Leipziger Volkszeitung*, 10./11. März 2012, S. 11: Wir müssen schon mutig sein, Janina Fleischer

9 *Die Welt*, 24. März 2012, S. 4

10 (25), S. 118

Literatur und Quellen

(Zahlen korrespondieren mit den Hinweisen in den Fußnoten)

(1) Maria Bettetini: *Eine kleine Geschichte der Lüge.* Wagenbach Taschenbuch, Berlin 2003

(2) Simone Dietz: *Die Kunst des Lügens.* Rowohlt Taschenbuch, Reinbek bei Hamburg 2003

(3) Marc Frey: *Die Akte Schneider. In den Banken: Nieten und Versager.* Piper, München 1996

(4) Heinz von Förster, Bernhard Pörksen: *Wahrheit ist die Erfindung eines Lügners, Gespräche für Skeptiker.* Carl Auer, Heidelberg 2011

(5) Thomas Rietzschel: *Die Stunde der Dilettanten. Wie wir uns verschaukeln lassen.* Paul Zsolnay, Wien 2012

(6) Frank Schirrmacher: *Paypack.* Karl Blessing, München 2009

(7) Max Otte: *Der Informations-Crash. Wie wir systematisch für dumm verkauft werden.* Econ, Berlin 2009

(8) Theodor W. Adorno: *Philosophie der neuen Musik.* Suhrkamp, Frankfurt am Main 2003

(9) Thilo Bode: *Die Essensfälscher. Was uns die Lebensmittelkonzerne auf die Teller lügen.* Fischer Taschenbuch, Frankfurt am Main 2011

(10) Thilo Bode: *Abgespeist. Wie wir beim Essen betrogen werden und was wir dagegen tun können.* Fischer Taschenbuch, Frankfurt am Main 2010

(11) Hans-Ulrich Grimm: *Die Ernährungslüge. Wie uns die Lebensmittelindustrie um den Verstand bringt.* Droemer-Knaur, München 2011; *Vom Verzehr wird abgeraten. Wie uns die Industrie mit Gesundheitsnahrung krank macht.* Droemer-Knaur, München 2012

(12) Hans-Peter Martin, Harald Schuhmann: *Die Globalisierungsfalle. Der Angriff auf Demokratie und Wohlstand.* Rowohlt, Reinbek bei Hamburg 1997

(13) Julia Friedrichs: *Ideale. Auf der Suche nach dem, was zählt.* Hoffmann und Campe, Köln 2012

(14) Jürgen Schneider: *Bekenntnisse eines Baulöwen.* Ullstein, Berlin 2001

(15) Eckart Lohse, Markus Wehner: *Guttenberg. Biographie.* Droemer-Knaur, München 2011

(16) Rudolf Hickel: *Zerschlagt die Banken, zivilisiert die Finanzmärkte – Eine Streitschrift.* Econ, Berlin 2011

(17) Patrick van Veen: *Hilfe, mein Chef ist ein Affe.* Albrecht Knaus, München 2011

(18) Bernhard Pörksen, Wolfgang Krischke (Hrsg.): *Die Casting-Gesellschaft. Die Sucht nach Aufmerksamkeit und das Tribunal der Medien.* edition medienpraxis, 8, Köln 2010

(19) Stephan Porombka: *Felix Krulls Erben. Die Geschichte der Hochstapelei im 20. Jahrhundert.* blumenkamp, Göttingen 2008

(20) Dr. med. Gunter Frank: *Schlechte Medizin. Ein Wutbuch.* Knaus, München 2012

(21) Heiner Geißler: *Sapere aude! Warum wir eine neue Aufklärung brauchen.* Ullstein, Berlin 2012

(22) Gert Postel: *Doktorspiele. Geständnisse eines Hochstaplers.* Eichborn, Frankfurt am Main 2001

(23) Robert Feldmann: *Lügner. Die Wahrheit über das Lügen.* Springer Spektrum, Berlin/Heidelberg 2012

(24) Tomáš Sedláček: *Die Ökonomie von Gut und Böse.* Carl Hanser, München 2012

(25) Erik Händeler: *Kondratieffs Gedankenwelt. Die Chancen im Wandel zur Wissensgesellschaft.* Marlon, Moers 2011

(26) Gerald Hüther: *Was wir sind und was wir sein könnten – ein neurobiologischer Mutmacher.* S. Fischer, Frankfurt 2011

(27) Buber, Martin: *Das dialogische Prinzip.* Schneider, Heidelberg 1984

(28) Klaus Heilmann: *Die Risikolüge. Warum wir nicht alles glauben dürfen.* Wilhelm Heyne, München 2012

(29) Hugues le Bret: *Die Woche, in der Jerome Kerviel beinahe das Weltfinanzsystem gesprengt hätte.* Antje Kunstmann, München 2011

(30) Christopher Jamison: *Durchatmen. Finde den Mönch in dir.* Vier-Türme-Verlag, Münsterschwarzach 2011

(31) David Graeber: *Schulden – Die ersten 5000 Jahre.* Klett-Cotta, Stuttgart 2012

(32) Joseph Vogel: *Das Gespenst des Kapitals.* Diaphanes, Berlin 2011